VOYAGE

EN ÉGYPTE ET EN SYRIE,

PENDANT

LES ANNÉES 1783, 1784 ET 1785,

SUIVI

DE CONSIDÉRATIONS SUR LA GUERRE DES RUSSES ET DES TURKS,

PUBLIÉES EN 1788 ET 1789.

PAR C. F. VOLNEY,

COMTE ET PAIR DE FRANCE, MEMBRE DE L'ACADÉMIE FRANÇAISE,
HONORAIRE DE LA SOCIÉTÉ ASIATIQUE SÉANTE A CALCUTA.

TOME DEUXIÈME.

PARIS,
PARMANTIER, LIBRAIRE, RUE DAUPHINE.
FROMENT, LIBRAIRE QUAI DES AUGUSTINS.

M DCCC XXV.

ŒUVRES
DE C. F. VOLNEY.

DEUXIÈME ÉDITION COMPLÈTE.

TOME III.

IMPRIMERIE DE FIRMIN DIDOT,
RUE JACOB N° 24.

ÉTAT POLITIQUE
DE
LA SYRIE.

CHAPITRE PREMIER.

Précis de l'histoire de Dáher, fils d'Omar, qui a commandé à Acre depuis 1750 jusqu'en 1776.

LE chaik *Dáher* qui, dans ces derniers temps, a causé de si vives inquiétudes à la *Porte*, était d'origine arabe, de l'une de ces tribus de *Bedouins* qui se sont habituées sur les bords du *Jourdain* et dans les environs du lac de *Tabarié* (ancienne *Tibériade*). Ses ennemis aiment à rappeler que dans sa jeunesse il conduisait des chameaux ; mais ce trait, qui honore son esprit en faisant concevoir l'espace qu'il sut franchir, n'a rien d'incompatible avec une naissance distinguée : il est, et sera toujours dans les mœurs des princes arabes de s'occuper de fonctions qui nous semblent viles. Ainsi que je l'ai déja dit, les chaiks guident eux-mêmes leurs chameaux, et soignent leurs chevaux, pendant que leurs filles et leurs femmes broyent le blé, cuisent le pain, lavent le linge, et vont à la fontaine, comme au temps d'Abraham et d'Homère; et peut-être cette vie simple et laborieuse fait-elle plus pour le bonheur que l'oisiveté ennuyée et le faste rassasié, qui entourent les grands des nations policées. Quant à *Dâher*, il est constant que sa famille était une des plus puissantes du pays. Après la mort d'*Omar* son père, arrivée dans les premières années du siècle, il partagea le commandement avec un oncle et deux frères. Son domaine fut *Safad*, petite ville et lieu fort dans les montagnes au nord-ouest du lac de *Tabarié*. Peu après, il y ajouta *Tabarié* même. C'est lui que Pocoke (1) y trouva en 1737, occupé à se fortifier contre le pacha de Damas, qui peu auparavant avait fait étrangler un de ses frères. En 1742, un autre pacha, nommé *Soliman-el-àdm*, l'y assiégea et bombarda la place, au grand étonnement de la Syrie, qui même aujourd'hui connaît peu les bombes (2). Malgré son courage, *Dâher* était aux abois, lorsqu'un incident heureux et, dit-on, prémédité, le tira d'embarras. Une colique violente et subite emporta *Soliman* en deux jours. *Asàd-el-àdm*, son frère et son successeur, n'eut pas les mêmes raisons ou les mêmes

---

(1) Tome III, page 204.

(2) J'ai vu des lettres de Jean-Joseph Blanc, négociant d'*Acre*, qui se trouvait au camp de Soliman à cette époque, et qui en donnait des détails.

blé, mais la rade de *Haifa*, qui en dépend, offrait un avantage si précieux, que *Dâher* se décida à en profiter. Il fallait un prétexte : la conduite de l'aga ne tarda pas de l'offrir. Un jour que l'on avait débarqué des munitions de guerre destinées contre le chaik, il marcha brusquement vers *Acre*, prévint l'aga par une lettre menaçante qui lui fit prendre la fuite, et entra sans coup férir dans la ville, où il s'établit ; cela se passait vers 1749. Il avait alors environ 63 ans. L'on pourra trouver cet âge bien avancé pour de tels coups de main ; mais si l'on observe qu'en 1776, à 90 ans, il montait encore hardiment un cheval fougueux, on jugera qu'il était bien plus jeune que cet âge ne semble le comporter. Cette démarche hardie pouvait avoir des suites ; il les avait prévues, et il se hâta de les prévenir : sur-le-champ il écrivit au pacha de Saide ; et lui représentant que ce qui s'était passé de lui à l'aga, n'était qu'une affaire personnelle, il protesta qu'il n'en était pas moins le sujet très-soumis du sultan et du pacha ; qu'il paierait le tribut du district qu'il avait occupé, comme l'aga même ; qu'en outre il s'engageait à contenir les Arabes, et qu'il ferait tout ce qui pourrait convenir pour rétablir ce pays ruiné. Le plaidoyer de *Dâher*, accompagné de quelques mille sequins, fit son effet dans les divans de Saide et de Constantinople : on reçut ses raisons, et on lui accorda tout ce qu'il voulut.

Ce n'est pas que la Porte fût là dupe des protestations de *Dâher* : elle est trop accoutumée à ce manége pour s'y méprendre; mais la politique des turcs n'est point de tenir leurs vassaux dans une stricte obéissance; ils ont dès long-temps calculé que s'ils faisaient la guerre à tous les rebelles, ce serait un travail sans relâche, une grande consommation d'hommes et d'argent, sans compter les risques d'échouer souvent, et par-là de les enhardir. Ils ont donc pris le parti de la patience; ils temporisent (1); ils suscitent des voisins, des parents, des enfants; et plus tôt ou plus tard, les rebelles qui suivent tous la même marche, subissent le même sort, et finissent par enrichir le sultan de leurs dépouilles.

De son côté, *Dâher* ne s'en imposa pas sur cette bienveillance apparente. *Acre* qu'il voulait habiter, n'offrait aucune défense; l'ennemi pouvait le surprendre par terre et par mer : il résolut d'y pourvoir. Dès 1750, sous prétexte de se faire bâtir une maison, il construisit à l'angle du nord sur la mer, un palais qu'il munit de canons. Puis, pour protéger le port, il bâtit quelques tours; enfin, il ferma la ville du côté de terre, par un mur auquel il ne laissa que deux portes. Tout

---

(1) Les Arabes ont à ce sujet un proverbe singulier qui peint bien cette conduite : l'Osmanli, disent-ils, atteint les *lièvres* avec des *charrettes*.

cela passa chez les Turcs pour des *ouvrages*, mais parmi nous on en rirait. Le palais de *Dâher* avec ses murs hauts et minces, son fossé étroit et ses tours antiques, est incapable de résistance : quatre pièces de campagne renverseraient en deux volées, et les murs et les mauvais canons que l'on a guindés dessus à 50 pieds de hauteur. Le mur de la ville est encore plus faible ; il est sans fossé, sans rempart, et n'a pas 3 pieds de profondeur. Dans toute cette partie de l'Asie, on ne connaît ni bastions, ni lignes de défenses, ni chemins couverts, ni remparts, rien en un mot de la fortification moderne. Une frégate montée de trente canons bombarderait toute la côte sans difficulté ; mais comme l'ignorance est commune aux assaillants et aux assaillis, la balance reste égale.

Après ces premiers soins, *Dâher* s'occupa de donner au pays une amélioration qui devait tourner au profit de sa propre puissance. Les Arabes de Saqr, de Muzainé et d'autres tribus circonvoisines avaient fait déserter les paysans par leurs courses et leurs pillages : il songea à les réprimer ; et employant tantôt les prières ou les menaces, tantôt les présents ou les armes, il parvint à rétablir la sûreté dans la campagne. L'on put semer, sans voir son blé dévoré par les chevaux ; l'on recueillit, sans voir enlever son grain par les brigands. La bonté du terrain attira des cultivateurs ; mais l'opinion de la sécurité, ce bien si précieux à qui a connu les alarmes, fit encore plus. Elle se répandit dans toute la Syrie; et les cultivateurs musulmans et chrétiens, partout vexés et dépouillés, se réfugièrent en foule chez *Dâher*, où ils trouvaient la tolérance religieuse et civile. *Cypre* même désolée par les vexations de son gouverneur, par la révolte qui en avait été la suite, et par les atrocités dont *Kior* pacha (1) l'expiait; *Cypre* vit déserter une colonie de Grecs à qui *Dâher* donna, sous les murs d'*Acre*, des terrains dont ils firent des jardins passables. Des Européens qui trouvèrent un débit de leurs marchandises, et les denrées pour leurs retraits, accoururent faire des établissements; les terres se défrichèrent; les eaux prirent un écoulement; l'air se purifia, et le pays devint salubre et même agréable.

D'autre part, *Dâher* renouvelait ses alliances avec les grandes tribus du désert, chez lesquelles il avait marié ses enfants. Il y voyait plus d'un avantage; car d'abord il s'assurait, en cas de disgrâce, un refuge inviolable. En second lieu, il contenait, par ce moyen, le pacha de Damas, et il se procurait des chevaux de race, dont il eut toujours la passion au plus haut point. Il caressait donc les chaïks d'*Anazé*, de *Sardié*, de *Saqr*, etc.

---

(1) Quand Kior pacha vint en Cypre, il prit nombre de rebelles, et les fit précipiter du haut des murs sur des crampons de fer où ils restaient accrochés jusqu'à ce qu'ils expirassent dans les tourments qu'on peut imaginer.

C'est alors qu'on vit pour la première fois dans *Acre* ces petits hommes secs et brûlés, extraordinaires même aux Syriens. Il leur donnait des armes et des vêtements : pour la première fois aussi le désert vit ses habitants porter des culottes, et au lieu d'arcs et d'arquebuses à mèche, prendre des fusils et des pistolets.

Depuis quelques années, les *Motouâlis* inquiétaient les pachas de Saide et de Damas, en pillant leurs terres et en refusant le tribut. *Dâher*, concevant le parti qu'il pouvait tirer de ces alliés, intervint d'abord comme médiateur dans les démêlés : puis, pour accommoder les parties, il offrit d'être caution des *Motouâlis*, et de payer leur tribut. Les pachas qui assuraient leur fonds, acceptèrent, et *Dâher* ne crut pas faire un marché de dupe, en s'assurant l'amitié d'un peuple qui pouvait mettre dix mille cavaliers sur pied.

Cependant ce chaik ne jouissait pas tranquillement du fruit de ses travaux. Pendant qu'il avait à redouter au dehors les attaques d'un suzerain jaloux, son pouvoir était ébranlé à l'intérieur par des ennemis domestiques, presque aussi dangereux. Suivant la mauvaise coutume des Orientaux, il avait donné à ses enfants des gouvernements, et les avait placés loin de lui dans des contrées qui fournissaient à leur entretien. De cet arrangement il résulta que ces chaiks se voyant enfants d'un grand prince, voulurent tenir un état proportionné:

les dépenses excédèrent les revenus. Eux et leurs agents vexèrent les sujets : ceux-ci se plaignirent à *Dâher*, qui gronda ; les flatteurs envenimèrent les deux partis. L'on se brouilla, et la guerre éclata entre le père et les enfants. Souvent les frères se brouillaient entre eux : autre sujet de guerre. D'ailleurs le chaik devenait vieux ; et ses enfants, qui calculaient d'après un terme ordinaire, voulaient anticiper sa succession. Il devait laisser un héritier principal de ses titres et de sa puissance : chacun briguait la préférence, et ces brigues étaient un sujet de jalousie et de dissension. Par une politique rétrécie, *Dâher* favorisait la discorde : elle pouvait avoir l'avantage de tenir ses milices en haleine, et de les aguerrir ; mais outre que ce moyen causait mille désordres, il eut encore l'inconvénient d'entraîner une dissipation de finances qui força de recourir aux expédients : il fallut augmenter les douanes ; le commerce surchargé se ralentit. Enfin ces guerres civiles portaient aux récoltes une atteinte toujours sensible dans un état aussi borné.

D'autre part, le divan de Constantinople ne voyait pas sans chagrin les accroissements de *Dâher* ; et les intentions que ce chaik laissait percer, excitaient encore plus ses alarmes. Elles prirent une nouvelle force par une demande qu'il forma. Jusqu'alors il n'avait tenu ses domaines qu'à titre de fermier, et par bail annuel. Sa vanité s'ennuya de cette formule : il avait les réalités de la puissance, il voulut en avoir les titres : il les crut peut-être nécessaires pour en imposer davantage à ses enfants et à ses sujets. Il sollicita donc vers 1768, pour lui et pour son successeur, une investiture durable de son gouvernement, et demanda d'être proclamé *chaik d'Acre, prince des princes, commandant de Nazareth, de Tabarié, de Safad, et chaik de toute la Galilée*. La Porte accorda tout à la crainte et à l'argent ; mais cette fumée de vanité éveilla de plus en plus sa jalousie et son animosité.

Elle avait d'ailleurs des griefs trop répétés ; et quoique *Dâher* les palliât, ils avaient toujours l'effet d'entretenir la haine et le désir de la vengeance. Telle fut l'aventure du célèbre pillage de la caravane de la Mekke en 1757. Soixante mille pèlerins dépouillés et dispersés dans le désert, un grand nombre détruits par le fer ou par la faim, des femmes réduites en esclavage, un butin de la plus grande richesse, et surtout la violation sacrilége d'un acte de religion ; tout cela fit dans l'empire une sensation dont on se souvient encore. Les Arabes spoliateurs étaient alliés de *Dâher* ; il les reçut à *Acre*, et leur permit d'y vendre leur butin. La Porte lui en fit des reproches amers ; mais il tâcha de se disculper et de l'apaiser, en envoyant le pavillon blanc du prophète.

Telle fut encore l'affaire des corsaires maltais. Depuis quelques années ils infestaient les côtes de

Syrie ; et , sous le mensonge d'un pavillon neutre, ils étaient reçus dans la rade d'*Acre* : ils y déposaient leur butin, et y vendaient les prises faites sur les Turks. Quand ces abus se divulguèrent, les musulmans crièrent au sacrilége. La Porte informée tonna. *Dâher* protesta ignorance du fait ; et pour prouver qu'il ne favorisait point un commerce aussi honteux à l'état et à la religion, il arma deux galiotes, et les mit en mer avec l'ordre apparent de chasser les Maltais. Mais le fait est que ces galiotes ne firent point d'hostilités contre les Maltais, et servirent au contraire à communiquer en mer avec eux, loin des témoins. *Dâher* fit plus : il prétexta que la rade de *Haifa* était sans protection, que l'ennemi pouvait s'y loger malgré lui ; et il demanda que la Porte bâtît un fort, et le munît aux frais du Sultan ; l'on remplit sa demande ; et quelque temps après, il fit décider que le fort était inutile ; il le rasa, et en transporta les canons de bronze à *Acre*.

Ces faits entretenaient l'aigreur et les alarmes de la Porte. Si l'âge de *Dâher* la rassurait, l'esprit remuant de ses enfants, et les talents militaires d'*Ali*, l'aîné d'entre eux, l'inquiétaient ; elle craignait de voir se perpétuer, s'agrandir même, une puissance indépendante. Mais constante dans son plan ordinaire, elle n'éclatait point, elle agissait en dessous ; elle envoyait des capidjis ; elle stimulait les brouilleries domestiques, et opposait des agens capables du moins d'arrêter les progrès qu'elle redoutait.

Le plus opiniâtre de ces agents fut cet *Osman*, pacha de Damas, que nous avons vu jouer un rôle principal dans la guerre d'Ali-bek. Il avait mérité la bienveillance du divan, en décelant les trésors de Soliman pacha, dont il était *mamlouk*. La haine personnelle qu'il portait à *Dâher*, et l'activité connue de son caractère, déterminèrent la confiance en sa faveur. On le regarda comme un contre-poids propre à balancer *Dâher*; en conséquence on le nomma pacha de Damas en 1760; et pour lui donner plus de force, on nomma ses deux enfants aux pachalics de Tripoli et de Saide; enfin, en 1765, on ajouta à son apanage Jérusalem et toute la Palestine.

Osman seconda bien les vues de la Porte; dès les premières années il inquiéta *Dâher*; il augmenta les redevances des terrains qui relevaient de Damas. Le chaik résista; le pacha fit des menaces, et l'on vit que la querelle ne tarderait pas de s'échauffer. Osman épiait le moment de frapper un coup qui terminât tout; il crut l'avoir trouvé, et la guerre éclata.

Tous les ans le pacha de Damas fait dans son gouvernement ce qu'on appelle *la tournée* (1), dont

---

(1) Cela se pratique dans la plupart des grands pachalics dont les vassaux sont peu soumis.

le but est de lever le miri ou impôt des terres. Dans cette occasion, il mène toujours avec lui un corps de troupes capable d'assurer la perception. Il imagina de profiter de cette circonstance pour surprendre *Dâher;* et se faisant suivre d'un corps nombreux, il prit sa route à l'ordinaire, vers le pays de Nâblous. *Dâher* était alors au pied d'un château où il assiégeait deux de ses enfants; le danger qu'il courait était d'autant plus grand, qu'il se reposait sur la foi d'une trêve avec le pacha. Son étoile le sauva. Un soir, au moment qu'il s'y attendait le moins, un courrier tartare (1) lui remet des lettres de Constantinople; *Dâher* les ouvre, et sur-le-champ il suspend toute hostilité, dépêche un cavalier vers ses enfants, et leur marque qu'ils aient à lui préparer à souper à lui et à trois suivants; qu'il a des affaires de la dernière conséquence pour eux tous à leur communiquer. *Dâher* avait un caractère connu, on lui obéit. Il arrive à l'heure convenue; l'on mange gaiement; à la fin du repas, il tire ses lettres et les fait lire; elles étaient de l'espion qu'il entretenait à Constantinople, et elles portaient: « Que le sultan l'avait trompé par
« le dernier pardon qu'il lui avait envoyé; que
« dans le même temps il avait délivré un *kat-*
« *chérif* (2) contre sa tête et contre ses biens;

---

(1) Ce sont des Tartares qui font l'office de courriers en Turkie.

(2) Ce mot, qui signifie *noble-seing*, est une lettre de pro-

« que tout était concerté entre les trois pachas,
« Osman et ses enfants, pour l'envelopper et le
« détruire lui et sa famille; que le pacha marche-
« rait en forces vers Nâblous pour le surpren-
« dre, etc. » On juge aisément de la surprise des
auditeurs; aussitôt de tenir conseil : les opinions
se partagent; la plupart veulent qu'on marche en
forces vers le pacha; mais l'aîné des enfants de
Dâher, Ali, qui a laissé dans la Syrie un souvenir
célèbre de ses exploits, Ali représenta qu'un corps
d'armée ne pourrait se transporter assez vite pour
surprendre le pacha; qu'il aurait le temps de se
mettre à couvert; que l'on aurait la honte d'avoir
violé la trève; qu'il n'y avait qu'un coup de main
qui pût convenir, et qu'il s'en chargeait. Il demanda cinq cents cavaliers; on le connaissait; on
les lui donna. Il part sur-le-champ, marche toute
la nuit, se repose à couvert pendant le jour; et
la nuit suivante il fait tant de diligence, qu'à
l'aube du jour il arrive à l'ennemi. Les Turks,
selon leur usage, dormaient épars dans leur camp,
sans ordre et sans gardes; Ali et ses cavaliers fondent le sabre à la main, taillent à droite et à gauche tout ce qui se présente; les Turks s'éveillent
en tumulte; le nom d'*Ali* répand la terreur, tout
s'enfuit en désordre. Le pacha n'eut pas même le

---

scription conçue en ces termes : *Un tel, qui es l'esclave de ma
sublime Porte, va vers un tel, mon esclave, et rapporte sa
tête à mes pieds, au péril de la tienne.*

temps de passer sa fourrure : à peine était-il hors de sa tente, lorsque Ali y arriva; on saisit sa cassette, ses châles, ses pelisses, son poignard, son nerguil (1), et pour comble de succès, le *nobleseing* du sultan. De ce moment la guerre fut ouverte, et selon les mœurs du pays, on la fit par incursions et par escarmouches, où les Turks eurent rarement l'avantage.

Les frais qu'elle entraîna épuisèrent bientôt les coffres du pacha; pour y subvenir, il eut recours au grand expédient des Turks. Il rançonna les villes, les villages, les corps et les particuliers; quiconque fut soupçonné d'avoir de l'argent, fut appelé, sommé, bâtonné, dépouillé. Ces vexations causèrent une révolte à *Ramlé* en Palestine, dès la première année qu'il en eut la ferme. Il l'étouffa par d'autres vexations plus odieuses et plus meurtrières. Deux ans après, c'est-à-dire en 1767, les mêmes traitements firent révolter *Gaze*; il les renouvela à *Yâfa*, en 1769, et là, entre autres, il viola le droit des gens dans la personne de l'agent de Venise, Jean Damiani, vieillard respectable, à qui il fit donner une torture de 500 coups de bâton sur la plante des pieds, et qui ne conserva un reste de vie qu'en rassemblant de sa fortune et de la bourse de tous ses amis, une somme de

---

(1) Pipe à la persane, composée d'un grand flacon plein d'eau, où la fumée se purge avant d'arriver à la bouche.

près de 60,000 livres qu'il compta au pacha. Ce genre d'avanies est habituel en Turkie; mais comme elles n'y sont pas ordinairement si violentes ni si générales, celles-ci poussèrent à bout les esprits. On murmura de toutes parts; et la Palestine, enhardie par le voisinage de l'Égypte révoltée, menaça d'appeler un protecteur étranger.

Ce fut en ces circonstances qu'Ali-bek, conquérant de la Mekke et du Saïd, tourna ses projets d'agrandissement vers la Syrie. L'alliance de *Dâher*, la guerre qui occupait les Turks contre les Russes, le mécontentement des peuples, tout favorisa son ambition. Il publia donc en 1770 un manifeste, par lequel il déclara que Dieu ayant accordé à ses armes une bénédiction signalée, il se croyait obligé d'en user pour le soulagement des peuples, et pour réprimer la tyrannie d'Osman dans la Syrie. Incontinent il fit passer à Gaze un corps de Mamlouks qui occupa Ramlé et Loudd. Ce voisinage partagea Yâfa en deux factions, dont l'une voulait se rendre aux Égyptiens; l'autre appela Osman. Osman accourut en diligence, et se campa près de la ville; le surlendemain on annonça *Dâher* qui accourait de son côté. Yâfa se croyant alors en sûreté, ferma ses portes au pacha; mais dans la nuit, pendant qu'il préparait sa fuite, un parti de ses gens se glissant le long de la mer, entra par le défaut du mur dans la ville, et la saccagea. Le lendemain *Dâher* parut, et ne trouvant point les Turks, il s'empara sans résistance de Yâfa, de Ramlé et de Loudd, où il établit des garnisons de son parti.

Les choses ainsi préparées, Mohammad-bek arriva en Palestine avec la grande armée au mois de février 1771, et se rendit le long de la mer auprès du chaik à Acre. Là, ayant effectué sa jonction avec douze ou treize cents Motouâlis commandés par Nâsif, et quinze cents Safadiens commandés pa *Ali*, fils de *Dâher*, il marcha en avril vers Damas. On a vu ci-devant comment cette armée combinée battit les forces réunies des pachas, et comment, maître de Damas et près d'occuper le château, Mohammad-bek changea tout à coup de dessein, et reprit la route du Kaire. Ce fut dans cette occasion que le ministre de *Dâher*, *Ybrahim-Sabbar*, n'ayant reçu pour explication, de la part de Mohammad, que des menaces, lui écrivit, au nom du chaik, une lettre de reproches, qui devint par la suite la cause ou le prétexte d'une nouvelle querelle. Cependant *Osman*, de retour à Damas, recommença ses vexations et ses hostilités. S'imaginant que *Dâher*, étourdi du coup qui venait de le frapper, n'était pas sur ses gardes, il projeta de le surprendre dans Acre même. Mais à peine était-il en route, que *Ali-Dâher* et *Nâsif*, informés de sa marche, se proposèrent de lui rendre le change ; en conséquence ils partent des environs d'Acre à la dérobée ; et apprenant qu'il est campé sur la rive occidentale du lac de *Houlé*, ils arrivent sur lui à l'aube du jour, s'emparent du pont de *Yaquoub*, qu'ils trouvent mal gardé, et fondent le sabre à la main dans son camp, qu'ils remplissent de carnage. Ce fut, comme à l'affaire de *Náblous*, une déroute générale; les Turks, pressés du côté de la terre, se jetèrent vers le lac, espérant le traverser à la nage; mais dans l'empressement et la confusion de cette foule, les chevaux et les hommes s'embarrassant mutuellement, l'ennemi eut le temps d'en tuer un grand nombre; une autre partie plus considérable périt dans les eaux et dans les boues du lac. On crut que le pacha avait subi ce dernier sort; mais il eut le bonheur d'échapper sur les épaules de deux noirs qui le passèrent à la nage. Sur ces entrefaites, le pacha de Saide, *Darouich*, fils d'Osman, avait engagé les Druzes dans sa cause, et quinze cents *Oqqâls* étaient venus sous la conduite d'*Ali-Djambalat*, renforcer sa garnison. D'autre part, l'émir *Yousef*, descendu dans la vallée des *Motouâlis* avec 25,000 hommes, mettait tout à feu et à sang. *Ali-Dâher* et *Nâsif*, ayant appris ces nouvelles, tournèrent sur-le-champ de ce côté. Le 21 octobre 1771, arriva l'affaire où un corps avancé de 500 Motouâlis mit les Druzes en déroute; leur fuite porta la terreur dans Saide, où ils furent suivis de près par les *Safadiens*. Ali-Djambalat, désespérant de défendre la ville, l'évacua incontinent; ses *Oqqâls* en se retirant la pillèrent; les

Motouâlis la trouvant sans défense, y entrèrent et la pillèrent à leur tour. Enfin, les chefs apaisèrent le pillage, et en prirent possession pour *Dâher*, qui établit *motsallam* ou *gouverneur*, un Barbaresque appelé *Degnizlé*, renommé pour sa bravoure.

Ce fut alors que la Porte, effrayée des revers qu'elle essuyait et de la part des Russes, et de la part de ses sujets rebelles, fit proposer à *Dâher* la paix à des conditions très-avantageuses. Pour l'y faire consentir, elle cassa les pachas de Damas, de Saide et de Tripoli; elle désavoua leur conduite, et fit solliciter le chaik de se réconcilier avec elle. *Dâher*, âgé de 85 à 86 ans, voulait y donner les mains pour terminer en paix sa vieillesse; mais son ministre, *Ybrahim*, l'en détourna : il espérait qu'Ali-bek viendrait l'hiver suivant conquérir la Syrie, et que ce Mamlouk en céderait une portion considérable à *Dâher*. Il voyait dans cet agrandissement futur de la puissance de son maître, un moyen d'accroître sa fortune particulière et d'ajouter de nouveaux trésors à ceux que son insatiable avarice avait déjà entassés. Séduit par cette brillante perspective, il rejeta les propositions de la Porte, et se prépara à pousser la guerre avec une nouvelle activité.

Tel était l'état des affaires, lorsque l'année suivante éclata, en février, la révolte de Mohammad-bek contre Ali-bek. Ybrahim se flatta d'abord qu'elle n'aurait aucune suite; mais bientôt la nouvelle de l'expulsion d'Ali et de son arrivée à Gaze, en qualité de fugitif et de suppliant, vint le désabuser. Ce coup releva le courage de tous les ennemis de *Dâher*. La faction des Turks dans Yâfa en profita pour reprendre l'ascendant. Elle s'appropria les effets qu'avait déposés la flottille de Rodoan; et aidée par un chaik de Nâblous, elle fit révolter la ville, et s'opposa au passage des Mamlouks. Les circonstances devinrent d'autant plus critiques, que l'on parlait de l'arrivée prochaine d'une grosse armée turke, assemblée vers Alép. Il semblait que *Dâher* ne dût pas s'éloigner d'Acre; mais comptant que sa diligence ordinaire pourvoirait à tout, il marcha vers *Nâblous*, châtia les rebelles en passant : et ayant joint Ali-bek au-dessous de *Yâfa*, il l'amena sans obstacle à Acre. Après une réception telle que la dicte l'hospitalité arabe, ils marchèrent ensemble contre les Turks, qui sous la conduite de sept pachas, assiégeaient Saide, de concert avec les Druzes. Il se trouvait alors dans la rade de *Haifa* des vaisseaux russes, qui, profitant de la révolte de *Dâher*, faisaient des provisions : le chaik négocia avec eux; et moyennant une somme de 600 bourses, il les engagea à seconder par mer ses opérations. Son armée, dans cette circonstance, pouvait consister en 5 ou 6,000 cavaliers safadiens et motouâlis, auxquels se joignirent les huit cents Mamlouks d'Ali et environ 1,000 piétons barbaresques.

Les Turks, au contraire, et les Druzes réunis, pouvaient se monter à 10,000 cavaliers et 20,000 paysans. À peine eurent-ils appris l'arrivée de l'ennemi, qu'ils levèrent le siége, et se retirèrent au nord de la ville, non pour fuir, mais pour y attendre *Dâher* et lui livrer le combat. Il s'engagea en effet le lendemain avec plus de méthode que l'on n'en eût vu jusque-là. L'armée turke, s'étendant de la mer au pied des montagnes, se rangea par pelotons à peu près sur la même ligne. Les *Oqqâls* à pied étaient sur le rivage dans des haies de nopals et dans des fosses qu'ils avaient faites pour empêcher une sortie de la ville. Les cavaliers occupaient la plaine par groupes assez confus ; vers le centre et un peu en avant, étaient huit canons de 12 et de 24, la seule artillerie dont on eût encore usé en rase campagne. Enfin, au pied des montagnes, et sur leur penchant, était la milice druze, armée de fusils, sans retranchemens et sans canons. Du côté de *Dâher*, les Motouâlis et les Safadiens se rangèrent sur le plus grand front possible, et tâchèrent d'occuper autant de plaine que les Turks. A l'aile droite que commandait Nâsif, étaient les Motouâlis et les 1,000 Barbaresques à pied, pour contenir les paysans druzes. L'aile gauche, sous la conduite d'*Ali-Dâher*, fut laissée sans appui contre les Oqqâls ; mais on se reposait sur les frégates et sur les bateaux russes, qui avançaient parallèlement à l'armée en serrant le rivage. Au centre étaient les 800 Mamlouks, et derrière eux Ali-bek avec le vieux *Dâher*, qui animait encore les siens par son exemple et ses discours. L'affaire s'engagea par les frégates russes. A peine eurent-elles tiré quelques bordées sur les *Oqqâls*, qu'ils évacuèrent leur poste en déroute; alors les pelotons de cavaliers marchant à peu près de front, arrivèrent à la portée du canon des Turks. De ce moment, les Mamlouks, jaloux de justifier l'opinion qu'on avait de leur bravoure, se lancèrent bride abattue sur l'ennemi. Leur audace eut l'effet d'intimider les canonniers, qui, se voyant à pied entre deux lignes de chevaux, sans ouvrages et sans infanterie pour les soutenir, tirèrent précipitamment et s'enfuirent. Les Mamlouks, peu maltraités de cette volée, passèrent en un clin d'œil au milieu des canons, et fondirent tête baissée dans les pelotons ennemis. La résistance dura peu, le désordre se répandit de toutes parts; et dans ce désordre, chacun ne sachant ce qu'il avait à faire ni ce qui se passait autour de lui, fut par cette incertitude plus disposé à fuir qu'à combattre. Les pachas donnèrent l'exemple du premier parti, et dans un instant la fuite fut générale. Les Druzes, qui ne servaient la plupart qu'à regret dans la cause des Turks, profitèrent de cette déroute pour tourner le dos, et s'enfoncèrent dans leurs montagnes : en moins d'une heure la plaine fut nettoyée. Les alliés, satisfaits de leur victoire, ne s'engagèrent pas à la poursuite dans un terrain qui devient plus difficile à mesure que l'on marche vers Baïrout; mais les frégates russes, pour punir les Druzes, allèrent canonner cette ville, où elles firent une descente, et brûlèrent trois cents maisons. Ali-bek et *Dâher*, de retour à Acre, songèrent à tirer vengeance de la révolte et de la mauvaise foi des gens de Nâblous, et des habitants de Yâfa. Dès les premiers jours de juillet 1772, ils parurent devant cette ville. D'abord ils essayèrent les voies d'accommodement; mais la faction des Turks ayant rejeté toute proposition, il fallut employer la force. Ce siége ne fut, à proprement parler, qu'un blocus, et l'on ne doit pas se figurer qu'on y suivît les règles connues en Europe. Pour toute artillerie, l'on n'avait de part et d'autre que quelques gros canons mal montés, mal établis, encore plus mal servis. Les attaques ne se faisaient ni par tranchées, ni par mines; et il faut avouer que ces moyens n'étaient pas nécessaires contre un mur sans fossés, sans remparts et sans épaisseur. On fit d'assez bonne heure une brèche, mais les cavaliers de *Dâher* et d'Ali-bek mirent peu de zèle à la franchir, parce que les assiégés avaient embarrassé le terrain de l'intérieur, de pierres, de pieux et de trous. Toute l'attaque consistait en fusillades qui ne tuaient pas beaucoup de monde. Huit mois se passèrent ainsi, malgré l'impatience d'Ali-bek, qui était resté seul commandant du siége. Enfin, les assiégés se trouvant épuisés de fatigue, et manquant de provisions, se rendirent par composition. Au mois de février 1773, Ali-bek y plaça un gouverneur pour *Dáher*, qu'il se hâta d'aller joindre à Acre. Il le trouva occupé des préparatifs nécessaires pour le faire rentrer en Égypte, et il y joignit ses soins pour les accélérer. On n'attendait plus qu'un secours de six cents hommes qu'avaient promis les Russes, quand l'impatience d'Ali-bek le détermina à partir. *Dáher* employa toute sorte d'instances pour l'arrêter encore quelques jours, et donner aux Russes le temps d'arriver; mais voyant que rien ne pouvait suspendre sa résolution, il le fit accompagner par 1500 cavaliers, sous la conduite d'*Otmán*, l'un de ses fils. Peu de jours après (en avril 1773), les Russes amenèrent leur renfort, qui, quoique moindre qu'on ne l'avait espéré, causa un vif regret de ne pouvoir l'employer; mais ce regret fut surtout amer, lorsque *Dáher* vit son fils et ses cavaliers revenir en qualité de fuyards, lui annoncer leur désastre et celui d'Ali-bek. Il en fut d'autant plus affecté, qu'à la place d'un allié puissant par ses ressources, il acquérait un ennemi redoutable par sa haine et son activité. A son âge, cette perspective était affligeante; et il est sans doute honorable à son caractère de n'en avoir pas été plus abattu. Un événement heureux vint se joindre à sa fermeté pour le consoler ou le distraire. L'émir

Yousef, contrarié par une faction puissante, avait été obligé d'invoquer le secours du pacha de Damas, pour se maintenir dans la possession de *Baïrout*. Il y avait placé une créature des Turks, le ci-devant *bek Ahmed-el-Djezzâr*. A peine cet homme fut-il revêtu du commandement de la ville, qu'il résolut de s'en faire un nouveau moyen de fortune. Il commença par s'emparer de 50,000 piastres appartenantes au prince, et il déclara ouvertement ne reconnaître de maître que le sultan : l'émir, étonné de cette perfidie, demanda en vain justice au pacha de Damas. On désavoua *Djezzâr* sans lui faire restituer sa ville. Piqué de ce refus, l'émir consentit enfin à ce qui faisait le vœu général des Druzes, et il fit alliance avec *Dâher*. Le traité en fut conclu près de *Sour*. Le chaik, charmé d'acquérir des amis aussi puissants, vint sur-le-champ avec eux assiéger le rebelle. Les frégates russes, qui ne quittaient pas ces parages depuis quelque temps, se joignirent aux Druzes, et convinrent, pour une seconde somme de six cents bourses, de canonner *Baïrout*. Cette double attaque eut le succès que l'on pouvait désirer. Djezzâr, malgré la vigueur de sa résistance, fut obligé de capituler : il se rendit à *Dâher* seul, et il le suivit à Acre, d'où il s'évada peu après. La défection des Druzes ne découragea pas les Turks : la Porte, comptant sur les intrigues qu'elle tramait en Égypte, reprit l'espoir de venir à bout de tous ses ennemis : elle replaça Osman à Damas, et lui confia un pouvoir illimité sur toute la Syrie. Le premier usage qu'il en fit, fut de rassembler sous ses ordres six pachas; il les conduisit par la vallée de *Beqaa*, au village de *Zahlé*, dans l'intention de pénétrer au sein même des montagnes. La force de cette armée et la rapidité de sa marche, y répandirent en effet la consternation, et l'émir Yousef, toujours timide et irrésolu, se repentait déja d'avoir trop tôt passé du côté de *Dâher;* mais ce vieillard veillant à la sûreté de ses alliés, pourvut à leur défense. A peine les Turks étaient-ils campés depuis six jours au pied des montagnes, qu'ils apprirent qu'*Ali*, fils de *Dâher*, accourait pour les combattre. Il n'en fallut pas davantage pour les intimider. En vain leur observa-t-on qu'il n'avait pas cinq cents chevaux, et qu'ils en avaient plus de cinq mille; le nom d'*Ali-Dâher* en imposait tellement par l'idée de son courage indomptable, que dans une nuit toute cette armée prit la fuite, et laissa aux habitants de *Zahlé* son camp plein de dépouilles et de bagages.

Après ce dernier triomphe, il semblait que *Dâher* dût respirer, et vaquer sans distraction aux préparatifs d'une défense qui chaque jour devenait plus pressante; mais la fortune avait décidé qu'il ne jouirait plus d'aucun repos jusqu'à la fin de sa carrière. Depuis plusieurs années des troubles domestiques se joignaient à ceux de l'extérieur; ce n'était même que par la distraction de ceux-ci qu'il parvenait à calmer ceux-là. Ses enfants, qui étaient déja des vieillards, s'ennuyaient d'attendre si long-temps son héritage. Outre cette disposition qu'ils avaient eue de tout temps à la révolte, il leur était survenu des griefs qui l'avaient rendue plus dangereuse en la rendant plus légitime. Depuis plusieurs années, le chrétien *Ybrahim*, ministre du chaik, avait envahi toute sa confiance, et il en faisait un abus criant pour assouvir son avarice. Il n'osait pas exercer ouvertement les tyrannies des Turks; mais il ne négligeait aucun moyen, même malhonnête, d'amasser de l'argent. Il s'emparait de tous les objets de commerce; lui seul vendait le blé, le coton et les autres denrées de sortie; lui seul achetait les draps, les indigos, les sucres et les autres marchandises d'entrée. Avec une pareille avidité, il avait souvent choqué les prétentions et même les droits des chaiks; ils ne lui pardonnaient pas cet abus de puissance, et chaque jour, en amenant de nouveaux sujets de plaintes, portait à de nouveaux troubles. *Dâher*, dont la tête commençait à se ressentir de son extrême vieillesse, n'usait pas des moyens propres à le calmer. Il appelait ses enfants des ingrats et des rebelles; il ne trouvait de serviteur fidèle et désintéressé qu'Ybrahim; cet aveuglement ne servit qu'à détruire le respect pour sa personne, et à justifier leurs mécontentemens. L'année 1774 développa les fâcheux effets de cette conduite. Depuis la mort d'Ali-bek, *Ybrahim* trouvant que la balance des craintes devenait plus forte que celle des espérances, avait rabattu de sa hauteur. Il ne voyait plus autant de certitude à amasser de l'argent par la guerre. Ses alliés, les Russes, sur lesquels il fondait sa confiance, commençaient eux-mêmes à parler de paix. Ces motifs le déterminèrent à la conclure; il en traita avec un capidji que la Porte entretenait à Acre. L'on convint que *Dâher* et ses enfans mettraient bas les armes; qu'ils conserveraient le gouvernement de leur pays; qu'ils recevraient les queues, qui en sont le symbole. Mais en même temps, on stipula que Saide serait restituée, et que le chaik paierait le miri comme par le passé. Ces conditions mecontentèrent d'autant plus les enfants de *Dâher*, qu'elles furent accordées sans leur avis. Ils trouvèrent honteux de redevenir tributaires. Ils furent encore plus choqués de voir que l'on n'eût passé à aucun d'eux le titre de leur père; en conséquence, ils se révoltèrent tous. *Ali* s'en alla dans la Palestine, et se cantonna à *Habroun*; *Ahmad* et *Seïd* se retirèrent à *Nâblous*; *Otman*, chez les Arabes de *Saqr*; et le reste de l'année se passa dans ces dissensions. Les choses étaient à ce point, lorsqu'au commencement de 1775, Mohammad-bek parut en Palestine avec toutes les forces dont il pouvait disposer. Gaze se trouvant dépourvue de munitions n'osa résister.

Yâfa, fière d'avoir joué un rôle dans tous les événements précédents, fut plus hardie; ses habitants s'armèrent, et peu s'en fallut que leur résistance ne fît échouer la vengeance du Mamlouk; mais tout conspira à la perte de *Dâher*. Les Druzes n'osèrent remuer; les Motouâlis étaient mécontents. Ybrahim appelait tout le monde, mais comme il n'offrait d'argent à personne, personne ne remuait : il n'eut pas même la prudence d'envoyer des provisions aux assiégés. Ils furent contraints de se rendre, et la route d'Acre resta ouverte. Aussitôt que l'on y apprit le désastre d'Yâfa, Ybrahim prit la fuite avec *Dâher* dans les montagnes du Safad. *Ali-Dâher*, qui comptait sur des conventions passées entre lui et Mohammad-bek, prit la place de son père; mais bientôt reconnaissant qu'il était trompé, il prit la fuite à son tour, et les Mamlouks furent maîtres d'Acre. Il était difficile de prévoir les bornes de cette révolution, lorsque la mort inopinée de son auteur vint tout à coup la rendre nulle et sans effet. La fuite des Égyptiens ayant laissé libres à *Dâher* sa ville et son pays, il ne tarda pas d'y reparaître; mais il s'en fallait beaucoup que l'orage fût apaisé. Bientôt on apprit qu'une flotte turke assiégeait *Saide* sous les ordres de *Hasan, capitan pacha*. Alors on reconnut trop tard la perfidie de la *Porte*, qui avait endormi la vigilance du chaik par des démonstrations d'amitié, dans le même temps qu'elle combinait avec Mohammad-bek les moyens de le perdre. Depuis un an qu'elle s'était débarrassée des Russes, il avait été facile de prévoir ses intentions par ses mouvements. Ne l'ayant pas fait, il restait encore à tenter d'en prévenir les effets; et l'on négligea cette dernière ressource. *Degnizlé*, bombardé dans Saide, sans espoir de secours, se vit contraint d'évacuer la ville; le capitan pacha se porta sur-le-champ devant Acre. A la vue de l'ennemi, l'on délibéra sur les moyens d'échapper au danger; et il arriva à ce sujet une querelle dont l'issue décida du sort de *Dáher*. Dans un conseil général qui se tint, l'avis d'*Ybrahim* fut de repousser la force par la force; il allégua pour ses raisons que le capitan pacha n'avait que trois grosses voiles; qu'il ne pouvait attaquer par terre, ni rester sans danger à l'ancre en face du château; que l'on avait assez de cavaliers et de Barbaresques pour empêcher une descente, et qu'il était presque certain que les Turks s'en iraient sans rien tenter. Contre cet avis, *Degnizlé* opina qu'il fallait faire la paix, parce qu'en résistant, l'on ne ferait que prolonger la guerre; il soutint qu'il n'était pas raisonnable d'exposer la vie de beaucoup de braves gens, quand on pouvait y suppléer par un moyen moins précieux; que ce moyen était l'argent; qu'il connaissait assez l'avidité du capitan pacha, pour assurer qu'il se laisserait séduire; qu'il était certain de le renvoyer, et même de s'en faire un ami;

en lui comptant deux mille bourses. C'était là précisément ce que craignait Ybrahim; aussi se récria-t-il contre cet avis, en protestant qu'il n'y avait pas un médin dans les coffres. *Dâher* vint à l'appui de son assertion : « Le chaik a raison, » reprit *Degnizlé*; « il y a long-temps que ses servi-
« teurs savent que sa générosité ne laisse point
« son argent croupir dans ses coffres; mais l'ar-
« gent qu'ils tiennent de lui n'est-il pas à lui-même?
« et croira-t-on qu'à ce titre nous ne sachions pas
« trouver deux mille bourses?» A ce mot, *Ybrahim* interrompant encore, s'écria que pour lui il était le plus pauvre des hommes. « Dites le plus lâche, » reprit *Degnizlé* transporté de colère. « Qui ne sait,
« parmi les Arabes, que depuis quatorze ans vous
« entassez des trésors énormes? Qui ne sait que
« vous avez envahi tout le commerce; que vous
« vendez tous les terrains, que vous retenez les
« soldes; que dans la guerre de Mohammad-bek,
« vous avez dépouillé tout le pays de Gaze de ses
« blés, et que les habitants de Yâfa ont manqué
« du nécessaire?» Il allait continuer, quand le chaik lui imposant silence, protesta de l'innocence de son ministre, et l'accusa, lui, *Degnizlé*, d'envie et de trahison. Outré de ce reproche, *Degnizlé* sortit à l'instant du conseil, et rassemblant ses compatriotes les Barbaresques, qui faisaient la principale force de la place, il leur défendit de tirer sur le capitan. *Dâher*, décidé à soutenir l'attaque,

fit tout préparer en conséquence. Le lendemain, le capitan s'étant approché du château, commença de le canonner. *Dâher* lui fit répondre par les pièces qui étaient sous ses yeux; mais malgré ses ordres réitérés, les autres ne tirèrent point. Alors se voyant trahi, il monta à cheval, et sortant par la porte qui donne sur ses jardins dans la partie du nord, il voulut gagner la campagne; mais pendant qu'il marchait le long des murs de ses jardins, un Barbaresque lui tira un coup de fusil dans les reins; à ce coup, il tomba de cheval, et sur-le-champ les Barbaresques environnant son corps, lui coupèrent la tête; elle fut portée au capitan pacha, qui, selon l'odieuse coutume des Turks, la contempla en l'accablant d'insultes, et la fit saler pour l'emporter à Constantinople, et en donner le spectacle au sultan et au peuple.

Telle fut la fin tragique d'un homme digne, à bien des égards, d'un meilleur sort. Depuis long-temps la Syrie n'a point vu de commandants montrer un aussi grand caractère. Dans les affaires militaires, personne n'avait plus de courage, d'activité, de sang-froid, de ressources. Dans les affaires politiques, sa franchise n'était pas altérée même par son ambition. Il n'aimait que les moyens hardis et découverts; il préférait les dangers des combats aux ruses des intrigues. Ce ne fut que depuis qu'il eut prit Ybrahim pour ministre, que l'on vit dans sa conduite une duplicité que ce chrétien appelait prudence. L'opinion de sa justice avait établi dans ses états une sécurité inconnue en Turkie; elle n'était point troublée par la diversité des religions; il avait pour cet article la tolérance, ou, si l'on veut, l'indifférence des Arabes-Bedouins. Il avait aussi conservé leur simplicité, leurs préjugés, leurs goûts. Sa table ne différait pas de celle d'un riche fermier; le luxe de ses vêtements ne s'étendait pas au delà de quelques pelisses, et jamais il ne porta de bijoux. Toute sa dépense consistait en juments de race, et il en a payé quelques-unes jusqu'à 20,000 livres. Il aimait aussi beaucoup les femmes; mais en même temps il était si jaloux de la décence des mœurs, qu'il avait décerné peine de mort contre toute personne surprise en délit de galanterie, et contre quiconque insulterait une femme; enfin, il avait saisi un milieu difficile à tenir, entre la prodigalité et l'avarice; et il était tout à la fois généreux et économe. Comment avec de si grandes qualités n'a-t-il pas plus étendu ou affermi sa puissance? C'est ce que la connaissance détaillée de son administration rendrait facile à expliquer; mais il suffira d'en indiquer trois causes principales.

1° Cette administration manquait d'ordre intérieur et de principes : par cette raison, les améliorations ne se firent que lentement et confusément.

2° Les concessions qu'il fit de bonne heure à ses

enfants, introduisirent une foule de désordres qui arrêtèrent les progrès des cultures, énervèrent les finances, divisèrent les forces et préparèrent sa ruine.

3° Enfin une dernière cause, plus active que les autres, fut l'avarice d'Ybrahim Sabbâr. Cet homme, abusant de la confiance de son maître et de la faiblesse qu'amenait l'âge, aliéna de lui, par son esprit de rapine, et ses enfants, et ses serviteurs, et ses alliés. Ses concussions même pesèrent assez sur le peuple dans les derniers temps, pour lui rendre indifférent de rentrer sous le joug des Turks. Sa passion pour l'argent était si sordide, qu'au milieu des trésors qu'il entassait, il ne vivait que de fromage et d'olives; et pour épargner encore davantage, il s'arrêtait souvent à la boutique des marchands les plus pauvres, et partageait leur frugal repas. Jamais il ne portait que des habits sales et déchirés. A voir ce petit homme maigre et borgne, on l'eût plutôt pris pour un mendiant que pour le ministre d'un état considérable. Le succès de ces viles pratiques fut d'entasser environ vingt millions de France, dont les Turks ont profité. A peine sut-on dans *Acre* la mort de *Dâher*, que l'indignation publique éclatant contre Ybrahim, on le saisit et on le livra au capitan pacha. Nulle proie ne pouvait lui être plus agréable. La réputation des trésors de cet homme était répandue dans toute la Turkie; elle avait contribué à animer le ressentiment de Mohammad-bek; elle était le principal motif des démarches du capitan. Il ne vit pas plus tôt son prisonnier, qu'il se hâta d'en exiger la déclaration du lieu et de la quantité des sommes qu'il recélait. Ybrahim se montra ferme à en nier l'existence. Le pacha employa en vain les caresses, puis les menaces puis les tortures : tout fut inutile; ce ne fut que par d'autres renseignements, qu'il parvint à découvrir chez les pères de Terre-Sainte, et chez deux négociants français, plusieurs caisses, si grandes et si chargées d'or, qu'il fallut huit hommes pour porter la principale. Parmi cet or, on trouva aussi divers bijoux, tels que des perles, des diamants, et entre autres, le kandjar d'Ali-bek, dont la poignée était estimée plus de 200,000 livres. Tout cela fut transporté à Constantinople avec Ybrahim, que l'on chargea de chaînes. Les Turks, féroces et insatiables, espérant toujours découvrir de nouvelles sommes, lui firent souffrir les tortures les plus cruelles pour en obtenir l'aveu; mais on assure qu'il maintint constamment la fermeté de son caractère; et qu'il périt avec un courage qui méritait une meilleure cause. Après la mort de *Dáher*, le capitan pacha établit Djezzâr pacha d'Acre et de Saide, et lui confia le soin d'achever la ruine des rebelles. Fidèle à ses instructions, Djezzâr les attaqua par la ruse et par la force, et réussit au point d'amener *Otmán*,

Seïd et *Ahmad* à se rendre en ses mains. *Ali* seul résista; et c'était lui qu'on désirait davantage. L'année suivante (1776), Hasan revint; et de concert avec Djezzâr, il assiégea Ali dans *Daïr-Hanna*, lieu fort, à une journée d'Acre; mais il leur échappa. Pour terminer leurs inquiétudes, ils employèrent un moyen digne de leur caractère. Ils apostèrent des Barbaresques, qui, prétextant d'avoir été congédiés de Damas, vinrent dans le canton où Ali se tenait campé. Après avoir raconté leur histoire à ses gens, ils lui demandèrent l'hospitalité. Ali, à titre d'Arabe et d'homme qui n'avait jamais connu la lâcheté, les accueillit; mais ces misérables fondant sur lui pendant la nuit, le massacrèrent, et vinrent demander leur récompense, sans cependant avoir pu s'emparer de sa tête. Le capitan se voyant délivré d'Ali, fit égorger ses frères, Seïd, Ahmad et leurs enfants. Le seul Otmân fut conservé en faveur de son rare talent pour la poésie, et on l'emmena à Constantinople. Le Barbaresque Degnizlé, que l'on renvoya de cette capitale à Gaze avec le titre de gouverneur, périt en route avec soupçon de poison. L'émir *Yousef* effrayé, fit sa paix avec Djezzâr; et depuis ce moment la Galilée, rentrée aux mains des Turks, n'a conservé de la puissance de *Dâher* qu'un inutile souvenir.

CHAPITRE II.

Distribution de la Syrie par pachalics, selon l'administration turke.

Après que le sultan Sélim Ier se fut emparé de la Syrie sur les Mamlouks, il y établit, comme dans le reste de l'empire, des *vice-rois* ou *pachas* (1), revêtus d'un pouvoir illimité et absolu. Pour s'assurer de leur soumission et faciliter leur régie, il divisa le pays en cinq gouvernements ou *pachalics*, dont la distribution subsiste encore. Ces pachalics sont celui d'*Alep*, celui de *Tripoli*, celui de *Saide*, récemment transféré à *Acre*, celui de *Damas*, et enfin celui de la Palestine, dont le siége a été tantôt à Gaze et tantôt à Jérusalem. Depuis Sélim, les débornements de ces pachalics ont souvent varié; mais la consistance générale s'est maintenue à peu près la même. Il convient de prendre des notions un peu détaillées des objets les plus intéressants de leur état actuel, tels que les revenus, les productions, les forces et les lieux remarquables.

---

(1) Le terme turk *pacha* est formé des deux mots persans *pa-châh*, qui signifient littéralement *vice-roi*.

CHAPITRE III.

achalic d'Alep.

LE pachalic d'*Alep* comprend le terrain qui s'étend de l'Euphrate à la Méditerranée, entre deux lignes tirées, l'une de *Skandaroun* à *Bir*, par les montagnes, l'autre de *Bèles* à la mer, par *Marra* et le pont de *Chogr*. Cet espace est en grande partie formé de deux plaines; l'une, celle d'Antioche, à l'ouest, et l'autre, celle d'Alep, à l'est : le nord et le rivage de la mer sont occupés par d'assez hautes montagnes, que les anciens ont désignées sous les noms d'*Amanus* et de *Rhosus*. En général, le sol de ce gouvernement est gras et argileux. Les herbes hautes et vigoureuses qui croissent partout après les pluies, en attestent la fécondité; mais elle y est presque sans fruit. La majeure partie des terres est en friche; à peine trouve-t-on des cultures aux environs des villes et des villages. Les produits principaux sont le froment, l'orge et le coton, qui appartiennent spécialement au pays plat. Dans les montagnes l'on préfère la vigne, les mûriers, les olives et les figues. Les coteaux maritimes sont consacrés aux tabacs à pipe, et le territoire d'Alep aux pistaches. Il ne faut pas compter les pâturages, qui sont abandonnés aux hordes errantes des Turkmans et des Kourdes.

Dans la plupart des pachalics, le *pacha* est, selon la valeur de son titre, *vice-roi* et fermier-général du pays. Dans celui d'Alep, ce second emploi lui manque. La *Porte* l'a confié à un *mehassel* ou *collecteur*, avec qui elle compte immédiatement. Elle ne lui donne de bail que pour l'année seulement. Le prix actuel de la ferme est de 800 bourses, qui font un million de notre monnaie; mais il faut y joindre un *prix de babouche* (1) ou *pot-de-vin*, de 80 à 100,000 francs, dont on achète la faveur du vizir et des gens en crédit. Moyennant ces deux sommes, le fermier est substitué à tous les droits du gouvernement, qui sont, 1° les douanes ou droits d'entrée et de sortie sur les marchandises venant de l'Europe, de l'Inde ou de Constantinople, et sur celles que le pays rend en échange; 2° les droits de passage sur les troupeaux que les Turkmans et les Kourdes amènent chaque année de l'*Arménie* et du *Diarbekr*, pour vendre en Syrie; 3° le cinquième de la saline de *Djeboul*; enfin le *miri* ou impôt établi sur les terres. Ces objets réunis peuvent rendre 15 à 1,600,000 fr.

Le pacha, privé de cette régie lucrative, reçoit un traitement fixe de 80,000 piastres (c'est-à-dire de 200,000 livres) seulement. L'on a de tout

---

(1) Pantoufles turkes.

temps reconnu ce fonds insuffisant à ses dépenses; car outre les troupes qu'il doit entretenir, et les réparations des chemins et des forteresses qui sont à sa charge, il est obligé de faire de grands présents aux ministres, pour obtenir ou garder sa place; mais la Porte fait entrer en compte les contributions qu'il tirera des Kourdes et des Turkmans, les avanies qu'il fera aux villages et aux particuliers; et les pachas ne restent pas en arrière de leurs intentions. *Abdi*, pacha, qui commandait il y a 12 ou 13 ans, enleva dans 15 mois plus de 4,000,000 de livres, en rançonnant tous les corps de métiers, jusqu'aux nettoyeurs de pipes. Récemment un autre du même nom vient de se faire chasser pour les mêmes extorsions. Le divan récompensa le premier d'un commandement d'armée contre les Russes; mais si celui-ci est resté pauvre, il sera étranglé comme concussionnaire. Telle est la marche ordinaire des affaires.

Selon un usage général, la commission du pacha n'est que pour 3 mois; mais souvent on le proroge jusqu'à 6 mois, et même un an. Il est chargé de maintenir les sujets dans l'obéissance, et de veiller à la sûreté du pays contre tout ennemi domestique ou étranger. Pour cet effet, il entretient cinq à six cents cavaliers, et à peu près autant de gens de pied. En outre, il a le droit de disposer des janissaires, qui sont une espèce de milice nationale classée. Comme nous retrouverons le même état militaire dans toute la Syrie, il est à propos de dire deux mots de sa constitution.

Les janissaires dont je viens de parler, sont, dans chaque pachalic, un certain nombre d'hommes classés, qui doivent se tenir prêts à marcher toutes les fois qu'on les appelle. Comme il y a des priviléges et des exemptions attachés à ce titre, il y a concurrence à l'obtenir. Jadis cette troupe était astreinte à une discipline et à des exercices réglés ; mais depuis 60 à 80 ans, l'état militaire est tombé dans une telle décadence, qu'il ne reste aucune trace de l'ancien ordre. Ces prétendus soldats ne sont plus que des artisans et des paysans aussi ignorans que les autres, mais beaucoup moins dociles. Lorsqu'un pacha commet des abus d'autorité, ils sont toujours les premiers à lever l'étendard de la sédition. Récemment ils ont déposé et chassé d'Alep *Abdi* pacha, et il a fallu que la Porte en envoyât un autre. Elle s'en venge en faisant étrangler les plus mutins des opposans ; mais à la première occasion, les janissaires se font d'autres chefs, et les affaires suivent toujours la même route. Les pachas se voyant contrariés par cette milice nationale, ont eu recours à l'expédient usité en pareil cas ; ils ont pris pour soldats des étrangers, qui n'ont dans le pays ni famille ni amis. Ces soldats sont de deux espèces, cavaliers et piétons.

Les cavaliers, les seuls que l'on répute gens de guerre, s'appellent à ce titre *Daoulé* ou *Deleti*, et encore *Delibaches* et *Laouend*, dont nous avons fait *Leventi*. Leurs armes sont le sabre court, le pistolet, le fusil et la lance. Leur coiffure est un long cylindre de feutre noir, sans bords, élevé de 9 à 10 pouces, très-incommode, en ce qu'il n'ombrage point les yeux, et qu'il tombe aisément de dessus ces têtes rasées. Leurs selles sont formées à la manière anglaise, et d'un cuir tendu sur un châssis de bois; elles sont rases, mais elles n'en sont pas moins incommodes, en ce qu'elles écartent le cavalier, au point de lui ôter l'usage des aides; pour le reste de l'équipage et du vêtement, ces cavaliers ressemblent aux Mamlouks, à cela près qu'ils sont moins bien tenus. Avec leurs habits déchirés, leurs armes rouillées, et leurs chevaux de toute taille et de toute couleur, on les prendrait plutôt pour des bandits que pour des soldats. La plupart ont commencé par le premier métier, et n'ont pas changé en prenant le second. Presque tous les cavaliers en Syrie sont des *Turkmans*, des *Kourdes* ou des *Caramanes*, qui, après avoir fait le métier de voleurs dans leur pays, viennent chercher auprès des pachas un asile et du service. Dans tout l'empire, ces troupes sont ainsi formées de brigands qui passent d'un lieu à l'autre. Faute de discipline, ils gardent partout leurs premières mœurs, et sont le fléau des campagnes qu'ils dévastent, et des paysans qu'ils pillent souvent à force ouverte.

Les gens de pied sont une troupe encore inférieure en tout genre. Jadis on les tirait des habitants même du pays par des enrôlements forcés ; mais depuis 50 à 60 ans, les paysans des royaumes de Tunis, d'Alger et de Maroc, se sont avisés de venir chercher en Égypte et en Syrie une considération qui leur est refusée dans leur patrie. Eux seuls, sous le nom de *Magarbé*, c'està-dire, *hommes du couchant*, composent l'infanterie des pachas ; en sorte qu'il arrive, par un échange bizarre, que la milice des Barbaresques est formée de Turks, et la milice des Turks formée de Barbaresques. L'on ne peut être plus leste que ces piétons ; car tout leur équipage et leur bagage se bornent à un fusil rouillé, un grand couteau, un sac de cuir, une chemise de coton, un caleçon, une toque rouge, et quelquefois des pantoufles. Chaque mois ils reçoivent une paye de 5 piastres (12 liv. 10 s.), sur laquelle ils sont obligés de s'entretenir d'armes et de vêtements. Ils sont d'ailleurs nourris aux dépens du pacha ; ce qui ne laisse pas de former un traitement assez avantageux ; la paye est double pour les cavaliers, à qui l'on fournit en outre le cheval et sa ration, qui est d'une mesure de paille hachée, et d'une mesure d'orge, que j'ai trouvée de six pouces et demi de diamètre intérieur, sur quatre pouces et demi de profondeur, valant environ sept livres deux ou trois onces d'orge. Ces troupes sont divisées à l'ancienne manière tartare, par *bairáqs* ou *drapeaux;* chaque drapeau est compté pour dix hommes, mais rarement s'en trouve-t-il six effectifs; la raison en est que les *agas* ou commandants de *drapeau* étant chargés du paiement des soldats, en entretiennent le moins qu'ils peuvent, afin de profiter des payes vides. Les *agas* supérieurs tolèrent ces abus, parce qu'ils en partagent les fruits; enfin les pachas eux-mêmes entrent en connivence, et pour se dispenser de payer les soldes entières, ils ferment les yeux sur les pillages et l'indiscipline de leurs troupes.

C'est par les désordres d'un tel régime, que la plupart des pachalics de l'empire se trouvent ruinés et dévastés. Celui d'Alep en particulier est dans ce cas; sur les anciens *deftar* ou *registres* d'impôts, on lui comptait plus de 3200 villages; aujourd'hui le collecteur en réalise à peine 400. Ceux de nos négocians qui ont 20 ans de résidence, ont vu la majeure partie des environs d'Alep se dépeupler. Le voyageur n'y rencontre de toutes parts que maisons écroulées, citernes enfoncées, champs abandonnés. Les cultivateurs ont fui dans les villes, où leur population s'absorbe, mais où du moins l'individu échappe à la main rapace du despotisme qui s'égare sur la foule.

Les lieux de ce pachalic qui méritent quelque

attention, sont, 1° la ville d'*Alep*, que les Arabes appellent *Halab* (1). Cette ville est la capitale de la province, et la résidence ordinaire du pacha. Elle est située dans la vaste plaine qui s'étend de l'Oronte à l'Euphrate, et qui se confond au midi avec le désert. Le local d'*Alep*, outre l'avantage d'un sol gras et fertile, possède encore celui d'un ruisseau d'eau douce qui ne tarit jamais ; ce ruisseau, assez semblable pour la largeur à la rivière des *Gobelins*, vient des montagnes d'*Aéntâb*, et se termine à six lieues au-dessous d'Alep, en un marécage peuplé de sangliers et de pélicans. Près d'Alep, ses bords, au lieu des roches nues qui emprisonnent son cours supérieur, se couvrent d'une terre rougeâtre excellente, où l'on a pratiqué des jardins, ou plutôt des vergers, qui dans un pays chaud, et surtout en Turkie, peuvent passer pour délicieux. La ville elle-même est une des plus agréables de la Syrie, et est peut-être la plus propre et la mieux bâtie de tout l'empire. De quelque côté que l'on y arrive, la foule de ses minarets et de ses dômes blanchâtres flatte l'œil ennuyé de l'aspect brun et monotone de la plaine. Au centre est

---

(1) C'est le nom dont les anciens géographes ont fait *Xalibon* ; l'*x* représente ici le *jota* espagnol ; et il est remarquable que les Grecs modernes rendent encore le *hd* arabe par ce même son de *jota* ; ce qui cause mille équivoques dans leur discours, attendu que les Arabes ont le *jota* dans une autre lettre.

une montagne factice, environnée d'un fossé sec, et couronnée d'une forteresse en ruines. De là l'on domine à vue d'oiseau sur la ville, et l'on découvre au nord les montagnes neigeuses du *Bailan*; à l'ouest, la chaîne qui sépare l'Oronte de la mer, pendant qu'au sud et à l'orient, la vue s'égare jusqu'à l'Euphrate. Jadis ce château arrêta plusieurs mois les Arabes d'Omar, et ne fut pris que par trahison; mais aujourd'hui, il ne résisterait pas au moindre coup de main. Sa muraille mince, basse et sans appui, est écroulée. Ses petites tours à l'antique ne sont pas en meilleur état. Il n'a pas quatre canons de service, sans en excepter une couleuvrine de neuf pieds de long, que l'on a prise sur les Persans au siége de *Basra*. Trois cent cinquante janissaires qui devraient le garder, sont à leurs boutiques, et l'aga trouve à peine de quoi loger ses gens. Il est remarquable que cet aga est nommé par la Porte qui, toujours soupçonneuse, divise le plus qu'elle peut les commandements. Dans l'enceinte du château, est un puits qui, au moyen d'un canal souterrain, tire son eau d'une source distante de cinq quarts de lieue. Les environs de la ville sont semés de grandes pierres carrées, surmontées d'un turban de pierre, qui sont la marque d'autant de tombeaux. Le terrain a des élévations qui, dans un siége, rendraient les approches très-faciles : telle est, entre autres, la maison des derviches, d'où l'on commande au canal et au ruisseau.

Alep ne mérite donc, comme ville de guerre, aucune considération, quoiqu'elle soit la clef de la Syrie du côté du nord; mais comme ville de commerce, elle a un aspect imposant; elle est l'entrepôt de toute l'*Arménie* et du *Diarbekr*; elle envoie des caravanes à *Bagdad* et en Perse; elle communique au *golfe Persique* et à l'*Inde* par *Basra*, à l'Égypte et à la Mekke, par *Damas*, et à l'Europe, par *Skandaroun* (Alexandrette) et *Lataqié*. Le commerce s'y fait presque tout par échange. Les objets principaux sont les cotons en laine ou filés du pays; les etoffes grossières qu'en fabriquent les villages; les étoffes de soie ouvrées dans la ville; les cuivres; les bourres; les poils de chèvre qui viennent de la Natolie; les noix de galle du Kourdestan; les marchandises de l'Inde, telles que les *châles* (1) et les mousselines; enfin les pistaches du territoire. Les marchandises que fournit l'Europe, sont les draps de Languedoc, les cochenilles, l'indigo, le sucre et quelques épiceries. Le café d'Amérique, quoique prohibé, s'y glisse, et sert à mélanger celui de *Moka*. Les Français ont à Alep

---

(1) Les châles sont des mouchoirs de laine, larges d'une aune, et longs de près de deux. La laine en est si fine et si soyeuse, que tout le mouchoir pourrait être contenu dans les deux mains jointes : l'on n'y emploie que celle des chevreaux, ou plus exactement que le duvet des chevreaux naissants. Les plus beaux châles viennent du Cachemire : il y en a depuis cinquante écus jusqu'à 1200 et même 2400 livres.

un consul et sept comptoirs ; les Anglais et les Vénitiens en ont deux ; les Livournais et les Hollandais, un ; l'empereur y a établi un consulat en 1784, et il y a nommé un riche négociant juif, qui a rasé sa barbe pour prendre l'uniforme et l'épée. La Russie vient aussi récemment d'y en établir un. Alep ne le cède pour l'étendue qu'à Constantinople et au Kaire, et peut-être encore à *Smyrne*. On veut y compter 200,000 ames, et sur cet article de la population on ne sera jamais d'accord. Cependant, si l'on observe que cette ville n'est pas plus grande que *Nantes* ou *Marseille*, et que les maisons n'y ont qu'un étage, l'on trouvera peut-être suffisant d'y compter cent mille têtes. Les habitants musulmans ou chrétiens passent avec raison pour les plus civilisés de toute la Turkie : les négociants européens ne jouissent dans aucun autre lieu d'autant de liberté et de considération de la part du peuple.

L'air d'Alep est très-sec et très-vif, mais en même-temps très-salubre pour quiconque n'a pas la poitrine affectée ; cependant la ville et son territoire sont sujets à une *endémie* singulière, que l'on appelle dartre ou bouton d'*Alep*; c'est en effet un bouton qui, d'abord inflammatoire, devient ensuite un ulcère de la largeur de l'ongle. La durée fixe de cet ulcère est d'un an ; il se place ordinairement au visage, et laisse une cicatrice qui défigure la plupart des habitants d'Alep. On prétend même que tout étranger qui fait une résidence de trois mois, en est attaqué : l'expérience a enseigné que le meilleur remède est de n'en point faire. On ne connaît aucune cause à ce mal; mais je soupçonne qu'il vient de la qualité des eaux, en ce qu'on le retrouve dans les villages voisins, dans quelques lieux du Diarbekr, et même en certains cantons près de Damas, où le sol et les eaux ont les mêmes apparences.

Tout le monde a entendu parler des pigeons d'Alep, qui servent de courriers pour *Alexandrette* et *Bagdad*. Ce fait, qui n'est point une fable, a cessé d'avoir lieu depuis 30 à 40 ans, parce que les voleurs Kourdes se sont avisés de tuer les pigeons. Pour faire usage de cette espèce de poste, l'on prenait des couples qui eussent des petits, et on les portait à cheval au lieu d'où l'on voulait qu'ils revinssent, avec l'attention de leur laisser la vue libre. Lorsque les nouvelles arrivaient, le correspondant attachait un billet à la patte des pigeons, et il les lâchait. L'oiseau, impatient de revoir ses petits, partait comme un éclair, et arrivait en six heures d'Alexandrette, et en deux jours de Bagdad. Le retour lui était d'autant plus facile, que sa vue pouvait découvrir Alep à une distance infinie. Du reste, cette espèce de pigeons n'a rien de particulier dans la forme, si ce n'est les narines qui, au lieu d'être lisses et unies, sont renflées et raboteuses.

Cette facilité d'être vue de loin, attire à Alep des oiseaux de mer qui y donnent un spectacle assez singulier : si l'on monte après diner sur les terrasses des maisons, et que l'on y fasse le geste de jeter du pain en l'air, bientôt l'on se trouve assailli d'oiseaux, quoique d'abord l'on n'en pût voir aucun ; mais ils planaient dans le ciel, d'où ils descendent tout à coup pour saisir à la volée les morceaux de pain que l'on s'amuse à leur lancer.

Après Alep, il faut distinguer Antioche, appelée par les Arabes *Antakié*. Cette ville, jadis célèbre par le luxe de ses habitants, n'est plus qu'un bourg ruiné, dont les maisons de boue et de chaume, les rues étroites et fangeuses, offrent le spectacle de la misère et du désordre. Ces maisons sont placées sur la rive méridionale de l'Oronte, au bout d'un vieux pont qui se ruine : elles sont couvertes au sud par une montagne sur laquelle grimpe une muraille qui fut l'enceinte des Croisés. L'espace entre la ville actuelle et cette montagne, peut avoir deux cents toises; il est occupé par des jardins et des décombres qui n'ont rien d'intéressant.

Malgré la rudesse de ses habitants, *Antioche* était plus propre qu'Alep à servir d'entrepôt aux Européens. En dégorgeant l'embouchure de l'*Oronte*, qui se trouve six lieues plus bas, l'on eût pu remonter cette rivière avec des bateaux à la traîne, mais non avec des voiles, comme l'a prétendu Pocoke : son cours est trop rapide. Les naturels, qui ne connaissent point le nom d'*Oronte*, l'appellent, à raison de sa rapidité, *El à ási* (1), c'est-à-dire *le rebelle*. Sa largeur à Antioche est d'environ 40 pas; 7 lieues plus haut, il passe par un lac très-riche en poissons, et surtout en anguilles. Chaque année on en sale une grande quantité, qui cependant ne suffit point aux carêmes multipliés des Grecs. Du reste, il n'est plus question à Antioche, ni du *bois de Daphné*, ni des scènes voluptueuses dont il était le théâtre.

La plaine d'Antioche, quoique formée d'un sol excellent, est inerte et abandonnée aux Turkmans; mais les montagnes qui bordent l'Oronte, surtout en face de *Serkin*, sont couvertes de plantations de figuiers, d'oliviers, de vignes et de mûriers, qui, par un cas rare en Turkie, sont alignées en *quinconces*, et forment un tableau digne de nos plus belles provinces.

Le roi macédonien *Seleucus Nicanor*, qui fonda Antioche, avait aussi bâti à l'embouchure de l'Oronte, sur la rive du nord, une ville très-forte qui portait son nom. Aujourd'hui il n'y reste pas une habitation : seulement l'on y voit des décombres et des travaux dans le rocher adjacent, qui prouvent que ce lieu fut jadis très-soigné. L'on aperçoit aussi dans la mer des traces de deux jetées, qui dessinent

---

(1) C'est le terme que les géographes grecs ont rendu par *Axios*.

un ancien port désormais comblé. Les gens du pays y viennent faire la pêche, et appellent ce lieu *Souat-dié*. De là, en remontant au nord, le rivage de la mer est serré par une chaîne de hautes montagnes que les anciens géographes désignent sous le nom de *Rhosus* : ce nom, qui a dû être emprunté du syriaque, subsiste encore dans celui de *Rás-el-Kansir*, ou *cap du Sanglier*, qui forme l'angle de ce rivage.

Le golfe, qui s'enfonce dans le nord-est, n'est remarquable que par la ville d'*Alexandrette* ou *Skandaroun*, dont il porte le nom. Cette ville, située au bord de la mer, n'est, à proprement parler, qu'un hameau sans murailles, peuplé de plus de tombeaux que de maisons, et qui ne doit sa faible existence qu'à la rade qu'il commande. Cette rade est la seule de toute la Syrie dont le fond tienne solidement l'ancre des vaisseaux, sans couper les câbles : d'ailleurs elle a une foule d'inconvénients si graves, qu'il faut être bien maîtrisé par la nécessité, pour ne pas en abandonner l'usage.

1° Elle est infectée pendant l'hiver d'un vent local, appelé par nos marins *le Raguier*, qui, tombant comme un torrent des sommets neigeux des montagnes, chasse les vaisseaux sur leur ancre pendant des lieues entières.

2° Lorsque les neiges ont commencé de couvrir la chaîne qui enceint le golfe, il en émane des vents opiniâtres, qui en repoussent pendant des trois et quatre mois, sans que l'on puisse y pénétrer.

3° La route d'Alexandrette à Alep par la plaine est infestée de voleurs kourdes, qui sont cantonnés dans les rochers voisins (1), et qui dépouillent à main armée les plus fortes caravanes.

4° Enfin une raison supérieure à toutes les autres, est l'insalubrité de l'air d'Alexandrette, portée à un point extraordinaire. On peut assurer qu'elle moissonnait chaque année le tiers des équipages qui y *estivent* : l'on y a vu quelquefois des vaisseaux complètement démontés en deux mois de séjour. La saison de l'épidémie est surtout depuis mai jusqu'à la fin de septembre : sa nature est une fièvre intermittente du plus fâcheux caractère; elle est accompagnée d'obstructions au foie, qui se terminent par l'hydropisie. Les villes de *Tripoli*, d'*Acre* et de *Larneca* en Cypre, y sont aussi sujettes, quoiqu'à un moindre degré. Dans tous ces endroits, les mêmes circonstances locales décèlent un même principe de cette contagion; partout ce sont des marais voisins, des eaux croupissantes, et par conséquent des vapeurs et des exhalaisons méphitiques auxquelles on doit

---

(1) Le local qu'ils occupent répond exactement au château de *Gyndarus*, qui, dès le temps de Strabon, était un repaire de voleurs.

en rapporter la cause; pour en compléter l'indication, l'épidémie n'a point lieu dans les années où il n'a pas plu. Malheureusement Alexandrette est condamnée, par son local, à n'en être jamais bien exempte. En effet, la plaine où est située cette ville est d'un niveau si bas et si égal (1), que les ruisseaux n'y ont point de cours, et ne peuvent arriver jusqu'à la mer. Lorsque les pluies d'hiver les gonflent, la mer, grossie de son côté par les tempêtes, les empêche de se dégorger : de là leurs eaux, forcées de se répandre sur la plaine, y forment des lacs. L'été vient; l'eau se corrompt par la chaleur, et il s'en élève des vapeurs corrompues comme leur source. Elles ne peuvent se dissiper, parce que les montagnes qui ceignent le golfe comme un rempart, s'y opposent, et que l'embouchure est ouverte à l'ouest, la plus malsaine des expositions, quand elle répond à la mer. Les travaux à faire seraient immenses, insuffisans, et ils sont impossibles avec un gouvernement comme la Porte. Il y a quelques années que les négociants d'*Alep*, dégoûtés par tant d'inconvéniens, voulurent abandonner Alexandrette, et porter leur entrepôt à *Lataqié*. Ils proposèrent

---

(1) Cette plaine, qui règne au pied des montagnes sur une largeur d'une lieue, a été formée des terres que les torrents et les pluies ont arrachées par le laps des temps à ces mêmes montagnes.

au pacha de Tripoli de rétablir le port à leurs frais, s'il voulait leur accorder une franchise de tous droits pendant dix ans. Pour l'y engager, leur envoyé fit beaucoup valoir l'avantage qui en résulterait pour tout le pays par la suite du temps : *Hé que m'importe la suite du temps?* répondit le pacha. *J'étais hier à Marach, je serai peut-être demain à Djeddá; pourquoi me priverais-je du présent qui est certain, pour un avenir sans espérance?* Il a donc fallu que les facteurs francs restassent à *Skandaroun*. Ils sont au nombre de trois; savoir, deux pour les Français, et un pour les Anglais et les Vénitiens. La seule curiosité dont ils puissent régaler les étrangers, consiste en six ou sept mausolées de marbre venus d'Angleterre, où on lit : *Ici repose un tel, enlevé à la fleur de son âge par les effets funestes d'un air contagieux.* Ce spectacle est d'autant plus affligeant, que l'air languissant, le teint jaune, les yeux cernés et le ventre hydropique de ceux qui le montrent, font craindre pour eux le même sort. Il est vrai qu'ils ont la ressource du village de *Baïlan*, dont l'air pur et les eaux vives rétablissent les malades. Ce village, situé dans les montagnes à trois lieues d'Alexandrette, sur la route d'Alep, a l'aspect le plus pittoresque. Il est assis parmi des précipices, dans une vallée étroite et profonde, d'où l'on voit le golfe comme par un tuyau. Les maisons appuyées sur les pentes rapides des deux montagnes, sont disposées de manière que la terrasse des unes sert de rue et de cour aux autres. En hiver, il se forme de tous côtés des cascades, dont le bruit étourdit, et dont la violence arrache quelquefois des roches et précipite des maisons. Cette saison y est très-froide; mais l'été y est charmant. Les habitants, qui ne parlent que le turk, vivent du produit de leurs chèvres, de leurs buffles, et de quelques jardins qu'ils cultivent. L'aga, depuis quelques années, s'est emparé de la douane d'Alexandrette, et vit presque indépendant du pacha d'Alep : l'empire est plein de semblables rebelles, qui souvent meurent tranquilles possesseurs de leurs usurpations.

Sur la route d'Alexandrette à Alep, à la dernière couchée avant cette ville, est le village de *Martaouán*, célèbre chez les Turks et les Francs, par l'usage où sont les habitants de prêter leurs femmes et leurs filles pour quelques pièces d'argent. Cette prostitution, abhorrée chez tous les peuples arabes, me paraît venir primitivement de quelque pratique religieuse, soit qu'elle remonte à l'ancien culte de Vénus, soit qu'elle dérive de la communauté des femmes admise par les *Ansârié*, dont les gens de *Martaouán* font partie. Nos Francs prétendent que leurs femmes sont jolies. Mais il est probable que l'abstinence de la mer et la vanité d'une bonne fortune font tout leur mérite; car leur extérieur n'annonce que la dégoûtante malpropreté de la misère.

Dans les montagnes qui terminent le pachalic d'*Alep* au nord, on fait mention de *Klés* et d'*Aèntâb* comme de deux villages considérables. Ils sont habités par des chrétiens arméniens, des Kourdes et des Musulmans, qui, malgré la différence des cultes, vivent en bonne intelligence. Ils en retirent l'avantage de résister aux pachas qu'ils ont souvent bravés, et de vivre assez tranquillement du produit de leurs troupeaux, de leurs abeilles et de quelques cultures de grains et de tabacs.

A deux journées au nord-est d'Alep, est le bourg de *Mambedj*, jadis célèbre sous le nom de *Bambyce* et d'*Hiérapolis* (1). Il n'y reste pas de trace du temple de cette *grande déesse*, dont *Lucien* nous fait connaître le culte. Le seul monument remarquable est un canal souterrain qui amène l'eau des montagnes du nord dans un espace de quatre lieues. Toute cette contrée était jadis remplie de pareils aqueducs; les Assyriens, les Mèdes et les Perses s'étaient fait un devoir religieux de conduire des eaux dans le désert, pour y multiplier, selon les préceptes de Zoroastre, *les principes de la vie et de l'abondance*; aussi rencontre-t-on à chaque pas de grandes traces d'une ancienne population. Sur toute la route d'*Alep* à *Hama*, ce ne sont que ruines d'anciens

---

(1) Le nom d'Hiérapolis subsiste aussi dans un autre village appelé *Yérabolos*, sur l'Euphrate.

villages, que citernes enfoncées, que débris de forteresses et même de temples. J'ai surtout remarqué une foule de monticules ovales et ronds, que leur terre rapportée et leur saillie brusque sur cette plaine rase, prouvent avoir été faits de main d'homme. L'on pourra prendre une idée du travail qu'ils ont dû coûter, par la mesure de celui de *Kân-Chaikoun*, auquel j'ai trouvé sept cent vingt pas, c'est-à-dire, quatorze cents pieds de tour, sur près de cent pieds d'élévation. Ces monticules, parsemés presque de lieue en lieue, portent tous des ruines qui furent des citadelles, et sans doute aussi des lieux d'adoration, selon l'ancienne pratique si connue d'adorer *sur les hauts lieux*. Aussi la tradition des habitants attribue-t-elle tous ces ouvrages aux *infidèles*. Maintenant, au lieu des cultures que suppose un pareil état, l'on ne rencontre que des terres en friche et abandonnées; le sol néanmoins est de bonne qualité; et le peu de grains, de coton et de sésame que l'on y sème, réussit à souhait. Mais toute cette frontière du désert est privée de sources et d'eaux courantes. Les puits n'en ont que de saumâtre; et les pluies d'hiver, sur lesquelles se fonde toute l'espérance, manquent quelquefois. Par cette raison, rien de si triste que ces campagnes brûlées et poudreuses, sans arbres et sans verdure; rien de si misérable que l'aspect de ces huttes de terre et de paille qui composent les villages; rien de si pauvre que leurs paysans, exposés au double inconvénient des vexations des Turks et des pillages des Bedouins. Les tribus qui campent dans ces cantons se nomment les *Maouâlis*; ce sont les plus puissants et les plus riches des Arabes, parce qu'ils font quelques cultures et qu'ils participent avec les Arabes *Najd* aux transports des caravanes qui vont d'Alep, soit à Basra, soit à Damas, soit à Tripoli par Hama.

CHAPITRE IV.

Du pachalic de Tripoli.

Le pachalic de *Tripoli* comprend le pays qui s'étend le long de la Méditerranée, depuis *Lataqié* jusqu'à *Narh-el-Kelb*,, en lui donnant pour limites à l'ouest, le cours de ce torrent et la chaîne des montagnes qui dominent l'*Oronte*.

La majeure partie de ce gouvernement est montueuse; la côte seule de la mer entre Tripoli et *Lataqié*, est un terrain de plaine. Les ruisseaux nombreux qui y coulent lui donnent de grands moyens de fertilité; mais malgré cet avantage, cette plaine est bien moins cultivée que les montagnes, sans en excepter le Liban, tout hérissé qu'il est de rocs et de sapins. Les productions principales sont le blé, l'orge et le coton. Le territoire de *Lataqîé* est employé de préférence à la culture du tabac à fumer et des oliviers, pendant que le pays du *Liban* et le *Kesraouán* le sont à celle des mûriers blancs et des vignes.

La population est variée pour les races et pour les religions. Depuis le Liban jusqu'au-dessus de *Lataqîé*, les montagnes sont habitées par les *Ansârié*, dont j'ai parlé ; le *Liban* et le *Kesraouán* sont peuplés exclusivement de Maronites ; enfin la côte et les villes ont pour habitants des Grecs schismatiques et latins, des Turks et les descendants des Arabes.

Le pacha de Tripoli jouit de tous les droits de sa place. Le militaire et les finances sont en ses mains ; il tient son gouvernement à titre de ferme, dont la Porte lui passe un bail pour l'année seulement. Le prix est de 750 bourses, c'est-à-dire, 937,500 livres ; mais il est en outre obligé de fournir le ravitaillement de la caravane de la Mekke, qui consiste en blé, en orge, en riz et autres provisions, dont les frais sont évalués 750 autres bourses. Lui-même en personne doit conduire ce convoi dans le désert, à la rencontre des pèlerins. Il se rembourse de ses dépenses sur le miri, sur les douanes, sur les sous-fermes des *Ansârié* et du *Kesraouán* ; enfin, il y joint les extorsions casuelles, ou *avanies* ; et ce dernier article fût-il seul son bénéfice, il serait encore considérable.

Il entretient environ cinq cents hommes à cheval aussi mal conditionnés que ceux d'Alep, et quelques fusiliers barbaresques.

Le pacha de Tripoli a de tout temps désiré de régir par lui-même le pays des *Ansârié* et des *Maronites*; mais ces peuples s'étant toujours opposés par la force à l'entrée des Turks dans leurs montagnes, il a été contraint de remettre la perception du tribut à des sous-fermiers qui fussent agréables aux habitants. Leur bail n'est, comme le sien, que pour une année. Il l'établit par enchère, et de là une concurrence de gens riches, qui lui donne sans cesse le moyen d'exciter ou d'entretenir des troubles chez la nation tributaire. C'est le même genre d'administration que l'histoire offre chez les anciens Perses et Assyriens, et il paraît avoir subsisté de tout temps dans l'Orient.

La ferme des *Ansârié* est aujourd'hui divisée entre trois chefs ou *moqaddamin*: celle des Maronites est réunie dans les mains de l'émir Yousef, qui en rend trente bourses, c'est-à-dire, 37,500 livres. Les lieux remarquables de ce pachalic sont:
1° *Tripoli* (1) (en arabe *Tarábolos*) résidence du pacha, et située sur la rivière *Qadicha*, à un pe-

---

(1) Nom grec qui signifie *trois villes*, parce que ce lieu fut la réunion de trois colonies fournies par Sidon, Tyr et Arad, qui formèrent chacune un établissement si près l'un de l'autre, qu'ils n'en composèrent bientôt qu'un.

tit quart de lieue de son embouchure. La ville est assise précisément au pied du Liban, qui la domine et l'enceint de ses branches à l'est, au sud, et même un peu au nord du côté de l'ouest. Elle est séparée de la mer par une petite plaine triangulaire d'une demi-lieue, à la pointe de laquelle est le village où abordent les vaisseaux. Les Francs appellent ce village *la Marine* (1), du nom général et commun à ces lieux dans le Levant. Il n'y a point de port, mais seulement une rade qui s'étend entre le rivage et les écueils appelés *îles des lapins* et *des pigeons*. Le fond en est de roche; les vaisseaux craignent d'y séjourner, parce que les câbles des ancres s'y coupent promptement, et que l'on y est d'ailleurs exposé au nord-ouest, qui est habituel et violent sur toute cette côte. Du temps des Francs, cette rade était défendue par des tours, dont on compte encore sept subsistantes, depuis l'embouchure de la rivière jusqu'à *la Marine*. La construction en est solide; mais elles ne servent plus qu'à nicher des oiseaux de proie.

Tous les environs de Tripoli sont en vergers, où le nopal abonde sans art, et où l'on cultive le mûrier blanc pour la soie, et le grenadier, l'oranger et le limonier pour leurs fruits, qui sont de la plus grande beauté. Mais l'habitation de ces lieux,

---

(1) Ces abords maritimes sont ce que les anciens appelaient *maïoumas*.

quoique flatteuse à l'œil, est malsaine. Chaque année, depuis juillet jusqu'en septembre, il y règne des fièvres épidémiques comme à *Skandaroun* et en Cypre : elles sont dues aux inondations que l'on pratique dans les jardins pour arroser les mûriers, et leur rendre la vigueur nécessaire à la seconde feuillaison. D'ailleurs, la ville n'étant ouverte qu'au couchant, l'air n'y circule pas, et l'on y éprouve un état habituel d'accablement, qui fait que la santé n'y est qu'une convalescence (1). L'air, quoique plus humide à *la Marine*, y est plus salubre, sans doute parce qu'il y est libre et renouvelé par des courans : il l'est encore davantage dans les *îles*; et si le lieu était aux mains d'un gouvernement vigilant, c'est là qu'il faudrait appeler toute la population. Il n'en coûterait pour l'y fixer, que d'établir jusqu'au village des conduites d'eau qui paraissent avoir subsisté jadis. Il est d'ailleurs bon de remarquer que le rivage méridional de la petite plaine est plein de vestiges d'habitations et de colonnes

---

(1) Depuis mon retour en France, l'on m'a mandé qu'il a régné pendant le printemps de 1785, une épidémie qui a désolé Tripoli et le Kesraouân : son caractère était une fièvre violente accompagnée de taches bleuâtres; ce qui l'a fait soupçonner d'être un peu mêlée de peste. Par une remarque singulière, l'on a observé qu'elle n'attaquait que peu les musulmans, mais qu'elle s'adressait surtout aux chrétiens; d'où l'on doit conclure qu'elle a été un effet des mauvais aliments et du mauvais régime dont ils usent pendant leur carême.

brisées et enfoncées dans la terre ou ensablées dans la mer. Les Francs en employèrent beaucoup dans la construction de leurs murs, où on les voit encore posées sur le travers.

Le commerce de Tripoli consiste presque tout en soies assez rudes, dont on se sert pour les galons. On observe que de jour en jour elles perdent de leur qualité. La raison qu'en donnent des personnes sensées, est que les mûriers sont dépéris au point qu'il n'y a plus que des souches creuses. Un étranger réplique sur-le-champ : Que n'en plante-t-on de nouveaux ? Mais on lui répond : *C'est là un propos d'Europe. Ici l'on ne plante jamais, parce que si quelqu'un bâtit ou plante, le pacha dit : Cet homme a de l'argent. Il le fait venir; il lui en demande : s'il nie, il a la bastonnade ; et s'il accorde, on la lui donne encore pour en obtenir davantage.* Ce n'est pas que les Tripolitains soient endurants : on les regarde au contraire comme une nation mutine. Leur titre de janissaires, et le turban vert qu'ils portent en se qualifiant de *chérifs*, leur en inspirent l'esprit. Il y a 10 à 12 ans que les vexations d'un pacha les poussèrent à bout : ils le chassèrent, et se maintinrent 8 mois indépendants; mais la Porte envoya un homme nourri à son école, qui, par des promesses, des serments, des pardons, etc., les adoucit, les dispersa, et finit par en égorger 800 en un jour : on voit encore leurs têtes dans un caveau près de *Qadicha*. Voilà comme les Turks gouvernent! Le commerce de Tripoli est aux mains des Français seuls. Ils y ont un consul, et trois comptoirs. Ils exportent les soies et quelques éponges que l'on pêche dans la rade; il les payent avec des draps, de la cochenille, du sucre et du café d'Amérique; mais, en retours comme en entrées, cette échelle est inférieure à sa vassale, *Lataqié*.

La ville moderne de *Lataqié*, fondée jadis par *Seleucus Nicator*, sous le nom de *Laodikea*, est située à la base et sur la rive méridionale d'une langue de terre qui saille en mer d'une demi-lieue. Son port, comme tous les autres de cette côte, est une espèce de parc enceint d'un môle dont l'entrée est fort étroite. Il pourrait contenir 25 ou 30 vaisseaux; mais les Turks l'ont laissé combler au point que quatre y sont mal à l'aise; il n'y peut même flotter que des bâtimens au-dessous de 400 tonneaux, et rarement se passe-t-il une année sans qu'il en échoue quelqu'un à l'entrée. Malgré cet inconvénient, *Lataqié* fait un très-gros commerce : il consiste surtout en tabacs à fumer, dont elle envoie chaque année plus de 20 chargemens à Damiette. Elle en reçoit du riz, qu'elle distribue dans la Haute-Syrie pour du coton et des huiles. Du temps de Strabon, au lieu de tabac, elle exportait en abondance des vins vantés que produisaient ses coteaux. C'était encore l'Égypte qui les consommait par la voie d'Alexandrie.

Lesquels des anciens ou des modernes ont gagné à ce changement de jouissance ? Il ne faut pas parler de *Lataqié* ni de *Tripoli* comme villes de guerre. L'une et l'autre sont sans canons, sans murailles, sans soldats : un corsaire en ferait la conquête. On estime que la population de chacune d'elles peut aller de 4 à 5,000 ames.

Sur la côte, entre ces deux villes, on trouve divers villages habités, qui jadis étaient des villes fortes : tels sont *Djebilé*, le lieu escarpé de Merkab, Tartosa, etc.; mais l'on trouve encore plus d'emplacements qui n'ont que des vestiges à demi effacés d'une habitation ancienne. Parmi ceux-là, l'on doit distinguer le Rocher, ou si l'on veut, l'île de *Rouad*, jadis ville et république puissante, sous le nom d'*Aradus*. Il ne reste pas un mur de cette foule de maisons qui, selon le récit de Strabon, étaient bâties à plus d'étages qu'à Rome même. La liberté dont ses habitans jouissaient, y avait entassé une population immense, qui subsistait par le commerce naval, par les manufactures et les arts. Aujourd'hui l'île est rase et déserte, et la tradition n'a pas même conservé aux environs le souvenir d'une source d'eau douce, que les *Aradiens* avaient découverte au fond de la mer, et qu'ils exploitaient en temps de guerre, au moyen d'une cloche de plomb et d'un tuyau de cuir adapté à son fond. Au sud de Tripoli, est le pays de *Kesraouán*, lequel s'étend de *Nahr-el-kelb* par le Liban, jusqu'à Tripoli même. *Djebail*, jadis *Boublos*, est la ville la plus considérable de ce canton; cependant elle n'a pas plus de 6,000 habitans : son ancien port, construit comme celui de Lataqié, est encore plus maltraité; à peine en reste-t-il des traces. La rivière d'*Ybrahim*, jadis *Adonis*, qui est à deux lieues au midi, a le seul pont que l'on trouve depuis Antioche, celui de Tripoli excepté. Il est d'une seule arche de 5o pas de large, de plus de 3o pieds d'élévation au-dessus du rivage, et d'une structure très-légère : il paraît être un ouvrage des Arabes.

Dans l'intérieur des montagnes, les lieux les plus fréquentés des Européens, sont les villages d'*Éden* et de *Becharrai*, où les missionnaires ont une maison. Pendant l'hiver, plusieurs des habitants descendent sur la côte, et laissent leurs maisons sous les neiges, avec quelques personnes pour les garder. De *Becharrai*, l'on se rend aux *cèdres*, qui en sont à 7 heures de marche, quoiqu'il n'y ait que 3 lieues de distance. Ces cèdres si réputés, ressemblent à bien d'autres merveilles; ils soutiennent mal de près leur réputation : quatre ou cinq gros arbres, les seuls qui restent, et qui n'ont rien de particulier, ne valent pas la peine que l'on prend à franchir les précipices qui y mènent.

Sur la frontière du Kesraouân, à une lieue au nord de *Nahr-el-kelb*, est le petit village d'*Antoura*, où les ci-devant jésuites avaient établi une maison

5.

qui n'a point la splendeur de celles d'Europe; mais dans sa simplicité, cette maison est propre; et sa situation à mi-côte, les eaux qui arrosent ses vignes et ses mûriers, sa vue sur le vallon qu'elle domine, et l'échappée qu'elle a sur la mer, en font un ermitage agréable. Les jésuites y avaient voulu annexer un couvent de filles, situé à un quart de lieue en face; mais les Grecs les en ayant dépossédés, ils en bâtirent un à leur porte, sous le nom de *la Visitation*. Ils avaient aussi bâti à 200 pas au-dessus de leur maison, un séminaire qu'ils voulaient peupler d'étudiants maronites et grecs-latins; mais il est resté désert. Les lazaristes qui les ont remplacés, entretiennent à Antoura un supérieur curé et un frère lai, qui desservent la mission avec autant de charité que d'honnêteté et de décence.

CHAPITRE V.

Du pachalic de Saide, dit aussi d'Acre.

Au midi du pachalic de *Tripoli*, et sur le prolongement de la même côte maritime, s'étend un troisième pachalic, qui jusqu'à ce jour a porté le nom de la ville de *Saide*, sa capitale, mais qui maintenant pourra prendre celui d'*Acre*, où le pacha, depuis quelques années, a transféré sa résidence. La consistance de ce gouvernement a beaucoup varié dans ces derniers temps. Avant *Dâher*, il était composé du pays des *Druzes* et de toute la côte, depuis *Nahr-el-kelb* jusqu'au Carmel. A mesure que *Dâher* s'agrandit, il le resserra au point que le pacha ne posséda plus que la ville de *Saide*, dont il finit par être chassé; mais à la chute de *Dâher*, on a rétabli l'ancienne consistance. *Djezzâr*, qui a succédé à ce *chaik* en qualité de pacha, y a fait annexer le pays de *Safad*, de *Tabarié*, de *Balbek*, ci-devant relevant de Damas, et le territoire de *Qâïsarié* (Césarée), occupé par les Arabes de *Saqr*. C'est aussi ce pacha qui, profitant des travaux de *Dâher* à *Acre*, a transféré sa résidence en cette ville; et de ce moment elle est devenue la capitale de la province.

Par ces divers accroissements, le pachalic d'*Acre* embrasse aujourd'hui tout le terrain compris depuis *Nahr-el-kelb* jusqu'au sud de *Qâïsarié*, entre la Méditerranée à l'ouest, l'Antiliban et le cours supérieur du Jourdain à l'est. Cette étendue lui donne d'autant plus d'importance, qu'il y joint des avantages précieux de position et de sol. Les plaines d'*Acre*, d'*Ezdredon*, de *Sour*, de *Haoulé*, et le *bas-Beqââ*, sont vantées avec raison pour leur fertilité. Le blé, l'orge, le maïs, le coton et le sésame y rendent, malgré l'imperfection de la culture, vingt et vingt-cinq pour un. Le pays de

Qaïsarié possède une forêt de chênes, la seule de la Syrie. Le pays de *Safad* donne des cotons que leur blancheur fait estimer à l'égal de ceux de *Cypre*. Les montagnes voisines de *Sour* ont des tabacs aussi bons que ceux de *Lataqié*, et l'on y trouve un canton où ils ont un parfum de girofle qui les fait réserver à l'usage exclusif du sultan et de ses femmes. Le pays des Druzes abonde en vins et en soies; enfin par la position de la côte et la quantité de ses anses, ce pachalic devient l'entrepôt nécessaire de Damas et de toute la Syrie intérieure.

Le pacha jouit de tous les droits de sa place; il est gouverneur despote, et fermier général. Il rend chaque année à la Porte une somme fixe de sept cent cinquante bourses; mais en outre, il est obligé, ainsi qu'à Tripoli, de fournir le *djerdé* ou *convoi* des pèlerins de la *Mekke*. On estime également sept cent cinquante bourses la quantité de riz, de blé, d'orge employés à ce convoi. Le bail de la ferme est pour un an seulement; mais il est souvent prorogé. Ses revenus sont: 1° le miri; 2° les sous-fermes des peuples tributaires, tels que les *Druzes*, les *Motouâlis*, et quelques tribus d'Arabes; 3° le casuel toujours abondant des successions et des avanies; 4° les produits des douanes, tant sur l'entrée que sur la sortie et le passage des marchandises. Cet article seul a été porté à mille bourses (1,250,000 liv.) dans la ferme que

Djezzâr a passée, en 1784, de tous ses ports et anses. Enfin ce pacha, usant d'une industrie familière à ses pareils dans toute l'Asie, fait cultiver des terrains pour son compte, s'associe avec des marchands et des manufacturiers, et prête de l'argent à intérêt aux laboureurs et aux commerçants. La somme qui résulte de tous ces moyens, est évaluée entre neuf et dix millions de France. Si l'on y compare son tribut, qui n'est que de 1500 bourses, ou 1,875,000 liv., l'on pourra s'étonner que la Porte lui permette d'aussi gros bénéfices ; mais ceci est encore un des principes du divan. Le tribut une fois déterminé, il ne varie plus. Seulement si le fermier s'enrichit, on le pressure par des demandes extraordinaires ; souvent on le laisse thésauriser en paix ; mais lorsqu'il s'est bien enrichi, il arrive toujours quelque accident qui amène à Constantinople son coffre fort ou sa tête. En ce moment, la Porte ménage *Djezzâr*, à raison, dit-elle, de ses services. En effet, il a contribué à la ruine de Dâher ; il a détruit la famille de ce prince, réprimé les Bedouins de *Saqr*, abaissé les *Druzes*, et presque anéanti les *Motouâlis*. Ces succès lui ont valu des prorogations qui se continuent depuis dix ans. Récemment il a reçu les trois queues, et le titre de *ouâzir* (vizir) qui les accompagne(1) ; mais, par un retour ordinaire, la Porte commence

---

(1) Tout pacha à trois queues est titré vizir.

à prendre ombrage de sa fortune; elle s'alarme de son humeur entreprenante; lui, de son côté, redoute sa fourberie; en sorte qu'il règne de part et d'autre une défiance qui pourra avoir des suites. Il entretient des soldats en plus grand nombre et mieux tenus qu'aucun autre pacha; et il observe de n'enrôler que des gens venus de son pays; c'est-à-dire des *Bochnâqs* et des *Arnautes*; leur nombre se monte à environ neuf cents cavaliers. Il y joint environ mille Barbaresques à pied. Les portes de ses villes frontières ont des gardes régulières; ce qui est inusité dans le reste de la Syrie. Sur mer, il a une frégate, deux galiotes et un chébek qu'il a récemment pris sur les Maltais. Par ces précautions, dirigées en apparence contre l'étranger, il se met en garde contre les surprises du divan. L'on a déjà tenté plus d'une fois la voie des capidjis; mais il les a fait veiller de si près, qu'ils n'ont rien pu exécuter; et les coliques subites qui en ont fait périr deux ou trois, ont beaucoup refroidi le zèle de ceux qui se chargent d'un si cauteleux emploi. D'ailleurs il soudoie des espions dans le *séraï* ou *palais* du sultan; et il y répand un argent qui lui assure des protecteurs. Ce moyen vient de lui procurer le pachalic de Damas, qu'il ambitionnait depuis long-temps, et qui en effet est le plus important de toute la Syrie. Il a cédé celui d'*Acre* à un mamlouk nommé *Sélim*, son ami et son compagnon de fortune; mais cet homme lui est si dévoué, que l'on peut regarder Djezzâr comme maître des deux gouvernements. L'on dit qu'il sollicite encore celui d'Alep. S'il l'obtient, il possédera presque toute la Syrie, et peut-être la Porte aura-t-elle trouvé un rebelle plus dangereux que Dâher ; mais comme les conjectures en pareilles matières sont inutiles, et presque impossibles à asseoir, je vais passer, sans y insister, à quelques détails sur les lieux les plus remarquables de ce pachalic.

Le premier qui se présente en venant de Tripoli le long de la côte, est la ville de *Béryte*, que les Arabes prononcent comme les anciens Grecs, *Bairout* (1). Son local est une plaine qui du pied du Liban s'avance en pointe dans la mer, environ deux lieues hors la ligne commune du rivage : l'angle rentrant qui en résulte au nord, forme une assez grande rade, où débouche la rivière de *Nahr-el-Salib*, dite aussi *Nahr-Bairout*. Cette rivière en hiver a des débordements qui ont forcé d'y construire un pont assez considérable ; mais il est tellement ruiné, que l'on n'y peut plus passer : le fond de la rade est un roc qui coupe les câbles des ancres, et rend cette station peu sûre. De là, en allant à l'ouest vers la pointe, l'on trouve, après une heure de chemin, la ville de *Bairout*. Jusqu'à ces derniers temps elle avait appartenu aux Dru-

---

(1) C'est effectivement la prononciation du grec, Βηρυτ.

zes; mais *Djezzâr* a jugé à propos de la leur retirer, et d'y mettre une garnison turke. Elle n'en continue pas moins d'être l'entrepôt des Maronites et des Druzes : c'est par là qu'ils font sortir leurs cotons et leurs soies, destinées presque toutes pour le Kaire. Ils reçoivent en retour du riz, du tabac, du café et de l'argent, qu'ils échangent encore contre les blés de *Beqâà* et du *Hauran* : ce commerce entretient une population assez active, d'environ six mille ames. Le dialecte des habitants est renommé avec raison pour être le plus mauvais de tous; il réunit à lui seul les douze défauts d'élocution dont parlent les grammairiens arabes. Le port de Baîrout, formé comme tous ceux de la côte par une jetée, est comme eux comblé de sables et de ruines; la ville est enceinte d'un mur dont la pierre molle et sablonneuse cède au boulet de canon sans éclater; ce qui contraria beaucoup les Russes quand ils l'attaquèrent. D'ailleurs, ce mur et ses vieilles tours sont sans défense. Il s'y joint deux autres inconvénients qui condamnent Baîrout à n'être jamais qu'une mauvaise place; car d'une part elle est dominée par un cordon de collines qui courent à son sud-est, et de l'autre elle manque d'eau dans son intérieur. Les femmes sont obligées de l'aller puiser à un demi-quart de lieue, à une source où elle n'est pas trop bonne. *Djezzâr* a entrepris de construire une fontaine publique, comme il a fait à Acre; mais le canal que j'ai vu creuser sera de peu de durée. Les fouilles que l'on a faites en d'autres circonstances pour former des citernes, ont fait découvrir des ruines souterraines, d'après lesquelles il paraît que la ville moderne est bâtie sur l'ancienne. *Lataqié*, *Antioche*, *Tripoli*, *Saide*, et la plupart des villes de la côte sont dans le même cas, par l'effet des tremblements de terre qui les ont renversées à diverses époques. On trouve aussi hors des murs à l'ouest, des décombres et quelques fûts de colonnes, qui indiquent que Baîrout a été autrefois beaucoup plus grande qu'aujourd'hui. La plaine qui forme son territoire est toute plantée en mûriers blancs, qui, au contraire de ceux de Tripoli, sont jeunes et vivaces, parce que sous la régie druze on les renouvelait impunément. Aussi la soie qu'ils fournissent est d'une très-belle qualité : c'est un coup d'œil vraiment agréable, lorsqu'on vient des montagnes, d'apercevoir, de leurs sommets ou de leurs pentes, le riche tapis de verdure que déploie au fond lointain de la vallée cette forêt d'arbres utiles : dans l'été, le séjour de *Baîrout* est incommode par sa chaleur et son eau tiède; cependant il n'est pas malsain : on dit qu'il le fut autrefois, mais qu'il cessa de l'être depuis que l'émir *Fakr-el-din* eut planté un bois de sapins qui subsiste encore à une lieue de la ville; les religieux de *Mahr-Hanna*, qui ne sont pas des physiciens à systèmes, citent la même observation pour divers couvents; ils assurent même que depuis que les sommets se sont couverts de sapins, les eaux de diverses sources sont devenues plus abondantes et plus saines : ce qui est d'accord avec d'autres faits déja connus.

Le pays des Druzes offre peu de lieux intéressants. Le plus remarquable est *Dair-el Qamar* ou *Maison de la Lune*, qui est la capitale et la résidence des émirs. Ce n'est point une cité, mais simplement un gros bourg mal bâti et fort sale. Il est assis sur le revers d'une montagne, au pied de laquelle coule une des branches de l'ancien fleuve *Tamyras*, aujourd'hui ruisseau de *Dâmour*. Sa population est formée de Grecs catholiques et schismatiques, de Maronites et de Druzes, au nombre de quinze à dix-huit cents ames. Le *séraï* ou palais du prince, n'est qu'une grande et mauvaise maison qui menace ruine.

Je citerai encore *Zahlé*, village au pied des montagnes, sur la vallée de *Beqââ* : depuis vingt ans ce lieu est devenu le centre des relations de *Balbek*, de *Damas* et de *Baïrout*, avec l'intérieur des montagnes. L'on prétend même qu'il s'y fabrique de la fausse monnaie; mais les ouvriers qui contrefont les piastres turkes, n'ont pu imiter la gravure plus fine des dahlers d'Allemagne.

J'oubliais d'observer que le pays des Druzes est divisé en *qâtas* ou *sections*, qui ont chacune un caractère principal qui les distingue. Le *Matné* qui est au nord, est le plus rocailleux et le plus riche en fer. Le *Garb* qui vient ensuite, a les plus beaux sapins. Le *Sâhel*, ou pays *plat*, qui est la lisière maritime, est riche en mûriers et en vignes. Le *Choûf*, où se trouve *Dair-el-Qamar*, est le plus rempli d'*oqqáls*, et produit les plus belles soies. Le *Tefâh*, ou district des *pommes*, qui est au midi, abonde en ce genre de fruits. Le *Chaqif* a les meilleurs tabacs; enfin l'on donne le nom de *Djourd* à toute la région la plus élevée et la plus *froide* des montagnes : c'est là que les pasteurs retirent dans l'été leurs troupeaux.

J'ai dit que les Druzes avaient accueilli chez eux des chrétiens grecs et maronites, et leur avaient concédé des terrains pour y bâtir des couvents. Les Grecs catholiques, usant de cette permission, en ont fondé douze depuis 70 ans. Le chef-lieu est *Mar-hanna* : ce monastère est situé en face du village de Chouair, sur une pente escarpée, au pied de laquelle coule en hiver un torrent qui va au *Nahr-el-Kelb*. La maison, bâtie au milieu de rochers et de blocs écroulés, n'est rien moins que magnifique. C'est un dortoir à deux rangs de petites cellules, sur lesquelles règne une terrasse solidement voûtée : l'on y compte 40 religieux. Son principal mérite est une imprimerie arabe, la seule qui ait réussi dans l'empire turk. Il y a environ 50 ans qu'elle est établie : le lecteur ne trouvera peut-être pas mauvais d'en apprendre en peu de mots l'histoire.

Dans les premières années de ce siècle, les jésuites, profitant de la considération que leur donnait la protection de la France, déployaient dans leur maison d'Alep le zèle d'instruction qu'ils ont porté partout. Ils avaient fondé dans cette ville une école où ils s'efforçaient d'élever les enfants des chrétiens dans la connaissance de la religion romaine, et dans la discussion des hérésies : ce dernier article est toujours le point capital des missionnaires; il en résulte une manie de controverse qui met sans cesse aux prises les partisans des différents rites de l'Orient. Les Latins d'Alep, excités par les jésuites, ne tardèrent pas de recommencer, comme autrefois, à argumenter contre les Grecs; mais comme la logique exige une connaissance méthodique de la langue, et que les chrétiens, exclus des écoles musulmanes, ne savaient que l'arabe vulgaire, ils ne pouvaient satisfaire par écrit leur goût de controverse. Pour y parvenir, les Latins résolurent de s'initier dans le scientifique de l'arabe. L'*orgueil des docteurs musulmans* répugnait à en ouvrir les sources à des *infidèles*; mais leur avarice fut encore plus forte que leurs scrupules; et moyennant quelques *bourses*, la science si vantée de la *grammaire* et du *nahou* fut introduite chez les chrétiens. Le sujet qui se distingua le plus par les progrès qu'il y fit, fut un nommé *Abd-allah-zâker*; il y joignit un zèle particulier à promulguer ses connaissances et ses opinions. On ne peut déterminer les suites qu'eût pu avoir cet esprit de prosélytisme dans Alep; mais un accident ordinaire en Turkie vint en déranger la marche. Les schismatiques, blessés des attaques d'*Abd-allah*, sollicitèrent sa perte à Constantinople. Le patriarche, excité par ses prêtres, le représenta au vizir comme un homme dangereux : le vizir, qui connaissait les usages, feignit d'abord de ne rien croire; mais le patriarche ayant appuyé ses raisons de quelques *bourses*, le vizir lui délivra un *kat-chérif*, ou *noble-seing du sultan*, qui, selon la coutume, portait ordre de couper la tête à *Abd-allah*. Heureusement il fut prévenu assez à temps pour s'échapper; et il se sauva dans le Liban où sa vie était en sûreté; mais en quittant son pays, il ne perdit pas ses idées de réforme, et il résolut plus que jamais de répandre ses opinions. Il ne le pouvait plus que par des écrits : la voie des manuscrits lui parut insuffisante. Il connaissait les avantages de l'imprimerie: il eut le courage de former le triple projet d'écrire, de fondre et d'imprimer; et il parvint à l'exécuter par son esprit, sa fortune, et son talent de graveur, qu'il avait déja exercé dans la profession de joaillier. Il avait besoin d'un associé, et il eut le bonheur d'en trouver un qui partagea ses desseins : son frère, qui était supérieur à *Marhanna*, le détermina à choisir cette résidence; et dès lors, libre de tout autre soin, il se livra tout entier à l'exécution de son projet. Son zèle et son activité eurent tant de succès, que dès 1733 il fit paraître les Psaumes de David en un volume. Ses caractères furent trouvés si corrects et si beaux, que ses ennemis mêmes achetèrent son livre : depuis ce temps on en a renouvelé dix fois l'impression; l'on a fondu de nouveaux caractères, mais l'on n'a rien fait de supérieur aux siens. Ils imitent parfaitement l'écriture à la main; ils en observent les pleins et les déliés, et n'ont point l'air maigre et décousu des caractères arabes d'Europe. Il passa ainsi 20 années à imprimer divers ouvrages, qui furent la plupart des traductions de nos livres dévots. Ce n'est pas qu'il sût aucune de nos langues; mais les jésuites avaient déja traduit plusieurs livres; et comme leur arabe était tout-à-fait mauvais, il refondit leurs traductions, et leur substitua sa version, qui est un modèle de pureté et d'élégance. Sous sa plume, la langue a pris une marche soutenue, un style nombreux, clair et précis dont on ne l'eût pas crue capable, et qui indique que si jamais elle est maniée par un peuple savant, elle sera l'une des plus heureuses et des plus propres à tous les genres. Après la mort d'*Abd-allah*, arrivée vers 1755, son élève lui succéda; à celui-ci ont succédé des religieux de la maison même; ils ont continué d'imprimer et de fondre; mais l'établissement est languissant et menace de finir. Les livres se vendent peu, à l'exception des Psaumes, dont les chrétiens ont fait le livre classique de leurs enfants, et qu'il faut, par cette raison, renouveler sans cesse. Les frais sont considérables, attendu que le papier vient d'Europe, et que la main-d'œuvre est très-lente. Un peu d'art remédierait au premier de ces inconvéniens ; mais le second est radical. Les caractères arabes exigeant d'être liés entre eux, il faut, pour les bien joindre et les aligner, des soins d'un détail immense. En outre, la liaison des lettres variant de l'une à l'autre, selon qu'elles sont au commencement, au milieu ou à la fin d'un mot, il a fallu fondre beaucoup de lettres doubles ; par-là les casses trop multipliées ne se trouvent plus rassemblées sous la main du compositeur ; il est obligé de courir le long d'une table de dix-huit pieds de long, et de chercher ses lettres dans près de neuf cents cassetins : de là, une perte de temps qui ne permettra jamais aux imprimeries arabes d'atteindre à la perfection des nôtres. Quant au peu de débit des livres, il ne faut l'imputer qu'au mauvais choix que l'on en a fait ; au lieu de traduire des ouvrages d'une utilité pratique, et qui fussent propres à éveiller le goût des arts chez tous les Arabes sans distinction, l'on n'a traduit que des livres mystiques exclusivement propres aux chrétiens, et qui, par leur morale misanthropique, ne sont faits que pour fomenter le dégoût de toute science et même de la vie. Le lecteur en pourra juger par le catalogue ci-joint.

Catalogue des livres imprimés au couvent de Mar-hanna-el-Chouir, dans la montagne des Druzes.

1. (1) Balance du temps, *ou* Différence du Temps et de l'Éternité, par le père *Nieremberg*, jésuite.
2. Vanité du monde, par *Didaco Stella*, jésuite.
3. Guide du Pécheur, par *Louis de Grenade*, jésuite.
4. Guide du Prêtre.
5. Guide du Chrétien.
6. Aliment de l'Ame.
7. Contemplation de la Semaine Sainte.
8. Doctrine Chrétienne.
9. Explication des sept Psaumes de la Pénitence.
10. Les Psaumes de David, *traduits du grec.*
11. Les Prophéties.

---

(1) 1. Mizân el Zâman.
2. Abâtil el Aâlam.
3. Morched el Kâti.
4. Morched el Kâhen.
5. Morched el Masihi.
6. Qoût el Nafs.
7. Taammol el Asboué.
8. Tââlim el Masihi.
9. Tafsir el Sabât.
10. El Mazâmir.
11. El Onbouât.

12. L'Évangile et les Épîtres.
13. Les Heures Chrétiennes, à quoi il faut joindre la Perfection Chrétienne de *Rodriguez*, et la Règle des Moines, *imprimés tous les deux à Rome.*

En manuscrits, ce couvent possède :

1. (1) Imitation de Jésus-Christ.
2. Jardin des Moines, *ou* la Vie des Saints Pères du Désert.
3. Théologie Morale, de *Buzembaum.*
4. Les Sermons de *Segneri.*
5. Théologie de saint Thomas, en 4 vol. in-fol., dont la transcription a coûté 1250 liv.
6. Sermons de saint Jean Chrysostôme.
7. Principes des Lois de *Claude Virtieu.*
8. * Dispute Théologique du moine *George.*
9. Logique traduite de l'italien, par un *Maronite.*

---

12. El Endjîl oua el Rasâiel.
13. El Soueïât.

(1) 1. Taqlîd el *Masth.*
2. Bestân el Rohobân.
3. Elm el Niè l'Bouzembaoûm.
4. Maouâèz Sainari.
5. Lâhoût Mar Touma.
6. Maouâèz Fomm el Dahab.
7. Qaouâèd el Naouamis l'Qloud Firtiou.
8. Madjâdalat el Anba Djordji.
9. El Manteq.

10. La lumière des Cœurs (Juifs), de *Paul de Smyrne*, juif converti.
11. *Demandes et Recherches sur la Grammaire et le *Nahou*, par l'évêque *Germain*, Maronite.
12. *Poésies du même, sur des sujets pieux.
13. *Poésies du Curé *Nicolas*, frère d'Abd-allah-Zâkèr.
14. Abrégé du Dictionnaire appelé l'*Océan* de la Langue arabe.

Tous ces ouvrages sont de la main des Chrétiens; ceux qui sont marqués d'étoiles sont de composition arabe; les suivants sont de la composition des Musulmans.

1. (1) Le Qôran, *ou* la *Lecture* de Mahomet.
2. L'*Océan* de la Langue arabe, *traduit par Golius*.
3. Les Mille Distiques d'*Ebn-el-Malek*, sur la Grammaire.
4. Explication des Mille Distiques.

---

10. Noûr el Albâb.
11. El Mataleb oua el Mebâhes.
12. Diouân Djermanôs.
13. Diouân Anqoula.
14. Moktasar el Qâmoûs.

(1) 1. El Qôran.
2. El Qâmous l'Firouz-àbâdi.
3. El Alf bait l'Ebn-el-malck.
4. Tafsir el Alf bait.

5. Grammaire *Adjeroumié.*
6. Rhétorique de *Taftazâni.*
7. Séances, *ou* Histoires plaisantes de *Hariri.*
8. Poésies d'*Omar Ebn-el-Fárdi*, dans le genre érotique.
9. Science de la Langue arabe; petit livre dans le genre des Synonymes français de *Girard.*
10. Médecine d'*Ebn-Sina* (Avicenne).
11. Les Simples et les Drogues, traduit de Dioscoride par *Ebn-el-Bitar.*
12. Dispute des Médecins.
13. Fragmens Théologiques sur les sectes du monde.
14. Un livret de Contes (de peu de valeur). J'en ai l'extrait.
15. Histoire des Juifs, par *Josèphe*, traduction très-incorrecte.

Enfin, un petit livre d'astronomie dans les principes de Ptolomée, et quelques autres de nulle valeur.

---

5. El Adjroumîé.
6. Elm el Baiân l'Taftazâni.
7. Maqâmât el Hariri.
8. Diouân Omar Ebn el fârdi.
9. Fapâh el Logat.
10. El tob l'Ebn Sina.
11. El Mofradât.
12. Dâouàt el Otobba.
13. Abârât el Motakallamin.
14. Nadim el Ouahid.
15. Târik el Yhoud, l'Yousefous.

Voilà en quoi consiste toute la bibliothèque du couvent de *Mar-hanna*, et l'on peut en prendre une idée de la littérature de toute la Syrie, puisque cette bibliothèque est, avec celle de Djezzâr, la seule qui y existe. Parmi les livres originaux, il n'y en a pas un seul qui, pour le fonds, mérite d'être traduit. Les *séances* même de *Hariri* n'ont d'intérêt qu'à raison du style; et il n'y a dans tout l'ordre qu'un seul religieux qui les entende : les autres ne sont pas mieux compris de la plupart des moines. Le régime de cette maison, et les mœurs des moines qui l'habitent, offrent quelques singularités qui méritent que j'en fasse mention.

La règle de leur ordre est celle de saint Basile, qui est pour les Orientaux ce que saint Benoît est pour les Occidentaux; seulement ils y ont fait quelques modifications relatives à leur position; la cour de Rome a sanctionné le code qu'ils en ont dressé il y a 30 ans. Ils peuvent prononcer les vœux dès l'âge de 16 ans, selon l'attention qu'ont eue tous les législateurs monastiques de captiver l'esprit de leurs prosélytes dès le plus jeune âge, pour le plier à leur institut; ces vœux sont, comme partout, ceux de pauvreté, d'obéissance, de dévouement et de chasteté; mais il faut avouer qu'ils sont plus strictement observés dans ce pays que dans le nôtre; en tout, la condition des moines d'Orient est bien plus dure que celle des moines d'Europe. On en pourra juger par le tableau de leur vie domestique. Chaque jour, ils ont 7 heures de prières à l'église, et personne n'en est dispensé. Ils se lèvent à 4 heures du matin, se couchent à 9 du soir, et ne font que deux repas, savoir, à 9 et à 5. Ils font perpétuellement maigre, et se permettent à peine la viande dans les plus grandes maladies; ils ont, comme les autres Grecs, trois grands carêmes par an, une foule de jeûnes, pendant lesquels ils ne mangent ni œufs, ni lait, ni beurre, ni même de fromage. Presque toute l'année ils vivent de lentilles à l'huile, de fèves, de riz au beurre, de lait caillé, d'olives et d'un peu de poisson salé. Leur pain est une petite galette grossière et mal levée, dure le second jour, et que l'on ne renouvelle qu'une fois par semaine. Avec cette nourriture, ils se prétendent moins sujets aux maladies que les paysans; mais il faut remarquer qu'ils portent tous des cautères au bras, et que plusieurs sont attaqués d'hernies, dues, je crois, à l'abus de l'huile. Chacun a pour logement une étroite cellule, et pour tout meuble une natte, un matelas, une couverture, et point de draps; ils n'en ont pas besoin, puisqu'ils dorment vêtus. Leur vêtement est une grosse chemise de coton rayée de bleu, un caleçon, une camisole, et une robe de bure brune si roide et si épaisse, qu'elle se tient debout sans faire un pli. Contre l'usage du pays, ils portent des cheveux de huit pouces de long; et au lieu de capuchon, un cylindre de feutre de dix pouces de hauteur, tel que celui des cavaliers turks. Enfin chacun d'eux, à l'exception du supérieur, du dépensier et du vicaire, exerce un métier d'un genre nécessaire ou utile à la maison; l'un est tisserand, et fabrique les étoffes; l'autre est tailleur, et coud les habits; celui-ci est cordonnier, et fait les souliers; celui-là est maçon, et dirige les constructions. Deux sont chargés de la cuisine, quatre travaillent à l'imprimerie, quatre à la reliure; et tous aident à la boulangerie, le jour que l'on fait le pain. La dépense de 40 à 45 bouches qui composent le couvent, n'excède pas chaque année la somme de 12 bourses, c'est-à-dire, 15,000 liv.; encore sur cette somme prend-on les frais de l'hospitalité de tous les passants, ce qui forme un article considérable. Il est vrai que la plupart de ces passants laissent des dons ou aumônes, qui font une partie du revenu de la maison; l'autre partie provient de la culture des terres. Ils en ont pris à rente une assez grande étendue, dont ils paient 400 piastres de redevance à deux émirs. Ces terres ont été défrichées par les premiers religieux; mais aujourd'hui, ils ont jugé à propos d'en remettre la culture à des paysans qui leur paient la moitié de tous les produits. Ces produits sont des soies blanches et jaunes que l'on vend à *Baîrout*; quelques grains et des vins (1)

---

(1) Ces vins sont de trois espèces : savoir, le rouge, le blanc

qui, faute de débit, sont offerts en présent aux bienfaiteurs, ou consommés dans la maison. Ci-devant les religieux s'abstenaient d'en boire; mais, par une marche commune à toutes les sociétés, ils se sont déja relâchés de leur austérité première; ils commencent aussi à se tolérer la pipe et le café, malgré les réclamations des anciens, jaloux en tout pays de perpétuer les habitudes de leur jeunesse.

---

et le jaune : le blanc, qui est le plus rare, est amer à un point qui le rend désagréable. Par un excès contraire, les deux autres sont trop doux et trop sucrés. La raison en est qu'on les fait bouillir, en sorte qu'ils ressemblent au vin cuit de Provence. L'usage de tout le pays est de réduire le moût aux deux tiers de sa quantité. On ne peut en boire pendant le repas sans s'exposer à des aigreurs, parce qu'ils développent leur fermentation dans l'estomac. Cependant il y a quelques cantons où l'on ne cuit pas le rouge, et alors il acquiert une qualité presque égale au Bordeaux. Le vin jaune est célèbre chez nos négociants, sous le nom de *vin d'or*, qu'il doit à sa belle couleur de topaze. Le plus estimé se cueille sur les coteaux du *Zoûq* ou *village* de *Masbeh* près d'*Antoura*. Il n'est pas nécessaire de le cuire, mais il est trop sucré. Voilà ces vins du Liban vantés des anciens gourmets grecs et romains. C'est à nos Français à essayer s'ils seraient du même avis; mais ils doivent observer que dans le passage de la mer, les vins cuits fermentent une seconde fois, et font crever les tonneaux. Il est probable que les habitants du Liban n'ont rien changé à l'ancienne méthode de faire le vin, ni à la culture des vignes. Elles sont disposées par échalas de six à huit pieds de hauteur. On ne les taille point comme en France, ce qui nuit sûrement beaucoup à la quantité et à la qualité de la récolte. La vendange se fait sur la fin de septembre. Le couvent de Marhanna cueille environ cent cinquante *kâbié* ou jarres de terre, qui tiennent à peu près cent dix pintes. Le prix courant dans le pays peut s'évaluer à sept ou huit sous notre pinte.

Le même régime a lieu pour toutes les maisons de l'ordre, qui, comme je l'ai dit, sont au nombre de 12. On porte à 150 sujets la totalité des religieux; il faut y ajouter 5 couvents de femmes qui en dépendent. Les premiers supérieurs qui les fondèrent, crurent avoir fait une bonne opération; mais aujourd'hui l'ordre s'en repent, parce que des religieuses en pays turk sont une chose dangereuse, et qu'en outre elles dépensent plus qu'elles ne rendent. L'on n'ose cependant les abolir, parce qu'elles tiennent aux plus riches maisons d'Alep, de Damas et du Kaire, qui se débarrassent de leurs filles dans ces couvents, moyennant une dot. C'est d'ailleurs pour un marchand un motif de verser des aumônes considérables. Plusieurs donnent chaque année cent pistoles, et même cent louis et mille écus, sans demander d'autre intérêt que des prières à Dieu, pour qu'il détourne d'eux le regard dévorant des pachas. Mais comme d'autre part ils le provoquent par le luxe fastueux de leurs habits et de leurs meubles, ces dons ne les empêchent point d'être rançonnés. Récemment l'un d'eux osa bâtir à Damas une maison de plus de 120,000 livres. Le pacha qui la vit, fit dire au maître qu'il était curieux de la visiter, et d'y prendre une tasse de café. Or, comme le pacha eût pu s'y plaire et y rester, il fallut, pour se débarrasser de sa politesse, lui faire un cadeau de 10,000 écus.

Après *Mar-hanna*, le couvent le plus remarquable est *Dair-Mokallés*, ou couvent de *Saint-Sauveur*. Il est situé à trois heures de chemin au nord-est de *Saide*. Les religieux avaient amassé dans ces derniers temps une assez grande quantité de livres arabes imprimés et manuscrits ; mais il y a environ 8 ans que Djezzâr ayant porté la guerre dans ce canton, ses soldats pillèrent la maison et dispersèrent tous les livres.

En revenant à la côte, on doit remarquer d'abord *Saïda*, rejeton dégénéré de l'ancienne *Sidon* (1). Cette ville, ci-devant résidence du pacha, est, comme toutes les villes turkes, mal bâtie, malpropre, et pleine de décombres modernes. Elle occupe, le long de la mer, un terrain d'environ 600 pas de long sur 150 de large. Dans la partie du sud, le terrain qui s'élève un peu, a reçu un fort construit par *Degnizlé*. De là l'on domine la mer, la ville et la campagne ; mais une volée de canon renverserait tout cet ouvrage, qui n'est qu'une grosse tour à un étage, déjà à demi ruinée. A l'autre extrémité de la ville, c'est-à-dire au nord-ouest, est le château. Il est bâti dans la mer même, à 80 pas du continent, auquel il tient par des arches. A l'ouest de ce château, est un écueil de 15 pieds d'élévation au-dessus de la mer, et

---

(1) Le nom de *Sidon* subsiste encore dans un petit village à une demi-lieue de Saide.

d'environ 200 pas de long. L'espace compris entre cet écueil et le château, sert de rade aux vaisseaux; mais ils n'y sont pas en sûreté contre le gros temps. Le rivage qui règne le long de la ville, est occupé par un bassin enclos d'un môle ruiné. C'était jadis le port; mais le sable l'a rempli au point qu'il n'y a que son embouchure près le château, qui reçoive des bateaux. C'est *Fakr el Din*, émir des Druzes, qui a commencé la ruine de tous ces petits ports, depuis Baîrout jusqu'à Acre, parce que craignant les vaisseaux turks, il y fit couler à fond des bateaux et des pierres. Le bassin de Saide, s'il était vidé, pourrait tenir 20 à 25 petits bâtiments. Du côté de la mer, la ville est absolument sans muraille; du côté de la terre, celle qui l'enceint n'est qu'un mur de prison. Toute l'artillerie réunie ne monte pas à six canons, qui n'ont ni affûts ni canonnier. A peine compte-t-on 100 hommes de garnison. L'eau vient de la rivière d'*Aoula*, par des canaux découverts où les femmes vont la puiser. Ces canaux servent aussi à abreuver des jardins d'un sol médiocre, où l'on cultive des mûriers et des limoniers.

Saide est une ville assez commerçante, parce qu'elle est le principal entrepôt de Damas et du pays intérieur. Les Français, les seuls Européens que l'on y trouve, y ont un consul et 5 ou 6 maisons de commerce. Leurs retraits consistent en soie, et surtout en cotons bruts ou filés. Le travail de ce coton est la principale branche d'industrie des habitants, dont le nombre peut se monter à cinq mille ames.

A 6 lieues au sud de *Saide*, en suivant le rivage, l'on arrive par un chemin de plaine très-coulant, au village de *Sour*. Nous avons peine à reconnaître dans ce nom celui de *Tyr*, que nous tenons des Latins; mais si l'on se rappelle que l'*y* fut jadis *ou*; si l'on observe que les Latins ont substitué le *t* au *théta* des Grecs, et que ce *théta* avait le son sifflant du *th* anglais dans *think* (1), l'on sera moins étonné de l'altération. Elle n'a point eu lieu chez les Orientaux, qui, de tout temps, ont appelé *Tsour* et *Sour* le lieu dont nous parlons.

Le nom de *Tyr* tient à tant d'idées et de faits intéressants pour quiconque a lu l'histoire, que je crois faire une chose agréable à tout lecteur, en traçant un tableau fidèle des lieux qui furent jadis le théâtre d'un commerce et d'une navigation immenses, le berceau des arts et des sciences, et la patrie du peuple le plus industrieux peut-être et le plus actif qui ait jamais existé.

Le local actuel de *Sour* est une presqu'île qui saille du rivage en mer en forme de marteau à tête ovale. Cette tête est un fond de roc recouvert d'une terre brune cultivable, qui forme une petite plaine d'environ 800 pas de long sur 400 de large. L'isthme qui joint cette plaine au continent, est un pur

---

(1) Et non le son du *z*, comme dans *there*.

sable de mer. Cette différence de sol rend très-sensible l'ancien état d'île qu'avait la tête de marteau avant qu'Alexandre la joignît au rivage par une jetée. La mer, en recouvrant de sable cette jetée, l'a élargie par des atterrissements successifs, et en a formé l'isthme actuel. Le village de *Sour* est assis sur la jonction de cet isthme à l'ancienne île, dont il ne couvre pas plus du tiers. La pointe que le terrain présente au nord, est occupée par un bassin qui fut un port creusé de main d'homme. Il est tellement comblé de sable, que les petits enfants le traversent sans se mouiller les reins. L'ouverture, qui est à la pointe même, est défendue par deux tours correspondantes, où jadis l'on attachait une chaîne de 50 à 60 pieds pour fermer entièrement le port. De ces tours part une ligne de murs qui, après avoir protégé le bassin du côté de la mer, enfermait l'île entière; mais aujourd'hui l'on n'en suit la trace que par les fondations qui bordent le rivage, excepté dans le voisinage du port, où les *Motouâlis* firent, il y a 20 ans, quelques réparations, déja en ruines. Plus loin en mer, au nord-ouest de la pointe, à la distance d'environ 300 pas, est une ligne de roches à fleur d'eau. L'espace qui les sépare du rivage du continent en face, forme une espèce de rade où les vaisseaux mouillent avec plus de sûreté qu'à *Saide*, sans cependant être hors de danger; car le vent du nord-ouest les bat fortement, et le fond fatigue les câbles. En rentrant dans l'île, l'on observe que le village en laisse libre la partie qui donne sur la pleine mer, c'est-à-dire à l'ouest. Cet espace sert de jardin aux habitants; mais telle est leur inertie, que l'on y trouve plus de ronces que de légumes. La partie du sud est sablonneuse et plus couverte de décombres. Toute la population du village consiste en 50 à 60 pauvres familles, qui vivent obscurément de quelques cultures de grain, et d'un peu de pêche. Les maisons qu'elles occupent ne sont plus, comme au temps de Strabon, des édifices à 3 et 4 étages, mais de chétives huttes prêtes à s'écrouler. Ci-devant elles étaient sans défense du côté de terre; mais les *Motouâlis*, qui s'en emparèrent en 1766, les fermèrent d'un mur de 20 pieds de haut qui subsiste encore. L'édifice le plus remarquable est une masure qui se trouve à l'angle du sud-est. Ce fut une église chrétienne, bâtie probablement par les Croisés; il n'en reste que la partie du chœur : tout auprès, parmi des monceaux de pierres, sont couchées deux belles colonnes à triple fût de granit rouge, d'une espèce inconnue en Syrie. Djezzâr, qui a dépouillé tous ces cantons pour orner sa mosquée d'Acre, a voulu les enlever; mais ses ingénieurs n'ont pas même pu les remuer.

En sortant du village sur l'isthme, on trouve à cent pas de la porte une tour ruinée, dans laquelle est un puits où les femmes viennent chercher l'eau : ce puits a quinze ou seize pieds de profondeur; mais l'eau n'en a pas plus de deux ou trois; l'on n'en boit pas de meilleure sur toute la côte. Par un phénomène dont on ignore la raison, elle se trouble en septembre, et elle devient, pendant quelques jours, pleine d'une argile rougeâtre. C'est l'occasion d'une grande fête pour les habitants; ils viennent alors en troupe à ce puits, et ils y versent un seau d'eau de mer qui, selon eux, a la vertu de rendre la limpidité à l'eau de la source. Si l'on continue de marcher sur l'isthme, vers le continent, l'on rencontre, de distance en distance, des ruines d'arcades qui conduisent en ligne droite à un monticule, le seul qu'il y ait dans la plaine. Ce monticule n'est point factice comme ceux du désert; c'est un rocher naturel d'environ 150 pas de circuit sur 40 à 50 pieds d'élévation; l'on n'y trouve qu'une maison en ruines et le tombeau d'un *chaik* ou *santon* (1), remarquable par le dôme blanc qui le couvre. La distance de ce rocher à *Sour* est d'un quart d'heure de marche au pas du cheval. A mesure que l'on s'en rapproche, les arcades dont j'ai parlé deviennent plus fréquentes et plus basses; elles finis-

---

(1) Chez les Musulmans, le terme de *chaik* prend les sens divers de *santon*, d'*ermite*, d'*idiot* et de *fou*. Ils ont pour les imbéciles le même respect religieux qui existait au temps de *David*.

sent par former une ligne continue, qui du pied du rocher tourne tout à coup par un angle droit au midi, et marche obliquement par la campagne vers la mer; on en suit la file pendant une grande heure de marche au pas du cheval. C'est dans cette route que l'on reconnaît, au canal qui règne sur les arches, cette construction pour un aqueduc. Ce canal a environ trois pieds de large sur deux et demi de profondeur; il est formé d'un ciment plus dur que les pierres mêmes; enfin l'on arrive à des puits où il aboutit, ou plutôt d'où il tire son origine. Ces puits sont ceux que quelques voyageurs ont appelés *puits de Salomon;* mais dans le pays, on ne les connaît que sous le nom de *Ras-el-àén*, c'est-à-dire, *tête de la source.* L'on en compte un principal, deux moindres, et plusieurs petits; tous forment un massif de maçonnerie qui n'est point en pierre taillée ou brute, mais en ciment mêlé de cailloux de mer. Du côté du sud, ce massif saille de terre d'environ 18 pieds, et de 15 du côté du nord. De ce même côté s'offre une pente assez large et assez douce, pour que des chariots puissent monter jusqu'au haut. Quand on y est monté, l'on trouve un spectacle bien étonnant; car au lieu d'être basse ou à niveau de terre, l'eau se présente au niveau des bords de l'esplanade, c'est-à-dire que sa colonne qui remplit le puits est élevée de 15 pieds plus haut que le sol. En outre, cette eau n'est point calme; mais

elle ressemble à un torrent qui bouillonne, et elle
se répand à flots par des canaux pratiqués à la
surface du puits. Telle est son abondance, qu'elle
peut faire marcher trois moulins qui sont auprès,
et qu'elle forme un petit ruisseau dès avant la
mer, qui en est distante de 400 pas. La bouche
du puits principal est un octogone, dont chaque
côté a 23 pieds 3 pouces de long, ce qui suppose
61 pieds au diamètre. L'on prétend que ce puits
n'a point de fond; mais le voyageur Laroque assure que de son temps on le trouva à 36 brasses.
Il est remarquable que le mouvement de l'eau à
la surface a rongé les parois intérieures du puits,
au point que le bord ne porte plus sur rien, et
qu'il forme une demi-voûte suspendue sur l'eau.
Parmi les canaux qui en partent, il en est un
principal qui se joint à celui des arches dont j'ai
parlé. Au moyen de ces arches, l'eau se portait jadis
d'abord au rocher, puis du rocher par l'isthme,
à la tour où l'on puise l'eau. Du reste, la campagne est une plaine d'environ deux lieues de
large, ceinte d'une chaîne de montagnes assez
hautes, qui règnent depuis la *Qâsmié* jusqu'au
cap Blanc. Le sol est une terre grasse et noirâtre,
où l'on cultive avec succès le peu de blé et de
coton que l'on y sème.

Tel est le local de *Tyr*, sur lequel il se présente
quelques observations relatives à l'état de l'ancienne ville. On sait que jusqu'au temps où *Nabu-*

kodonosor en fit le siége, Tyr fut située dans le continent; l'on en désigne l'emplacement à *palœ-Tyrus*, c'est-à-dire, auprès des *puits*; mais dans ce cas, pourquoi cet aqueduc conduit-il à tant de frais (1) des puits au rocher? Dira-t-on qu'il fut construit après que les Tyriens eurent passé l'île? Mais dès avant Salmanasar, c'est-à-dire 136 ans avant Nabukodonosor, leurs annales en font mention comme existant déja. « Du temps d'*Eululæus*, « roi de Tyr, dit l'historien *Ménandre*, cité par « *Josèphe* (2), Salmanasar, roi d'Assyrie, ayant « porté la guerre en Phénicie, plusieurs villes se « soumirent à ses armes; les Tyriens lui résistè- « rent; mais bientôt abandonnés par *Sidon*, *Acre* « et *palœ-Tyrus*, qui dépendaient d'eux, ils furent « réduits à leurs forces. Cependant ils continuèrent « de se défendre; et Salmanasar, rappelé à Ninive, « laissa des corps-de-garde près des ruisseaux et « de l'aqueduc pour en interdire l'eau. Cette gêne « dura cinq ans, pendant lesquels les Tyriens « s'abreuvèrent au moyen des puits qu'ils creu- « sèrent. »

Si *palœ-Tyrus* fut un lieu dépendant de Tyr, Tyr était donc ailleurs; elle n'était point dans l'île, puisque les habitants n'y passèrent qu'après Nabukodonosor. Elle était donc au rocher, qui en a

---

(1) La largeur des piles des arches est de neuf pieds.
(2) *Antiq. Judaic.* lib. 9, c. 14.

dû être le siége primitif. Le nom de cette ville en
fait preuve; car *tsour* en phénicien signifie *rocher*
et le lieu *fort.* C'est là que s'établit cette colonie
de *Sidoniens*, chassés du leur patrie *deux cent
quarante ans avant le temple de Salomon.* Ils choi-
sirent cette position, parce qu'ils y trouvèrent
l'avantage d'un lieu propre à la défense, et celui
d'une rade très-voisine qui, sous la protection de
l'île, pouvait couvrir beaucoup de vaisseaux. La
population de cette colonie s'étant accrue par le
laps des temps et par le commerce, les Tyriens
eurent besoin de plus d'eau, et ils construisirent
l'aqueduc. L'activité qu'on leur voit déployer au
temps de Salomon engageait à l'attribuer à ce
siècle. Dans tous les cas, il est très-ancien, puisque
l'eau de l'aqueduc a eu le temps de former par ses
filtrations des stalactites considérables. Plusieurs
tombant des flancs du canal, ou de l'intérieur des
voûtes, ont obstrué des arches entières. Pour
s'assurer de l'aqueduc, l'on dut établir aux puits
un corps-de-garde qui devint *palæ-Tyrus*. Doit-on
supposer la source factice, et formée par un canal
souterrain tiré des montagnes? Mais alors, pourquoi ne l'avoir pas amenée au rocher même? Il
est plus simple de la croire naturelle, et de penser que l'on a profité d'un de ces accidens de rivières souterraines dont la Syrie offre plusieurs
exemples. L'idée d'emprisonner cette eau pour la
faire remonter et gagner du niveau est digne des

Phéniciens. Les choses en étaient à ce point, quand le roi de Babylone, vainqueur de Jérusalem, vint pour anéantir la seule ville qui bravât sa puissance. Les Tyriens lui résistèrent pendant 13 ans; mais au bout de ce terme, las de leurs efforts, ils prirent le parti de mettre la mer entre eux et leur ennemi, et ils passèrent dans l'île qu'ils avaient en face, à la distance d'un quart de lieue. Jusqu'alors cette île n'avait dû porter que peu d'habitations, vu la disette d'eau (1). La nécessité fit surmonter cet inconvénient; l'on tâcha d'y obvier par des citernes, dont on trouve encore des restes en forme de caves voûtées, pavées et murées avec le plus grand soin (2). Alexandre parut, et, pour satisfaire son barbare orgueil, Tyr fut ruinée; mais bientôt rétablie, ses nouveaux habitants profitèrent de la jetée par laquelle les Macédoniens s'étaient avancés jusqu'à l'île, et ils amenèrent l'aqueduc jusqu'à la tour où l'on puise encore l'eau. Maintenant que les arcades ont manqué, comment l'y trouve-t-on encore? La raison en doit être, que l'on avait ménagé dans leurs fondements

---

(1) Josèphe est en erreur lorsqu'il parle de *Tyr* au temps d'*Hiram* comme étant bâtie dans l'île. Il confond, à son ordinaire, l'état ancien avec l'état postérieur. Voyez *Antiq. Jud.* lib. 8, c. 5.

(2) L'on en a récemment découvert une considérable en dehors du mur de la ville. L'on n'y a rien trouvé, et le Motsallam l'a fait refermer.

des conduits secrets qui continuent toujours de l'amener des puits. La preuve que l'eau de la tour vient de *Ras-el-àén* est qu'à cette source elle se trouble en octobre comme à la tour; qu'alors elle a la même couleur, et en tout temps le même goût. Ces conduits doivent être nombreux; car il est arrivé plusieurs voies d'eau près de la tour, sans que son puits ait cessé d'en fournir.

La puissance de Tyr sur la Méditerranée et dans l'Occident est assez connue; *Carthage*, *Utique*, *Cadix*, en sont des monuments célèbres. L'on sait que cette ville étendait sa navigation jusque dans l'Océan, et la portait au nord par delà l'Angleterre, et au sud par delà les Canaries. Ses relations à l'Orient, quoique moins connues, n'étaient pas moins considérables; les îles de *Tyrus* et *Aradus* (aujourd'hui *Barhain*), dans le golfe Persique; les villes de *Faran* et *Phœnicum Oppidum*, sur la mer Rouge, déja ruinées au temps des Grecs, prouvent que les Tyriens fréquentèrent dès long-temps les parages de l'Arabie et de la mer de l'Inde; mais il existe un fragment historique qui contient à ce sujet des détails d'autant plus précieux, qu'ils offrent dans des siècles reculés un tableau de mouvements analogues à ce qui se passe encore de nos jours. Je vais citer les paroles de l'écrivain, avec leur enthousiasme prophétique, en rectifiant des applications qui jusqu'ici ont été mal saisies.

« Ville superbe, qui reposes au bord des mers!
« *Tyr!* qui dis : Mon empire s'étend au sein de
« l'Océan; écoute l'oracle prononcé contre toi! Tu
« portes-ton commerce dans des îles (lointaines.)
« chez les habitants de côtes (inconnues). Sous ta
« main les sapins de *Sanir* (1) deviennent des vais-
« seaux; les cèdres du *Liban*, des mâts; les peu-
« pliers de *Bisan*, des rames. Tes matelots s'as-
« seyent sur le buis de *Chypre* (2) orné d'une
« marqueterie d'ivoire. Tes voiles et tes pavillons
« sont tissus du beau lin de l'*Égypte*; tes vête-
« ments sont teints de l'hyacinthe et de la pour-
« pre de l'*Hellas* (3) (l'Archipel). *Sidon* et *Arouad*
« t'envoient leurs rameurs; *Djabal* (*Djebilé*), ses
« habiles constructeurs : tes géomètres et tes sages
« guident eux-mêmes tes proues. Tous les vais-
« seaux de la mer sont employés à ton commerce.
« Tu tiens à ta solde le *Perse*, le *Lydien*, l'*Égyp-
« tien*; tes murailles sont parées de leurs boucliers
« et de leurs cuirasses. Les enfants d'*Arouad* bor-

---

(1) Peut-être le mont *Sannîne*.

(2) Buis de *Katim*. Divers passages confrontés prouvent que ce nom ne doit pas s'appliquer à la *Grèce*, mais à l'île de Chypre, et peut-être à la côte de *Cilicie*, où le buis abonde. Il convient surtout à Chypre par son analogie avec la ville de *Kitium* et le pays des *Kitiens*, à qui *Eululæus* faisait la guerre du temps de Salmanasar.

(3) En hébreu *aliché*, qui ne diffère en rien de *Hellas*, ancien nom de l'archipel conservé dans *Hellespont*.

« dent tes parapets ; et tes tours, gardées par les
« *Djimedéens* (peuple phénicien), brillent de l'éclat
« de leurs carquois. Tous les pays s'empressent de
« négocier avec toi. *Tarse* envoie à tes marchés
« de l'argent, du fer, de l'étain, du plomb. L'*Yo-*
« *nie* (1), le pays des *Mosques* et de *Teblis* (2),
« t'approvisionnent d'esclaves et de vases d'airain.
« L'*Arménie* t'envoie des mules, des chevaux, des
« cavaliers. L'Arabe de *Dédan* (entre Alep et Da-
« mas) voiture tes marchandises. Des îles nom-
« breuses échangent avec toi l'ivoire et l'ébène.
« L'*Araméen* (les Syriens) (3) t'apporte le rubis,
« la poupre, les étoffes piquées, le lin, le corail
« et le jaspe. Les enfants d'*Israël* et de *Juda* te
« vendent le froment, le *baume*, la myrrhe, le
« raisiné, la résine, l'huile ; et Damas, le vin de
« *Halboun* (peut-être *Halab*, où il reste encore
« des vignes) et des laines fines. Les Arabes d'*O-*
« *man* offrent à tes marchands le fer poli, la *can-*
« *nelle*, le roseau aromatique ; et l'Arabe de *Dedan*
« des tapis pour s'asseoir. Les habitants du désert
« et les *Kedar* payent de leurs chevreaux et de

---

(1) *Youn*, plaisamment travesti en *javan*, quoique les anciens n'aient point connu notre *ja*.

(2) *Tobel* ou *Teblis* s'écrit aussi *Teflis*, au nord de l'Arménie, sur la frontière de Géorgie. Ces mêmes cantons sont célèbres chez les Grecs pour les esclaves et pour le fer des *Chalybes*.

(3) Ce nom s'étendait aux Cappadociens et aux habitants de la Haute-Mésopotamie.

« leurs agneaux tes riches marchandises. Les Ara-
« bes de *Saba* et *Ramé* (dans l'Yémen) t'enrichis-
« sent par le commerce des aromates, des pierres
« précieuses et de l'or (1). Les habitants de *Haran*,
« de *Kalané* (en Mésopotamie) et d'*Adana* (près
« de Tarse), facteurs de l'Arabe de *Cheba* (près
« de Dedan), de l'Assyrien et du *Kaldéen*, com-
« mercent aussi avec toi, et te vendent des châ-
« les, des manteaux artistement brodés, de l'ar-
« gent, des mâtures, des cordages et des cédres;
« enfin les vaisseaux (vantés) de *Tarse* sont à tes
« gages. O *Tyr*, fière de tant de gloire et de ri-
« chesses! bientôt les flots de la mer s'élèveront
« contre toi, et la tempête te précipitera au fond
« des eaux. Alors s'engloutiront avec toi tes ri-
« chesses; avec toi périront en un jour ton com-
« merce, tes négociants, tes correspondants, tes
« matelots, tes pilotes, tes artistes, tes soldats et
« le peuple immense qui remplit tes murailles. Tes
« rameurs déserteront tes vaisseaux; tes pilotes
« s'assiéront sur le rivage, l'œil morne contre
« terre. Les peuples que tu enrichissais, les rois
« que tu rassasiais, consternés de ta ruine, jette-
« ront des cris de désespoir. Dans leur deuil, ils
« couperont leurs chevelures; ils jetteront la cen-

---

(1) Aussi Strabon dit-il, *lib.* 16, que les Sabéens avaient fourni tout l'or de la Syrie, avant que les habitants de Gerrha, près de l'embouchure de l'Euphrate, les eussent supplantés.

« dre sur leur front dénudé; ils se rouleront dans
« la poussière, et ils diront : Qui jamais égala *Tyr*,
« cette reine de la mer?' » — Les révolutions du
sort, ou plutôt la barbarie des Grecs du Bas-Empire et des Musulmans, ont accompli cet oracle.
Au lieu de cette ancienne circulation si active et
si vaste, *Sour*, réduit à l'état d'un misérable village, n'a plus pour tout commerce qu'une exportation de quelques sacs de grains et de coton en
laine, et pour tout négociant qu'un facteur grec
au service des Français de *Saide*, qui gagne à peine
de quoi soutenir sa famille. — A neuf lieues au
sud de *Sour*, est la ville d'*Acre*, en arabe *Akka*,
connue dans les temps les plus reculés sous le
nom d'*Aco*, et postérieurement sous celui de
Ptolémaïs. Elle occupe l'angle nord d'une baie,
qui s'étend, par un demi cercle de trois lieues,
jusqu'à la pointe du *Carmel*. Depuis l'expulsion
des Croisés, elle était restée presque déserte;
mais de nos jours les travaux de *Dâher* l'ont ressuscitée; ceux que *Djezzâr* y a fait exécuter depuis
dix ans la rendent aujourd'hui l'une des premières villes de la côte. On vante la mosquée de
ce pacha comme un chef-d'œuvre de goût. Son
bazar, ou *marché* couvert, ne le cède point à ceux
d'Alep même; et sa fontaine publique surpasse en
élégance celles de Damas. Ce dernier ouvrage est
aussi le plus utile; car jusqu'alors Acre n'avait
pour toute ressource qu'un assez mauvais puits;

mais l'eau est restée, comme auparavant, de médiocre qualité. L'on doit savoir d'autant plus de gré au pacha de ces travaux, que lui-même en a été l'ingénieur et l'architecte : il fait ses plans, il trace ses dessins et conduit les ouvrages. Le port d'Acre est un des mieux situés de la côte, en ce qu'il est couvert du vent de nord et nord-ouest par la ville même; mais il est comblé depuis *Fakr-el-Dín*. Djezzâr s'est contenté de pratiquer un abord pour les bateaux. La fortification, quoique plus soignée qu'aucune autre, n'est cependant d'aucune valeur; il n'y a que quelques mauvaises tours basses près du port qui aient des canons; encore ces pièces de fer rouillé sont-elles si mauvaises, qu'il en crève toujours quelques-unes à chaque fois qu'on les tire. L'enceinte du côté de la campagne n'est qu'un mur de jardin sans fossés.

Cette campagne est une plaine nue, plus profonde et moins large que celle de *Sour;* elle est entourée de petites montagnes qui s'étendent en tournant du cap Blanc au Carmel. Les ondulations du terrain y causent des bas-fonds où les pluies d'hiver forment des lagunes dangereuses en été par leurs vapeurs infectes. Du reste, le sol est fécond, et l'on y cultive avec le plus grand succès le blé et le coton. Ces denrées sont la base du commerce d'*Acre*, qui de jour en jour devient plus florissant. Dans ces derniers temps, le pacha, par un abus ordinaire en Turkie, l'avait tout concentré dans ses mains; l'on ne pouvait vendre de coton qu'à lui : l'on n'en pouvait acheter que de lui : les négociants européens ont eu beau réclamer les capitulations du sultan, Djezzâr a répondu qu'il était sultan dans son pays, et il a continué son monopole. Ces négociants sont surtout les Français, qui ont à *Acre* six comptoirs présidés par un consul : récemment il est survenu un agent impérial, et depuis un an un agent russe.

La partie de la baie d'Acre où les vaisseaux mouillent avec le plus de sûreté, est au nord du mont *Carmel*, au pied du village de *Haifa* (*vulgo* Caiffe). Le fond tient bien l'ancre et ne coupe pas les câbles; mais le lieu est ouvert au vent de nord-ouest, qui est violent sur toute cette côte. Le Carmel, qui domine au sud, est un pic écrasé et rocailleux, d'environ 350 toises d'élévation. On y trouve, parmi les broussailles, des oliviers et des vignes sauvages, qui prouvent que jadis l'industrie s'était portée jusque sur cet ingrat terrain; sur le sommet est une chapelle dédiée au prophète Élie, d'où la vue s'étend au loin sur la mer et sur la terre. Au midi, le pays offre une chaîne de montagnes raboteuses, couronnées de chênes et de sapins, où se retirent des sangliers et des onces. En tournant vers l'est, on aperçoit à six lieues le local de *Nasra* ou *Nazareth*, célèbre dans l'histoire du christianisme : c'est un village médiocre, peuplé d'un tiers de musulmans, et de deux tiers de Grecs catholiques. Les PP. de Terre-Sainte, dépendants du grand couvent de Jérusalem, y ont un hospice et une église. Ils sont ordinairement les fermiers du pays. Du temps de *Dâher*, ils étaient obligés de faire à ce chaik un cadeau de mille piastres à chaque femme qu'il épousait, et il avait soin de se marier presque toutes les semaines.

A environ deux lieues au sud-est de *Nasra* est le mont *Tabor*, d'où l'on a l'une des plus riches perspectives de la Syrie. Cette montagne est un cône tronqué de quatre à cinq cents toises de hauteur. Le sommet a deux tiers de lieue de circuit. Jadis il portait une citadelle; mais à peine en reste-t-il quelques pierres. De là l'on découvre au sud une suite de vallées et de montagnes qui s'étendent jusqu'à Jérusalem. A l'est, l'on voit comme sous ses pieds la vallée du *Jourdain* et le lac de *Tabarié*, qui semble encaissé dans un cratère de volcan. Au delà, la vue se perd vers les plaines du *Hauran*; puis tournant au nord, elle revient, par les montagnes de *Hasbéya* et de la *Qâsmié*, se reposer sur les fertiles plaines de la Galilée, sans pouvoir atteindre à la mer.

La rive orientale du lac de *Tabarié* n'a de remarquable que la ville dont elle porte le nom, et la fontaine d'eaux chaudes minérales qui en est voisine. Cette fontaine est située dans la campagne, à un quart de lieue de *Tabarié*. Faute de soin, il s'y est entassé une boue noire, qui est un véritable *éthiops martial*. Les personnes attaquées de douleurs rhumatismales trouvent des soulagements et même la guérison dans les bains de cette boue. Quant à la ville, ce n'est qu'un monceau de décombres, habité tout au plus par 100 familles. A sept lieues au nord de Tabarié, sur la croupe d'une montagne, est la ville ou le village de *Safad*, berceau de la puissance de Dâher. A cette époque, il était devenu le siége d'une école arabe, où les docteurs motouâlis formaient des élèves dans la science de la grammaire, et l'interprétation allégorique du *Qôran*. Les juifs, qui croient que le messie doit établir le siége de son empire à *Safad*, avaient aussi pris ce lieu en affection, et s'y étaient rassemblés au nombre de 50 à 60 familles; mais le tremblement de 1759 a tout détruit; et *Safad*, regardé de mauvais œil par les Turks, n'est plus qu'un village presque abandonné. En remontant de *Safad* au nord, l'on suit une chaîne de hautes montagnes qui, sous le nom de *Djebal-el-Chaik*, fournissent d'abord les sources du *Jourdain*, puis une foule de ruisseaux dont s'arrose la plaine de Damas. Le local élevé d'où partent ces ruisseaux compose un petit pays que l'on appelle *Hasbéya*. En ce moment il est gouverné par un émir, parent et rival de l'émir Yousef; il en paie à Djezzâr une ferme de 60 bourses.

Le sol est montueux, et ressemble beaucoup au bas Liban; le prolongement de ces montagnes le long de la vallée de *Beqâà* est ce que les anciens appellent *Antiliban*, à raison de ce qu'il est parallèle au Liban des Druzes et des Maronites. La vallée de *Beqâà*, qui en forme la séparation, est l'ancienne *Cœle-Syrie*, ou *Syrie-Creuse* proprement dite. Sa disposition en encaissement profond, en y rassemblant les eaux des montagnes, en a fait de tout temps un des plus fertiles cantons de la Syrie; mais aussi en y concentrant les rayons du soleil, elle y produit en été une chaleur qui ne le cède pas même à l'Égypte. L'air néanmoins n'y est pas malsain, et sans doute parce qu'il est sans cesse renouvelé par le vent du nord, et que les eaux sont vives et non stagnantes. L'on y dort impunément sur les terrasses. Avant le tremblement de 1759, tout ce pays était couvert de villages et de cultures aux mains des *Motouâlis*; mais les ravages que causa ce phénomène, et ceux que les guerres des Turks y ont fait succéder, ont presque tout détruit. Le seul lieu qui mérite l'attention, est la ville de *Balbek*.

Balbek, célèbre chez les Grecs et les Latins sous le nom d'*Hélios-polis*, ou *ville du soleil*, est située au pied de l'*Antiliban*, précisément à la dernière ondulation de la montagne dans la plaine. En arrivant par le midi, l'on ne découvre la ville qu'à la distance d'une lieue et demie, derrière un rideau d'arbres dont elle couronne la verdure par un cordon blanchâtre de dômes et de minarets. Au bont d'une heure de marche, l'on arrive à ces arbres qui sont de très-beaux noyers; et bientôt, traversant des jardins mal cultivés, par des sentiers tortueux, l'on se trouve conduit au pied de la ville. Là se présente en face un mur ruiné, flanqué de tours carrées, qui monte à droite sur la pente, et trace l'enceinte de l'ancienne ville. Ce mur, qui n'a que 10 à 12 pieds de hauteur, laisse voir dans l'intérieur des terrains vides et des décombres qui sont partout l'apanage des villes turkes; mais ce qui attire toute l'attention sur la gauche est un grand édifice, qui, par sa haute muraille et ses riches colonnes, s'annonce pour un de ces temples que l'antiquité a laissés à notre admiration. Ce monument, qui est un des plus beaux et des mieux conservés de l'Asie, mérite une description particulière.

Pour le détailler avec ordre, il faut se supposer descendre de l'intérieur de la ville; après avoir traversé les décombres et les huttes dont elle est pleine, l'on arrive à un terrain vide qui fut une place (1); là, en face, s'offre à l'ouest une grande masure AA, formée de deux pavillons ornés de pilastres, joints à leur angle du fond par un mur de 160 pieds de longueur : cette façade domine le

---

(1) Suivez les planches.

sol par une espèce de terrasse, au bord de laquelle on distingue avec peine les bases de 12 colonnes, qui jadis régnaient d'un pavillon à l'autre, et formaient le *portique*. Le *portail* est obstrué de pierres entassées ; mais si l'on en surmonte l'obstacle, l'on pénètre dans un terrain vide, qui est une cour hexagone B, de 180 pieds de diamètre. Cette cour est semée de fûts de colonnes brisées, de chapiteaux mutilés, de débris de pilastres, d'entablements, de corniches, etc.; tout autour règne un cordon d'édifices ruinés CC, qui présentent à l'œil tous les ornements de la plus riche architecture. Au bout de cette cour, toujours en face à l'ouest, est une issue D, qui jadis fut une porte par où l'on aperçoit une plus vaste perspective de ruines, dont la magnificence sollicite la curiosité. Pour en jouir, il faut monter une pente, qui fut l'escalier de cette issue, et l'on se trouve à l'entrée d'une cour carrée E beaucoup plus spacieuse que la première (1). C'est de là D qu'est pris le point de vue de la gravure que j'ai jointe : le premier coup d'œil se porte naturellement au bout de cette cour, où six énormes colonnes F, saillant majestueusement sur l'horizon, forment un tableau vraiment pittoresque. Un objet non moins intéressant est une autre file de colonnes qui règne

---

(1) Elle a trois cent cinquante pieds de large sur trois cent trente-six de long.

à gauche, et s'annonce pour le péristyle d'un temple G ; mais avant d'y passer, l'on ne peut sur les lieux refuser des regards attentifs aux édifices H qui enferment cette cour à droite et à gauche. Ils font une espèce de galerie distribuée par chambres *hhhhh*, dont on compte sept sur chacune des grandes ailes ; savoir, deux en demi-cercle, et cinq en carré long. Le fond de ces chambres conserve des frontons de niches *i* et de tabernacles *l*, dont les soutiens sont détruits. Du côté de la cour elles étaient ouvertes, et n'offraient que quatre et six colonnes *m* toutes détruites. Il n'est pas facile d'imaginer l'usage de ces appartements ; mais l'on n'en admire pas moins la beauté de leurs pilastres *n*, et la richesse de la frise de l'entablement O. L'on ne peut non plus s'empêcher de remarquer l'effet singulier qui résulte du mélange des guirlandes, des feuillures des chapiteaux, et des touffes d'herbes sauvages qui pendent de toutes parts. En traversant la cour dans sa longueur, l'on trouve au milieu une petite esplanade carrée *i*, où fut un pavillon dont il ne reste que les fondements. Enfin, l'on arrive au pied des six colonnes F : c'est alors que l'on conçoit toute la hardiesse de leur élévation, et la richesse de leur taille. Leur fût a 21 pieds 8 pouces de circonférence, sur 58 de longueur ; en sorte que la hauteur totale, y compris l'entablement O, est de 71 à 72 pieds. L'on s'étonne d'abord de voir cette superbe ruine ainsi solide et sans accompagnements ; mais en examinant le terrain avec attention, l'on reconnaît toute une suite de bases qui tracent un carré long FF de 268 pieds sur 146 de large : l'on en conclut que ce fut là le péristyle d'un grand temple, objet premier et principal de toute cette construction. Il présentait à la grande cour, c'est-à-dire à l'orient, une face de 10 colonnes sur 19 de flanc (total 54). Son terrain était un carré long de plain-pied avec cette cour, mais plus étroit qu'elle; en sorte qu'il ne restait autour de la colonnade qu'une terrasse de 27 pieds de large : l'esplanade qui en résulte domine la campagne du côté de l'ouest, par un mur L, escarpé d'environ 30 pieds : à mesure que l'on se rapproche de la ville, l'escarpement diminue; en sorte que le sol des pavillons se trouve de niveau avec la dernière pente de la montagne : d'où il résulte que tout le terrain des cours a été rapporté. Tel fut le premier état de cet édifice ; mais par la suite on a comblé le flanc du midi du grand temple, pour en bâtir un plus petit, qui est celui dont le péristyle et la cage subsistent encore. Ce temple G, situé plus bas que l'autre de quelques pieds, présente un flanc de treize colonnes, sur huit de front (total 38). Elles sont également d'ordre corinthien; leur fût a 15 pieds 8 pouces de circonférence sur 44 de hauteur. L'édifice qu'elles environnent est un carré long, dont la face d'entrée, tournée à l'orient, se trouve hors de la ligne de l'aile gauche de la grande cour. L'on n'y peut arriver qu'à travers des troncs de colonnes, des amas de pierres, et même un mauvais mur dont on l'a masquée. Lorsque l'on a surmonté ces obstacles, on se trouve à la porte, et de là les yeux peuvent parcourir une enceinte g qui fut la demeure d'un dieu; mais au lieu du spectacle imposant d'un peuple prosterné, et d'une foule de prêtres offrant des sacrifices, le ciel ouvert par la chute de la voûte ne laisse voir qu'un chaos de décombres entassés sur la terre, et souillés de poussière et d'herbes sauvages. Les murs, jadis couverts de toutes les richesses de l'ordre corinthien, n'offrent plus que des frontons de niches et de tabernacles, dont presque tous les soutiens sont tombés. Entre ces niches, règnent des pilastres cannelés, dont le chapiteau supporte un entablement plein de brèches; ce qui en reste conserve une riche frise de guirlandes, soutenues d'espace en espace par des têtes de satyre, de cheval, de taureau, etc. Sur cet entablement, s'élevait jadis la voûte, dont la portée avait 57 pieds de large, sur 110 de longueur. Le mur qui la soutenait en a 31 d'élévation, sans aucune fenêtre. L'on ne peut se faire une idée des ornements de cette voûte que par l'inspection des débris répandus à terre; mais elle ne pouvait être plus riche que celle de la galerie du péristyle : les grandes parties qui en subsistent offrent des encadrements à losange, où sont représentées en relief les scènes de Jupiter assis sur son aigle, de Léda caressée par le cygne, de Diane portant l'arc et le croissant, et divers bustes qui paraissent être des figures d'empereurs et d'impératrices. Il serait trop long de rapporter tous les détails de cet étonnant édifice. Les amateurs des arts les trouveront consignés avec la plus grande vérité dans l'ouvrage publié en 1757, à Londres, sous le titre de *Ruines de Balbek* (1). Cet ouvrage, rédigé par M. *Robert Wood*, est dû surtout aux soins et à la magnificence du chevalier *Dawkins*, qui visita, en 1751, Balbek et Palmyre. On ne peut rien ajouter à la fidélité de la description de ces voyageurs; mais depuis leur passage, il est arrivé quelques changements : par exemple, ils ont trouvé neuf grandes colonnes debout, et en 1784 je n'en ai trouvé que six F. Ils en comptèrent 29 au petit temple; il n'en reste plus que 20 : c'est le tremblement de 1759 qui en a causé la chute; il a aussi tellement ébranlé les murs du petit temple, que la pierre de la soffite (2) de la porte a glissé entre les deux qui l'avoisinent, et est descendue de huit pouces; en sorte que le corps de l'oiseau sculpté

---

(1) *In-fol. d'Atlas*, 1 vol. Cet ouvrage, cher et rare, ne se trouve que dans les grandes bibliothèques : on peut le consulter à celle de la nation.

(2) La soffite est cette traverse qui règne sur la tête lorsque l'on passe sous une porte.

sur cette pierre, se trouve suspendu, détaché de ses ailes et de deux guirlandes qui, de son bec, aboutissent à deux génies. La nature n'a pas été ici le seul agent de destruction; les Turks y ont beaucoup contribué pour les colonnes. Leur motif est de s'emparer des axes de fer qui servent à joindre les deux ou trois pièces dont chaque fût est composé. Ces axes remplissent si bien leur objet, que plusieurs colonnes ne se sont pas déjointes dans leur chute : une entre autres, comme l'observe M. Wood, a enfoncé une pierre du mur du temple, plutôt que de se disloquer. Rien de si parfait que la coupe de ces pierres; elles ne sont jointes par aucun ciment, et cependant la lame d'un couteau n'entre pas dans leurs interstices. Après tant de siècles de construction, elles ont, pour la plupart, conservé la couleur blanche qu'elles avaient d'abord. Ce qui étonnera davantage, c'est l'énormité de quelques-unes dans tout le mur qui forme l'escarpement. A l'ouest L, la seconde assise est formée de pierres qui ont depuis 28 jusqu'à 35 pieds de longueur, sur environ 9 de hauteur. Par-dessus cette assise, à l'angle du nord-ouest, il y a trois pierres qui à elles seules occupent un espace de 175 pieds $\frac{1}{3}$; à savoir, la première, 58 pieds 7 pouces; la deuxième, 58 pieds 11 pouces, et la troisième 58 pieds juste, sur une épaisseur commune de 12 pieds. La nature de ces pierres est un granit blanc à grandes facettes luisantes comme le gypse; sa carrière règne sous toute la ville et dans la montagne adjacente : elle est ouverte en plusieurs lieux, et entre autres sur la droite en arrivant à la ville. Il y est resté une pierre taillée sur trois faces, qui a 69 pieds 2 pouces de long, sur 12 pieds 10 pouces de large, et 13 pieds 3 pouces d'épaisseur. Comment les anciens ont-ils manié de telles masses? C'est sans doute un problème de mécanique curieux à résoudre. Les habitants de *Balbek* l'expliquent commodément, en supposant que cet édifice a été construit par les *Djénoûn* ou *Génies* (1), sous les ordres du roi Salomon; ils ajoutent que le motif de tant de travaux fut de cacher dans les souterrains d'immenses trésors qui y sont encore; plusieurs d'entre eux, dans le dessein de s'en saisir, sont descendus dans les voûtes qui règnent sous tout l'édifice; mais l'inutilité de leurs recherches, et les avanies que les commandants en ont pris occasion de leur faire, les en ont dégoûtés; ils croient les Européens plus heureux; et l'on tenterait vainement de les dissuader de l'idée où ils sont que nous avons l'art magique de rompre les talismans. Que peuvent les raisonnements contre l'ignorance et l'habitude? Il ne serait pas moins ridicule de vouloir leur démontrer que Sa-

---

(1) Espèces d'esprits intermédiaires entre les anges et les diables.

lomon n'a point connu l'ordre corinthien, usité seulement sous les empereurs de Rome ; mais leur tradition au sujet de ce prince donne lieu à trois remarques importantes.

La première est que toute tradition sur la haute antiquité est aussi nulle chez les Orientaux que chez les Européens. Parmi eux, comme parmi nous, les faits de cent ans, quand ils ne sont pas écrits, sont altérés, dénaturés, oubliés : attendre d'eux des éclaircissements sur ce qui s'est passé au temps de David ou d'Alexandre, c'est comme si on demandait aux paysans de Flandre des nouvelles de Clovis ou de Charlemagne.

La deuxième est que, dans toute la Syrie, les Mahométans, comme les Juifs et les Chrétiens, attribuent tous les grands ouvrages à *Salomon;* non que la mémoire s'en soit perpétuée sur les lieux, mais parce qu'ils font des applications des passages de l'ancien Testament : c'est, avec l'Évangile, la source de presque toutes les traditions, parce que ce sont les seuls livres historiques qui soient lus et connus; mais comme les interprètes sont très-ignorants, leurs applications manquent presque toujours de vérité : c'est ainsi qu'ils sont en erreur, quand ils disent que Balbek est la *domus saltûs Libani* de Salomon ; et ils choquent également la vraisemblance, quand ils attribuent à ce roi les puits de Tyr et les édifices de Palmyre.

Enfin, une troisième remarque est que la

croyance aux trésors cachés s'est accréditée et se soutient par des découvertes qui se font effectivement de temps à autre. Il n'y a pas dix ans que l'on trouva à *Hébron* un petit coffre plein de médailles d'or et d'argent, avec un livre d'ancien arabe, traitant de la médecine. Dans le pays des Druzes, un particulier découvrit aussi, il y a quelque temps, une jarre où il trouva des monnaies d'or faites en croissant; mais comme les commandants s'attribuent ces découvertes, et que, sous pretexte de les faire restituer, ils ruinent ceux qui les ont faites, les propriétaires s'efforcent d'en dérober la connaissance : ils fondent en secret les monnaies anciennes, où même ils les recachent par ce même esprit de crainte qui les fit enfouir dans les temps anciens, et qui indique la même tyrannie.

D'après la magnificence extraordinaire du temple de Balbek, on s'étonnera avec raison que les écrivains grecs et latins en aient si peu parlé. *Wood*, qui les a compulsés à ce sujet, n'en a trouvé de mention que dans un fragment de Jean d'Antioche, qui attribue la construction de cet édifice à l'empereur Antonin-le-Pieux. Les inscriptions qui subsistent sont conformes à cette opinion, et elle explique très-bien pourquoi l'ordre employé est le corinthien, puisque cet ordre ne fut bien usité que dans le troisième âge de Rome; mais l'on ne doit pas alléguer, pour la confirmer encore, l'oiseau sculpté sur la soffite : si son bec crochu, si ses grandes serres et le caducée qu'elles tiennent doivent le faire regarder comme un aigle, l'aigrette de sa tête, semblable à celle de certains pigeons, prouve qu'il n'est point l'aigle romain : d'ailleurs il se retrouve le même au temple de Palmyre, et par cette raison il s'annonce pour un aigle oriental, consacré au soleil, qui fut la divinité de ces deux temples. Son culte existait à Balbek dès la plus haute antiquité. Sa statue, semblable à celle d'Osiris, y avait été transportée d'*Héliopolis d'Égypte*. On l'y adorait avec des cérémonies que *Macrobe* décrit dans son livre curieux des *Saturnales* (1). Wood suppose, avec raison, que ce fut de ce culte que vint le nom de *Balbek*, qui signifie en syriaque *ville de Bal*, c'est-à-dire du *soleil*. Les Grecs, en disant *Héliopolis*, n'ont fait, comme en bien d'autres cas, qu'une traduction littérale de l'oriental. On ignore l'état que put avoir cette ville dans la haute antiquité; mais il est à présumer que sa position sur la route de *Tyr* à *Palmyre* lui donna quelque part au commerce de ces opulentes métropoles. Sous les Romains, au temps d'Auguste, elle est citée comme tenant garnison; et il reste sur le

---

(1) Il y appelle *Héliopolis* ville des *Assyriens*, par la confusion que les anciens font souvent de ce nom avec celui de *Syriens*.

mur de la porte du midi, à droite en entrant, une inscription qui en fait preuve ; car on y lit en lettres grecques : *Kenturia prima*. 140 ans après cette époque, Antonin y bâtit le temple actuel à la place de l'ancien, qui sans doute tombait en ruines ; mais le christianisme ayant pris l'ascendant sous Constantin, le temple moderne fut négligé, puis converti en église, dont il reste un mur qui masquait le sanctuaire de l'idole. Il subsista ainsi jusqu'à l'invasion des Arabes : il est probable qu'ils envièrent aux chrétiens une si belle possession. L'église moins fréquentée se dégrada : les guerres survinrent ; on en fit un lieu de défense ; l'on bâtit sur le mur de l'enceinte, sur les pavillons et aux angles, des créneaux qui existent encore ; et de ce moment, le temple, exposé au sort de la guerre, tomba rapidement en ruines.

L'état de la ville n'est pas moins déplorable ; le mauvais gouvernement des émirs de la maison de *Harfouche* lui avait déja porté des atteintes funestes ; le tremblement de 1759 acheva de la ruiner. Les guerres de l'émir Yousef et de Djezzâr ont encore aggravé sa situation ; de 5000 habitants que l'on y comptait en 1751, il n'en reste pas 1200, tous pauvres, sans industrie, sans commerce, et sans autres cultures que quelques cotons, quelques maïs et des pastèques. Dans toute cette partie, le sol est maigre, et continue d'être tel, soit en remontant au nord, soit en descendant au sud-est vers Damas.

CHAPITRE VI.

Du pachalic de Damas.

LE pachalic de *Damas*, quatrième et dernier de la Syrie, en occupe presque toute la partie orientale. Il s'étend au nord, depuis *Marra*, sur la route d'*Alep*, jusqu'à *Habroun*, dans le sud-est de la *Palestine :* la ligne de ses limites à l'ouest suit les montagnes des *Ansârié*, celles de l'Antiliban, le cours supérieur du Jourdain; puis traversant ce fleuve au pays de *Bisân*, elle enveloppe *Náblous*, *Jérusalem*, *Habroun*, et passe à l'orient dans le désert, où elle s'avance plus ou moins, selon que le pays est cultivable; mais en général elle s'y éloigne peu des dernières montagnes, à l'exception du canton de *Tadmour* ou *Palmyre*, vers lequel elle prend un prolongement de cinq journées.

Dans cette vaste étendue de pays, le sol et les produits sont variés; les plaines du *Hauran*, et celles des bords de l'Oronte sont les plus fertiles; elles rendent du froment, de l'orge, du doura, du sésame et du coton. Le pays de Damas et le haut *Beqââ*, sont d'un sol graveleux et maigre, plus propre aux fruits et au tabac qu'aux autres denrées. Toutes les montagnes sont attribuées aux oliviers, aux mûriers, aux fruits, et en plusieurs lieux aux vignes, dont les Grecs font du vin, et les Musulmans des raisins secs.

Le pacha jouit de tous les droits de sa place ; ils sont plus considérables que ceux d'aucune autre ; car outre la ferme générale et le commandement absolu, il est encore *conducteur* de la *caravane sacrée de la Mekke*, sous le nom très-respecté d'*émir-Hadj* (1). Les Musulmans attachent une si grande importance à cette *conduite*, que la personne d'un pacha qui s'en acquitte bien devient inviolable même pour le sultan ; il n'est plus permis de *verser son sang*. Mais le divan sait tout concilier ; et quand un tel homme encourt sa disgrace, il satisfait tout à la fois au littéral de la loi et à sa vengeance, en le faisant piler dans un mortier, ou étouffer dans un sac, ainsi qu'il y en a eu plusieurs exemples.

Le tribut du pacha au sultan n'est que de quarante-cinq bourses (cinquante-six mille deux cent cinquante livres) ; mais il est chargé de tous les frais du *Hadj*. On les évalue à six mille bourses, ou sept millions cinq cent mille livres. Ils consistent en provisions de blé, d'orge, de riz, etc., et en louage de chameaux qu'il faut fournir aux trou-

---

(1) La caravane de la Mekke porte exclusivement ce nom de *Hadj*, qui signifie *pèlerinage* : les autres se nomment simplement *Qafl*.

pes d'escorte, et à beaucoup de pèlerins. En outre, l'on doit payer dix-huit cents bourses aux tribus arabes qui sont sur la route, pour obtenir un libre passage. Le pacha se rembourse sur le *miri* ou impôt des terres, soit qu'il le perçoive lui-même, soit qu'il le sous-afferme, comme il arrive en plusieurs lieux. Il ne jouit pas des douanes; elles sont régies par le *deftardâr* ou maître des *registres*, pour être employées à la solde des janissaires et des gardes des châteaux qui sont sur la route de la Mekke. Le pacha hérite en outre de tous les pèlerins qui meurent en route; et cet article n'est pas sans importance, car l'on a observé que c'étaient toujours les plus riches. Enfin, il a son industrie, qui consiste à prêter à intérêt de l'argent aux marchands et aux laboureurs, et à en prendre à qui bon lui semble, à titre de *balse* ou d'*avanie*.

Son état militaire consiste en six ou sept cents janissaires, moins mal tenus et plus insolens qu'ailleurs; en autant de Barbaresques nus et pillards comme partout, et en huit à neuf cents *délibaches* ou *cavaliers*. Ces troupes, qui passent en Syrie pour un corps d'armée considérable, lui sont nécessaires, non-seulement pour l'escorte de la caravane, et pour réprimer les Arabes, mais encore contre ses propres sujets, pour la perception du miri. Chaque année, trois mois avant le départ du *Hadj*, il fait ce qu'on appelle la *tournée*; c'est-à-dire qu'escorté de ses troupes, il parcourt son vaste gouvernement, en faisant contribuer les villes et les villages. La liquidation se passe rarement sans troubles ; le peuple ignorant, excité par des chefs factieux, ou provoqué par l'injustice du pacha, se révolte souvent, et paie sa dette à coups de fusil ; les habitants de *Náblous*, de *Bethlem* et de *Habroun*, se sont fait en ce genre une réputation qui leur vaut des franchises particulières ; mais aussi, lorsque l'occasion se présente, on leur fait payer au décuple les intérêts et les dommages. Le pachalic de Damas, par sa situation, est plus exposé qu'aucun autre aux incursions des Arabes-Bedouins : cependant on observe qu'il est le moins ruiné de la Syrie. La raison qu'on en donne est qu'au lieu d'en changer fréquemment les pachas, comme elle fait ailleurs, la Porte le donne ordinairement à vie : dans ce siècle, on l'a vu occupé pendant cinquante ans par une riche famille de Damas, appelée *El-Adm*, dont un père et trois frères se sont succédé. *Asàd*, le dernier d'entre eux, dont nous avons parlé dans l'histoire de *Dáher*, l'a tenu quinze ans, pendant lesquels il a fait un bien infini. Il avait établi assez de discipline parmi ses soldats, pour que les paysans fussent à l'abri de leurs pillages. Sa passion était, comme à tous les gens en place de la Turkie, d'entasser de l'argent : mais il ne le laissait point oisif dans ses caisses ; et par une modération inouïe dans ce pays, il n'en retirait qu'un intérêt de six pour cent (1). On cite de lui un trait qui donnera une idée de son caractère : s'étant un jour trouvé dans un besoin d'argent, les délateurs qui environnent les pachas lui conseillèrent d'imposer une *avanie* sur les chrétiens et sur les fabricants d'étoffes. *Combien croyez-vous que cela puisse me rendre ?* dit Asàd : *Cinquante à soixante bourses,* lui répondirent-ils. *Mais*, répliqua-t-il, *ce sont des gens peu riches ; comment feront-ils cette somme ? Seigneur, ils vendront les joyaux de leurs femmes, et puis ce sont des chiens. — Je veux éprouver,* reprit le pacha, *si je serai plus habile avaniste que vous.* Dans le jour même il envoie ordre au mofti de venir le trouver secrètement et de nuit : le mofti arrivé, Asàd lui déclare « qu'il a appris que depuis long-» temps il mène dans sa maison une vie très-irré-» gulière ; que lui, chef de la loi, boit du vin et » mange du porc, contre les préceptes du *livre* » *très-pur ;* qu'il a résolu d'en faire part au mofti » de *Stamboul* (Constantinople), mais qu'il a voulu » l'en prévenir, afin qu'il n'eût point à lui repro-» cher de perfidie. » Le mofti, effrayé de cette menace, le conjure de s'en désister ; et comme chez les Turks on traite ouvertement les affaires, il lui promet un présent de mille piastres. Le pacha rejette l'offre ; le mofti double et triple la

---

(1) En Syrie et en Égypte l'intérêt ordinaire est de douze ou quinze pour cent ; souvent il va à vingt et trente.

somme; enfin ils s'accordent pour six mille piastres, avec engagement réciproque de garder un profond silence. Le lendemain *Asàd* fait appeler le qâdi, lui tient des propos semblables, lui dit qu'il est informé d'abus criants dans sa gestion; qu'il a connaissance de telle affaire, qui ne va pas moins qu'à lui faire couper la tête. Le qâdi confondu, implore sa clémence, négocie comme le mofti, s'accommode pour une somme pareille, et se retire fort content d'échapper à ce prix. Après le qâdi vint l'*ouäli*, puis le *naqib*, l'aga des janissaires, le *mohteseb*, et enfin les plus riches marchands turks et chrétiens. Chacun d'eux, pris pour les délits de son état, et surtout pour l'article des femmes, s'empressa d'en acheter le pardon par une contribution. Lorsque la somme totale fut rassemblée, le pacha se retrouvant avec ses *familiers*, leur dit : *Avez-vous entendu dire dans Damas qu'Asàd ait jeté une avanie ? Non, seigneur. — Comment se fait-il donc que j'aie trouvé près de deux cents bourses que voici ?* Les délateurs de se récrier, d'admirer, de demander quel moyen il avait pris. *J'ai tondu les beliers,* répondit-il, *plutôt que d'écorcher les agneaux et les chèvres.* Après quinze années de règne, cet homme fut enlevé au peuple de Damas par les suites d'une intrigue dont on raconte ainsi l'histoire : vers 1755, un eunuque noir du sérail allant en pèlerinage à la Mekke, prit l'hospitalité chez *Asàd;* mais peu content de l'accueil simple qu'il en reçut, il ne voulut point repasser par Damas, et il prit sa route par Gaze. *Hosein* pacha, qui commandait alors en cette ville, mit du faste à bien traiter l'eunuque. Celui-ci, de retour à Constantinople, n'oublia pas ses deux hôtes : pour satisfaire à la fois sa reconnaissance et son ressentiment, il résolut de perdre *Asàd*, et d'élever *Hosein* à sa place. Ses intrigues eurent tant de succès, que dès 1756, Jérusalem fut détachée de Damas, et donnée à *Hosein* à titre de pachalic. L'année suivante il obtint Damas même : Asàd déposé se retira dans le désert, avec les gens de sa maison, pour éviter une plus grande disgrace. Le temps de la caravane arriva : Hosein la conduisit, selon le droit de sa place ; mais au retour, ayant pris querelle avec les Arabes pour un paiement qu'il refusait, ils l'attaquèrent en force, battirent son escorte, et pillèrent complètement la caravane en 1757. A la nouvelle de ce désastre, ce fut dans l'empire une désolation comme à la perte d'une grande bataille; les familles de vingt mille pèlerins morts de soif, de faim, ou tués par les Arabes; les parents de nombre de femmes faites esclaves; les marchands intéressés à la cargaison dissipée, demandèrent vengeance de la lâcheté de l'émir *Hadj*, et du sacrilége des Bedouins. La Porte alarmée proscrivit d'abord la tête de Hosein ; mais il se cacha si bien, que l'on ne put le surprendre : du sein de sa retraite, travaillant de concert avec l'eunuque, son protecteur, il entreprit de se disculper; et il y parvint au bout de trois mois, en produisant à la Porte une lettre, vraie ou fausse, d'Asàd, par laquelle il parut que ce pacha avait excité les Arabes à le venger de Hosein. Alors la proscription se tourna contre Asàd, et l'on n'attendit plus que l'occasion de la mettre en exécution.

Cependant le pachalic restait vacant : Hosein flétri n'y pouvait reparaître. La Porte désirait de réparer son affront, et de rétablir la sûreté du pèlerinage : elle jeta les yeux sur un homme singulier, dont les mœurs et l'histoire méritent que j'en dise deux mots. Cet homme, appelé *Abd-Allah-el-Satadji*, était né près de Bagdad, dans une condition obscure. S'étant mis de bonne heure à la solde du pacha, il avait passé les premières années de sa vie dans les camps, à la guerre, et avait fait en qualité de simple cavalier toutes les campagnes de Perse, contre *Chah-Thamas-Koulikan*. La bravoure et l'intelligence qu'il y montra, l'élevèrent de grade en grade jusqu'au pachalic de Bagdad même. Revêtu de cet éminent emploi, il s'y comporta avec tant de fermeté et de prudence, qu'il rétablit dans le pays la paix étrangère et domestique. La vie simple et militaire qu'il continua de mener, ne lui faisant pas éprouver de grands besoins d'argent, il n'en amassa point; mais les grands officiers du sérail de Constantinople, à qui cette modération ne rendait rien, trouvèrent mauvais le désintéressement d'Abd-Allah, et ils n'attendirent qu'un prétexte pour le déplacer : ils le trouvèrent dans la retenue qu'Abd-Allah fit d'une somme de 100,000 livres, provenant de la succession d'un marchand. A peine le pacha l'eut-il touchée qu'on en exigea le paiement; en vain représenta-t-il qu'il en avait payé de vieilles soldes de troupes; en vain demanda-t-il du délai, le vizir ne l'en pressa que plus vivement; et sur un second refus, il dépêcha un eunuque noir, muni en secret d'un *kat-chérif*, pour lui couper la tête. L'eunuque, arrivé aux environs de Bagdad, feignit d'être un malade qui voyageait pour sa santé : en cette qualité, il fit saluer le pacha, et par forme de politesse, il le pria de lui permettre une visite. Abd-Allah, qui connaissait l'esprit turk, se méfia de tant d'honnêteté, et soupçonna quelque raison secrète. Son trésorier, non moins versé dans les usages, et très-attaché à sa personne, le confirma dans ses soupçons; pour acquérir des certitudes, il lui proposa de visiter le paquet de l'eunuque, pendant qu'il serait chez le pacha avec sa suite. Abd-Allah approuva l'expédient. A l'heure indiquée, le trésorier va dans la tente de l'eunuque, et il y fait une recherche si exacte, qu'il découvre le *kat-chérif* caché dans le revers d'une pelisse : aussitôt il vole vers le pacha, le fait avertir de passer un instant dans une pièce voisine, et lui remet la découverte (1). Abd-Allah, muni du fatal écrit, le cache dans son sein, et rentre dans l'appartement; puis reprenant d'un air tranquille la conversation avec l'eunuque : « Plus j'y pense, dit-il, seigneur aga, plus je m'étonne de votre voyage en ce pays. Bagdad est si loin de Stamboul; notre air est si peu vanté, que j'ai peine à croire que vous ne veniez nous demander que de la santé. Il est vrai, reprit l'aga, que je suis aussi chargé de vous demander en passant quelque à-compte des 100,000 livres. Passe encore, reprit le pacha; mais tenez, ajouta-t-il d'un air décidé, avouez que vous venez aussi pour ma tête. Écoutez; vous me connaissez de réputation; vous savez ce que vaut ma parole; je vous la donne : si vous me faites un aveu sincère, je vous relâcherai sans vous faire le moindre mal. » Alors l'eunuque commençant une longue défense, protesta qu'il venait sans *noires* intentions. *Par ma tête!* dit Abd-Allah, *avouez-moi la vérité.* L'eunuque continua sa défense. — *Par votre tête.* Il nia encore. *Prenez-y garde.* Par celle *du sultan.* Il persista encore. — *Allons,* dit Abd-Allah, c'en est fait, *tu as prononcé ton arrêt;* et tirant le *kat-chérif : Reconnais-tu ce papier ?* « Voilà comme vous vous gouvernez là-« bas : oui, vous êtes une troupe de scélérats qui

---

(1) Je tiens ces faits d'un homme qui a connu particulièrement ce trésorier, et vu Abd-Allah à Jérusalem.

« vous jouez de la vie de quiconque vous déplaît,
« et qui vous livrez de la main à la main le sang
« des serviteurs du sultan. Il faut des têtes au
« vizir : il en aura une; qu'on la coupe à ce chien,
« et qu'on l'envoie à Constantinople. » Sur-le-
champ l'ordre fut exécuté; et la suite de l'aga con-
gédiée partit avec sa tête. Après ce coup, Abd-
Allah eût pu profiter de la faveur du pays pour se
révolter : il préféra de passer chez les Kourdes.
Ce fut là que vint le trouver l'amnistie du sultan,
et l'ordre de passer au pachalic de Damas. Il s'en-
nuyait dans son exil; il n'avait plus d'argent; il
accepta la commission, et partit avec 100 hommes
qui suivirent sa fortune. En arrivant aux frontières
de son gouvernement, il apprit qu'Asàd était
campé dans un lieu voisin; il en avait entendu
parler comme du plus grand homme de la Syrie;
il désirait de le voir. Il se déguisa; et suivi de six
cavaliers, il se rendit à son camp, et demanda à
lui parler : on l'introduisit, selon l'usage de ces
camps, sans beaucoup de cérémonies. Après le salut, Asàd lui demande où il va, et d'où il vient;
Abd-Allah répond qu'ils sont six à sept cavaliers
kourdes qui cherchent du service; qu'ils savent
que *Satadji* vient à Damas; qu'ils vont le trouver;
mais qu'ayant appris en passant, que lui Asàd
était campé dans le voisinage, ils sont venus lui
demander une ration. Volontiers, dit Asàd; mais
connaissez-vous *Satadji?* — Oui. — Quel homme

est-ce? Aime-t-il l'argent?—Non. *Satadji* ne s'embarrasse ni d'argent, ni de pelisses, ni de châles, ni de perles, ni de femmes; il n'aime que les bonnes armes de fer, les bons chevaux et la guerre. Il chérit la justice, protége la veuve et l'orphelin, lit le Qôran, vit de beurre et de laitage. — Est-il âgé? dit Asàd. — Moins qu'il ne paraît : la fatigue l'a prématuré : il est couvert de blessures, il a reçu un coup de sabre qui le fait boiter de la jambe gauche; un autre lui fait porter le cou sur l'épaule droite. Tenez, dit-il en se levant debout, depuis les pieds jusqu'à la tête c'est mon portrait. A ce mot, Asàd pâlit et se crut perdu; mais Abd-Allah se rasseyant, lui dit : *Frère*, rassure-toi; je ne suis pas un messager de l'antre des voleurs : je ne viens point pour te trahir : au contraire, si je puis t'être bon à quelque chose, emploie-moi, car nous sommes tous deux au même rang chez nos maîtres; ils m'ont rappelé, parce qu'ils veulent châtier les Bedouins. Quand ils auront satisfait leur vengeance de ce côté, ils en reviendront à ma tête. *Dieu est grand : il en arrivera ce qu'il a décrété.*

Abd-Allah se rendit dans ces sentiments à Damas; il y rétablit le bon ordre, il réprima les vexations des gens de guerre, et conduisit la caravane le sabre à la main, sans payer une piastre aux Arabes : pendant son administration, qui dura deux ans, le pays jouit de la plus parfaite tranquillité. On dormait les portes ouvertes, disent encore les habitants de Damas. Lui-même, souvent déguisé en mendiant, voyait par ses yeux; les traits de justice qui lui échappaient quelquefois sous ce déguisement, avaient établi une circonspection salutaire : on aime encore aujourd'hui à en citer quelques-uns. Par exemple, on rapporte qu'étant à Jérusalem dans sa tournée, il avait défendu à ses soldats de rien prendre, ni de commander sans salaire. Un jour qu'il rôdait déguisé en pauvre, tenant un petit plat de lentilles à la main, un soldat qui portait un fagot, l'obligea de s'en charger; après quelque résistance, il le mit sur son dos, et commença de marcher devant le délibache, qui le pressait en jurant. Un autre soldat reconnut le pacha, et fit signe à son camarade. Celui-ci de fuir et de s'échapper par des rues de traverse. Après quelques pas, Abd-Allah n'entendant plus son homme, se retourna, et fâché d'avoir manqué son coup, il ne put s'empêcher de jeter son faix à terre, en disant : Le coquin, il est si mauvais sujet qu'il a emporté mon salaire et mon plat de lentilles. Mais il ne le porta pas loin; car peu de jours après, le pacha le surprit à voler dans un jardin les légumes d'une pauvre femme qu'il maltraitait, et sur-le-champ il lui fit couper la tête.

Quant à lui, il ne put éviter le sort qu'il avait prévu : après avoir échappé plus d'une fois à des assassins apostés, il fut empoisonné par son neveu. Il s'en aperçut avant de mourir, et l'ayant fait appeler : Malheureux ! lui dit-il, les scélérats t'ont séduit ; tu m'as empoisonné pour profiter de ma dépouille : je pourrais avant de mourir tromper ton espoir et punir ton ingratitude ; mais je connais les Turks ; ils se chargeront de ma vengeance. En effet, à peine Satadji fut-il mort, qu'un capidji montra un ordre d'étrangler le neveu ; ce qui fut exécuté. Toute l'histoire des Turks prouve qu'ils aiment la trahison, mais qu'ils punissent toujours les traîtres. Depuis Abd-Allah, le pachalic de Damas a passé successivement à *Seliq*, à *Osman*, à *Mohammed*, et à *Darouich*, fils d'Osman, qui l'occupait en 1784. Cet homme, qui n'a pas les talents de son père, en a retenu le caractère tyrannique ; en voici un trait digne d'être cité : Au mois de novembre 1784, un village de chrétiens grecs, près de Damas, qui avait acquitté le miri, fut sommé de le payer une seconde fois. Les chaiks réclamant le registre qui constatait l'acquit, s'y refusèrent. Une des nuits suivantes, un parti de soldats assaillit le village, et tua trente-une personnes. Des malheureux paysans consternés portèrent les têtes à Damas, et implorèrent la justice du pacha. Après les avoir entendus, *Darouich* leur dit de déposer ces têtes dans l'église grecque, en attendant qu'il fît des recherches. Trois jours se passèrent ; les têtes se corrompirent ; on voulut les enterrer; mais pour cet effet, il fallait une permission du pacha, et on ne l'obtint qu'au prix de 40 bourses (50,000 livres).

Depuis un an (en 1785), Djezzâr profitant du crédit que son argent lui donne à la Porte, a dépossédé Darouich, et commande aujourd'hui à Damas; il aspire, dit-on, à y joindre Alep. Il semblerait que le divan dût lui refuser cet agrandissement qui le rendrait maître de toute la Syrie; mais outre que les affaires des Russes ne laissent pas le divan libre dans ses opérations, il s'inquiète peu des révoltes de ses préposés : une expérience constante lui a appris qu'ils retombent toujours dans ses filets. Djezzâr n'est pas propre à faire exception; car quoiqu'il ne manque pas de talents, et surtout de ruse (1), ce n'est pas un esprit capable d'imaginer ou d'exécuter un grand plan de révolution. La route qu'il suit est celle de tous ses prédécesseurs : il ne s'occupe du bien public qu'autant qu'il rentre dans ses intérêts particuliers. La mosquée qu'il a bâtie à Acre, est un monument de pure vanité, qui a consommé sans aucun fruit 3,000,000 de France: son bazar est plus utile sans doute; mais avant de songer au marché où se vendent les denrées, il eût fallu songer à la terre qui les produit : à une portée de fusil d'Acre, l'agri-

---

(1) Le baron de Tott appelle Djezzâr un *lion* : je crois qu'il le définirait bien mieux en l'appelant un *loup*.

culture est languissante. La plupart de ses dépenses sont pour ses jardins, pour ses bains, pour ses femmes blanches : il en possédait dix-huit en 1784 : et ces femmes sont d'une luxe dévorant. Maintenant que la satiété et l'âge surviennent, il prend la manie d'entasser de l'argent : cette avarice aliène ses soldats, et sa dureté lui fait des ennemis jusque dans sa maison. Déja deux de ses pages ont tenté de l'assassiner : il a eu le bonheur d'échapper à leurs pistolets ; mais la fortune se lassera : il lui arrivera, comme à tant d'autres, d'être quelque jour surpris, et il n'aura recueilli de tant de soins à thésauriser, que d'avoir excité la cupidité de la Porte et la haine du peuple. Venons aux lieux remarquables de ce pachalic.

D'abord se présente la ville même de Damas, capitale et résidence des pachas. Les Arabes l'appellent *el-châm*, selon leur usage de donner le nom d'un pays à sa capitale. L'ancien nom oriental de *Demechq* n'est connu que des géographes. Cette ville est située dans une vaste plaine ouverte au midi et à l'est, du côté du désert, et serrée à l'ouest et au nord par des montagnes qui bornent d'assez près la vue. En récompense, il vient de ces montagnes une quantité de ruisseaux qui font du territoire de Damas, le lieu le mieux arrosé et le plus délicieux de la Syrie. Les Arabes n'en parlent qu'avec enthousiasme ; et ils ne cessent de vanter la verdure et la fraîcheur des vergers, l'abondance et la variété des fruits, la quantité des courants d'eaux vives, et la limpidité des jets d'eau et des sources. C'est aussi le seul lieu où il y ait des maisons de plaisance isolées et en rase campagne : les naturels doivent mettre d'autant plus de prix à tous ces avantages, qu'ils sont plus rares dans les contrées environnantes. Du reste, le sol maigre, graveleux et rougeâtre, est peu propre aux grains; mais cette qualité tourne au profit des fruits, dont les sucs sont plus savoureux. Nulle ville ne compte autant de canaux et de fontaines. Chaque maison a la sienne. Toutes ces eaux sont fournies par trois ruisseaux, ou par trois branches d'une même rivière qui, après avoir fertilisé des jardins pendant trois lieues de cours, va se rendre au sud-est dans un bas-fond du désert, où elle forme un marais appelé *Behairat el Mardj*, c'est-à-dire *lac du Pré*.

Avec une telle situation l'on ne saurait disputer à Damas d'être une des plus agréables villes de la Turkie; mais il lui reste quelque chose à désirer pour la salubrité. On se plaint avec raison que les eaux blanchâtres de la *Barrâdé* sont froides et dures; on observe que les Damasquins sont sujets aux obstructions; que le blanc de leur peau est plutôt un blanc de convalescence que de santé; enfin, que l'abus des fruits, et surtout des abricots, y produit tous les étés et les automnes des fièvres intermittentes et des dyssenteries.

L'étendue de Damas consiste beaucoup plus en longueur qu'en largeur. Niebuhr, qui en a levé le plan géométrique, lui donne trois mille deux cent cinquante toises, c'est-à-dire, un peu moins d'une lieue et demie de circuit. En jugeant sur cette mesure par comparaison avec Alep, je suppose que Damas contient 40,000 habitans. La majeure partie est composée d'Arabes et de Turks ; on estime que le nombre des chrétiens passe 15,000, dont les deux tiers sont schismatiques. Les Turks ne parlent point du peuple de Damas sans observer qu'il est le plus méchant de l'empire ; l'Arabe, en jouant sur les mots, en a fait ce proverbe : *Châmi, choûmi ; Damasquin, méchant ;* on dit au contraire du peuple d'Alep, *Halabi, tchelebi ; Alepin, petit-maître.* Par une distinction fondée sur le culte, on ajoute que les chrétiens y sont plus vils et plus fourbes qu'ailleurs ; sans doute parce que les Musulmans y sont plus fanatiques et plus insolens ; ils ont le même caractère que les habitans du Kaire ; comme eux, ils détestent les Francs. L'on ne peut aller à Damas vêtu à l'européenne ; nos négocians n'ont pu y former d'établissemens ; l'on n'y trouve que deux missionnaires capucins, et un médecin non avoué.

Cette intolérance des Damasquins est surtout entretenue par leur liaison avec la Mekke. Leur ville, disent-ils, est une ville sainte en qualité de porte de la *Kiâbé* ; en effet, c'est à Damas que se rassemblent tous les pèlerins du nord de l'Asie, comme au Kaire ceux de l'Afrique. Chaque année le nombre s'en élève depuis 30 jusqu'à 50,000; plusieurs s'y rendent quatre à cinq mois d'avance; la plupart n'arrivent qu'à la fin du Ramadan. Alors Damas ressemble à une foire immense; l'on ne voit qu'étrangers de toutes les parties de la Turkie, et même de la Perse; tout est plein de chameaux, de chevaux, de mulets et de marchandises. Après quelques jours de préparatifs, toute cette foule se met confusément en marche, et faisant route par la frontière du désert, elle arrive en quarante jours à la Mekke, pour la fête du *Bairâm*. Comme cette caravane traverse le pays de plusieurs tribus arabes indépendantes, il a fallu faire des traités avec les Bedouins, leur accorder des droits de passage, et les prendre pour guides. Souvent il y a des disputes entre les chaiks à ce sujet; le pacha en profite pour améliorer son marché. Ordinairement la préférence est dévolue à la tribu de *Sardié*, qui campe au sud de Damas, le long du *Hauran*; le pacha envoie au chaik une masse d'armes, une tente et une pelisse, pour lui signifier qu'il le prend pour *chef de conduite*. De ce moment, ce chaik est chargé de fournir des chameaux à un prix convenu; il les tire de sa tribu et de celles de ses alliés, moyennant un louage également convenu; on ne lui répond d'aucun dommage, et toute perte par accident est pour son compte. Année commune, il périt dix mille chameaux; ce qui fait un objet de consommation très-avantageux aux Arabes.

Il ne faut pas croire que le motif de tant de frais et de fatigues soit uniquement la dévotion. L'intérêt pécuniaire y a une part encore plus considérable. La caravane est le moyen d'exploiter une branche de commerce très-lucrative. Presque tous les pèlerins en font un objet de spéculations. En partant de chez eux, ils se chargent de marchandises qu'ils vendent sur la route; l'or qui en provient, joint à celui dont ils se sont munis chez eux, est transporté à la Mekke, et là s'échange contre les mousselines et les indiennes du *Malabar* et du *Bengale*, les châles de *Kachemire*, l'aloès de *Tunkin*, les diamants de *Golconde*, les perles de *Bahrain*, quelque peu de poivre, et beaucoup de café d'*Yémen*. Quelquefois les Arabes du désert trompent l'espoir du marchand, en pillant les traîneurs, en enlevant des portions de caravane. Mais ordinairement les pèlerins reviennent à bon port; et alors leurs profits sont considérables. Dans tous les cas ils se paient par la vénération qui est attachée au titre de *Hadji* (pèlerin), et par le plaisir de vanter à leurs compatriotes les merveilles de la Kiâbé et du mont Arafât, de parler avec emphase de la prodigieuse foule des pèlerins et de la quantité des victimes, le jour du *Bairâm*; des fatigues qu'ils ont essuyées, des figures extraordinaires des Bedouins, et du désert sans eau, et du tombeau du prophète à Médine, qui n'est ni suspendu par un aimant, ni l'objet principal du pèlerinage. Ces récits faits au loin, produisent leur effet ordinaire, c'est-à-dire, qu'ils excitent l'admiration et l'enthousiasme des auditeurs, quoique de l'aveu des pèlerins sincères, il n'y ait rien de plus misérable que ce voyage ; aussi cette admiration passagère n'a pas empêché d'établir un proverbe peu honorable pour ces pieux voyageurs : *Défie-toi de ton voisin*, dit l'Arabe, *s'il a fait un Hadj ; mais s'il en a fait deux, hâte-toi de déloger* ; et en effet, l'expérience a prouvé que la plupart des dévots de la Mekke ont une insolence et une mauvaise foi particulière, comme s'ils voulaient se venger d'avoir été dupes, en se faisant fripons.

Au moyen de cette caravane, Damas est le centre d'une circulation très-étendue. Par Alep, elle communique à l'*Arménie*, à l'*Anatolie*, au *Diarbekr*, et même à la *Perse*. Elle envoie au Kaire des caravanes qui, suivant une route fréquentée dès le temps des patriarches, marchent par Djesr-Yaqoub, Tabarié, Nâblous et Gaze. Elle reçoit des marchandises de Constantinople et d'Europe par Saide et Bâirout. Ce qui se consomme dans son enceinte est acquitté avec les étoffes de soie et de coton qui s'y fabriquent en quantité et avec assez d'art; avec les fruits secs de son territoire, et les pâtes sucrées de rose, d'abricot, de pêche, etc., dont la Turkie consomme pour près d'un million : le reste, traité par échanges, verse en passant un argent considérable, soit par les droits de douane, soit par le salaire que les marchands s'attribuent pour leur entremise. L'existence de ce commerce dans ces cantons, est de la plus haute antiquité. Il y a suivi diverses routes, selon les circonstances des gouvernements et des lieux ; partout il a constamment produit sur ses pas une opulence dont les traces ont survécu à sa propre destruction. Le pachalic dont nous traitons, offre un monument en ce genre trop remarquable pour être passé sous silence. Je veux parler de *Palmyre*, si connue dans le troisième âge de Rome par le rôle brillant qu'elle joua dans les démêlés des Parthes et des Romains, par la fortune d'Odénat et de Zénobie, par leur chute et par sa propre ruine sous Aurélien. Depuis cette époque, son nom avait laissé un beau souvenir dans l'histoire; mais ce n'était qu'un souvenir; et faute de connaître en détail les titres de sa grandeur, l'on n'en avait que des idées confuses; à peine même les soupçonnait-on en Europe, lorsque sur la fin du siècle dernier, des négociants anglais d'Alep, las d'entendre les Bedouins parler des ruines immenses qui se trouvaient dans le désert, résolurent d'éclaircir les récits prodigieux qu'on leur en faisait. Une première tentative, en 1678, ne fut pas heureuse; les Arabes les dépouillèrent complétement, et ils furent obligés de revenir sans avoir rempli leur objet. Ils reprirent courage en 1691, et parvinrent enfin à voir les monuments indiqués. Leur relation, publiée dans les Transactions philosophiques, trouva beaucoup d'incrédules et de réclamateurs : on ne pouvait ni concevoir, ni se persuader comment, dans un lieu si écarté de la terre habitable, il avait pu subsister une ville aussi magnifique que leurs dessins l'attestaient. Mais depuis que le chevalier *Dákins* (Dawkins), anglais, a publié, en 1753, les plans détaillés qu'il en avait lui-même pris sur les lieux en 1751, il n'y a plus eu lieu de douter, et il a fallu reconnaître que l'antiquité n'a rien laissé, ni dans la Grèce, ni dans l'Italie, qui soit comparable à la magnificence des ruines de Palmyre.

Je vais citer le précis de la relation de M. *Oûd* (Wood), associé et rédacteur du voyage de *Dákins* (1).

« Après avoir appris à Damas que *Tadmour* ou « *Palmyre* dépendait d'un aga résidant à *Hassiá*, « nous nous rendîmes en quatre jours à ce village, « qui est situé dans le désert, sur la route de Da-

---

(1) *Ruines de Palmyre*, 1 vol. in-fol. de cinquante planches gravées à Londres, en 1753, et publiées par Robert Wood.

« mas à Alep. L'aga nous reçut avec cette hospi-
« talité qui est si commune dans ce pays-là parmi
« les gens de toute condition; et quoique extrê-
« mement surpris de notre curiosité, il nous donna
« les instructions nécessaires pour la satisfaire le
« mieux qu'il se pourrait. Nous partîmes de Hássiâ
« le 13 mars 1751, avec une escorte des meil-
« leurs cavaliers arabes de l'aga, armés de fusils
« et de longues piques; et nous arrivâmes quatre
« heures après à *Sodoud*, à travers une plaine sté-
« rile qui produisait à peine de quoi brouter à des
« gazelles que nous y vîmes en quantité. *Sodoud*
« est un petit village habité par des chrétiens Ma-
« ronites. Cet endroit est si pauvre, que les mai-
« sons en sont bâties en terre séchée au soleil.
« Les habitants cultivent autour du village autant
« de terre qu'il leur en faut simplement pour leur
« subsistance, et ils font de bon vin rouge. Après
« dîner, nous reprîmes notre route, et nous ar-
« rivâmes en trois heures à *Haouaraín*, village
« turk où nous couchâmes. *Haouaraín* a la même
« apparence de pauvreté que *Sodoud*; mais nous
« y trouvâmes quelques ruines, qui font voir que
« cet endroit a été autrefois plus considérable.
« Nous remarquâmes un village voisin entière-
« ment abandonné de ses habitants; ce qui arrive
« fréquemment dans ce pays-là : quand le produit
« des terres ne répond pas à la culture, les habi-
« tants les quittent pour n'être pas opprimés.

10.

« Nous partîmes de *Haouarain* le 13, et nous ar-
« rivâmes en trois heures à *Qariatain*, tenant tou-
« jours la direction est-quart-sud-est. Ce village
« ne diffère des précédents, qu'en ce qu'il est un
« peu plus grand : on jugea à propos de nous y
« faire passer le reste du jour, pour nous prépa-
« rer, ainsi que nos bêtes de charge, à la fatigue
« du reste de notre voyage ; car, quoique nous
« pussions l'achever en moins de 24 heures, il
« fallait faire ce trajet tout d'une traite, n'y ayant
« point d'eau dans cette partie du désert. Nous
« laissâmes *Qariatain* le 13, étant aux environs
« de 200 personnes qui, avec le même nombre
« d'ânes, de mulets et de chameaux, faisaient un
« mélange assez grotesque. Notre route était un
« peu au nord-quart-nord-est, à travers une plaine
« sablonneuse et unie, d'à peu près trois lieues
« et demie de largeur, sans arbres ni eau, et bor-
« née à droite et à gauche par une chaîne de mon-
« tagnes stériles qui semblaient se joindre environ
« deux tiers de lieue avant que nous arrivassions
« à *Palmyre*. . . . . .

« Le 14 à midi, nous arrivâmes au lieu où les
« montagnes semblaient se joindre : il y a entre
« elles une vallée où l'on voit encore les ruines
« d'un aqueduc qui portait autrefois de l'eau à
« *Palmyre*; à droite et à gauche, sont des tours
« carrées d'une hauteur considérable. En appro-
« chant de plus près, nous trouvâmes que c'étaient

« les anciens sépulcres des *Palmyréniens*. A peine
« eûmes-nous passé ces monuments vénérables,
« que les montagnes se séparant des deux côtés,
« nous découvrîmes tout à la fois la plus grande
« quantité de ruines que nous eussions jamais
« vue (1); et derrière ces mêmes ruines, vers l'Eu-
« phrate, une étendue de plat pays à perte de vue,
« sans le moindre objet animé. Il est presque im-
« possible de s'imaginer rien de plus étonnant.
« Un si grand nombre de piliers corinthiens, avec
« si peu de murs et de bâtiments solides, fait
« l'effet le plus romanesque que l'on puisse voir. »
Tel est le récit de *Wood*.

Sans doute la sensation d'un pareil spectacle ne se transmet point; mais afin que le lecteur s'en fasse l'idée la plus rapprochée, je joins ici le dessin de la perspective. Pour en bien concevoir tout l'effet, il faut suppléer par l'imagination aux proportions. Il faut se peindre cet espace si resserré, comme une vaste plaine, ces fûts si déliés, comme des colonnes dont la seule base surpasse la hauteur d'un homme; il faut se représenter que cette file de colonnes debout occupe une étendue de plus de 1300 toises, et masque une foule d'autres édifices cachés derrière elle. Dans cet espace, c'est tantôt un palais dont il ne reste que les cours et les murailles; tantôt un temple dont le

---

(1) Quoique ces voyageurs eussent visité la *Grèce* et l'*Italie*.

péristyle est à moitié renversé ; tantôt un portique, une galerie, un arc de triomphe : ici, les colonnes forment des groupes dont la symétrie est détruite par la chute de plusieurs d'entre elles ; là, elles sont rangées en files tellement prolongées, que, semblables à des rangs d'arbres, elles fuient sous l'œil dans le lointain, et ne paraissent plus que des lignes accolées. Si de cette scène mouvante la vue s'abaisse sur le sol, elle y en rencontre une autre presque aussi variée : ce ne sont de toutes parts que fûts renversés, les uns entiers, les autres en pièces, ou seulement disloqués dans leurs articulations ; de toutes parts la terre est hérissée de vastes pierres à demi enterrées, d'entablements brisés, de chapiteaux écornés, de frises mutilées, de reliefs défigurés, de sculptures effacées, de tombeaux violés, et d'autels souillés de poussière. La table suivante rendra un compte plus détaillé des principaux objets de la gravure.

A, est un château turk, désormais abandonné.

B, un sépulcre.

C, une fortification turke ruinée.

D, un sépulcre où commence une suite de colonnes qui s'étend jusqu'à R, dans un espace de plus de 600 toises.

E, édifice supposé construit par Dioclétien.

F, ruines d'un sépulcre.

G, colonnes disposées en péristyle de temple.

h, grand édifice dont il ne reste que quatre colonnes.

I, ruines d'une église chrétienne.

K, file de colonnes qui semblent avoir appartenu à un portique, et qui aboutissent aux quatre piédestaux suivants.

L, quatre grands piédestaux.

m, cellule ou cage d'un temple, avec une partie de son péristyle.

N, petit temple.

O, foule de colonnes qui ont une fausse apparence de cirque.

P, quatre superbes colonnes de granit.

Q, colonnes disposées en péristyle de temple.

R, arc auquel aboutit la colonnade qui commence en D.

S, grande colonne.

T, mosquée turke ruinée, avec son minaret.

U, grosse colonne, dont la plus grande partie, avec son entablement, est tombée.

V, petits enclos de terre où les Arabes cultivent des oliviers et du grain.

X, temple du Soleil.

Y, tour carrée, bâtie par les Turks sur l'emplacement du portique.

z z, mur qui formait l'enceinte de la cour du temple.

W, sépulcres semés dans la vallée, hors des murs de la ville.

Il faut voir dans les planches mêmes de *Wood*, les développements de ces divers édifices, pour sentir à quel degré de perfection étaient parvenus les arts dans ces temps reculés. L'architecture avait surtout prodigué ses richesses, et déployé sa magnificence dans le temple du Soleil, divinité de Palmyre. L'enceinte carrée de la cour qui l'enferme, a 679 pieds sur chaque face. Le long de cette enceinte, régnait intérieurement un double rang de colonnes : au milieu de l'espace vide, le temple présente encore une façade de 47 pieds, sur un flanc de 124; tout autour règne un péristyle de 41 colonnes; par un cas extraordinaire, la porte répond au couchant et non à l'orient. La soffite de cette porte, tombée par terre, offre un zodiaque dont les signes sont les mêmes que les nôtres : une autre soffite porte un oiseau de la même forme que celui de Balbek, placé sur un fond semé d'étoiles. Il est remarquable pour les historiens, que la façade du portique a 12 colonnes, comme celle de Balbek : mais il est encore plus remarquable pour les artistes, que ces deux façades ressemblent à la colonnade du Louvre, bâtie par Perrault avant l'existence des dessins qui nous les ont fait connaître; la seule différence est que les colonnes du Louvre sont accouplées, au lieu que celles de Balbek et de Palmyre sont isolées.

Il est dans la cour de ce même temple un autre spectacle plus intéressant pour un philosophe :

c'est de voir sur ces ruines sacrées de la magnificence d'un peuple puissant et poli, une trentaine de huttes de terre, où habitent autant de familles de paysans qui ont tout l'extérieur de la misère. Voilà à quoi se réduit la population actuelle d'un lieu jadis si fréquenté. Toute l'industrie de ces Arabes se borne à cultiver quelques oliviers et le peu de blé qu'il leur faut pour vivre; toutes leurs richesses se réduisent à quelques chèvres et à quelques brebis qu'ils font paître dans le désert; toutes leurs relations consistent en de petites caravanes qui leur viennent cinq ou six fois par an de *Homs*, dont ils dépendent : peu capables de se défendre de la violence, ils sont obligés de payer de fréquentes contributions aux Bedouins, qui les vexent ou les protégent. « Leur corps est sain et bien
« fait, ajoutent les voyageurs anglais; et la rareté
« des maladies parmi eux, prouve que l'air de
« Palmyre mérite l'éloge qu'en fait *Longin*, dans
« son épître à *Porphyre*. Il y pleut rarement, si ce
« n'est au temps des équinoxes, où il arrive aussi
« de ces ouragans de sable, si dangereux dans le
« désert. Le teint de ces Arabes est très-hâlé par
« la grande chaleur; mais cela n'empêche pas que
« les femmes n'aient de beaux traits. Elles sont
« voilées comme dans tout l'Orient; mais elles ne
« se font pas tant de scrupule qu'ailleurs de lais-
« ser voir leur visage; elles se teignent le bout
« des doigts en roux (avec du *henné*), les lèvres

« en bleu, les sourcils en noir; et elles portent
« aux oreilles et au nez de gros anneaux d'or ou
« de cuivre. »

L'on ne peut voir tant de monuments d'industrie et de puissance, sans demander quel fut le siècle qui les vit se développer, quelle fut la source des richesses nécessaires à ce développement; en un mot, quelle est l'histoire de Palmyre, et pourquoi elle se trouve située si singulièrement, étant en quelque sorte une île séparée de la terre habitable, par une mer de sables stériles. Les voyageurs que j'ai cités, ont fait sur ces questions des recherches intéressantes, mais trop longues pour être rapportées dans cet ouvrage : il faut lire dans le leur, comment ils distinguent à Palmyre deux genres de ruines, dont les unes appartiennent à des temps très-reculés, et ne sont que des débris informes; les autres, qui sont les monuments subsistants, appartiennent à des siècles plus modernes. On y verra comment, se fondant sur le genre d'architecture qui y est employé, ils en assignent la construction aux trois siècles qui précédèrent Dioclétien, dans lesquels l'ordre corinthien fut préféré à tous les autres. Ils démontrent par des raisonnements pleins de sagacité, que Palmyre, située à trois journées de l'Euphrate, dut toute sa fortune à l'avantage d'être sur l'une des routes du grand commerce qui a de tout temps existé entre l'Euphrate et l'Inde; enfin ils constatent qu'elle acquit son plus grand accroissement lorsque, devenue barrière entre les Romains et les Parthes, elle eut l'art de se maintenir neutre dans leurs démêlés, et de faire servir le luxe de ces puissants empires à sa propre opulence.

De tout temps, Palmyre fut un entrepôt naturel pour les marchandises qui venaient de l'Inde par le golfe Persique, et qui de là, remontant par l'Euphrate ou par le désert, allaient, dans la Phénicie et l'Asie mineure, se répandre chez des nations qui en furent toujours avides. Ce commerce dut y fixer dès les siècles les plus reculés un commencement de population, et en faire une place importante quoique encore peu célèbre. Les deux sources d'eau douce (1) que son sol possède, furent surtout un attrait puissant d'habitation dans ce désert aride et sec partout ailleurs. Ce furent sans doute ces deux motifs qui attirèrent les regards de Salomon, et qui engagèrent ce prince commerçant à porter ses armes jusqu'à cette limite si reculée de la Judée. « Il y construisit de « bonnes murailles, dit l'historien Josèphe (2), « pour s'en assurer la possession, et il l'appela *Tad-*

---

(1) Ces eaux sont chaudes et soufrées; mais les habitants qui, hors de là, n'en ont que des saumâtres, les trouvent bonnes; et du moins elles sont salubres.

(2) *Antiq. Jud.* lib. 8, c. 6.

« *mour*, qui signifie lieu de palmiers. » L'on a voulu inférer de ce récit que Salomon en fut le premier fondateur; mais l'on en doit plutôt conclure que déjà ce lieu avait une importance connue. Les palmiers qu'il y trouva ne sont l'arbre que des pays habités : dès avant Moïse, les voyages d'Abraham et de Jacob, de la Mésopotamie dans la Syrie, indiquent entre ces contrées des relations qui devaient animer Palmyre. La cannelle et les perles mentionnées au temps du législateur des Hébreux, attestent une communication avec l'Inde et le golfe Persique, qui devait suivre l'Euphrate, et passer encore à Palmyre. Aujourd'hui que ces siècles sont éloignés, et que la plupart des monuments ont péri, l'on raisonne mal sur l'état de ces contrées à ces époques, et on le saisit d'autant moins bien, que l'on admet comme faits historiques des faits antérieurs qui ont un caractère tout différent; cependant, si l'on observe que les hommes de tous les temps sont unis par les mêmes intérêts et les mêmes jouissances, l'on jugera qu'il a dû s'établir de très-bonne heure des relations de commerce de peuple à peuple, et que ces relations ont dû être à peu près les mêmes qui se retrouvent dans les temps postérieurs et mieux connus. D'après ce principe, en ne remontant pas au delà du siècle de Salomon, l'invasion de Tadmour par ce prince est un fait qui décèle une foule de rapports et de conséquences. Le roi de Jérusalem n'eût porté son attention sur un poste si éloigné, si isolé, sans un puissant motif d'intérêt. Cet intérêt n'a pu être que celui d'un grand commerce, dont ce lieu était déjà l'entrepôt, dont l'Inde était un des objets éloignés, dont le golfe Persique était le principal foyer. Divers faits combinés concourent surtout à indiquer ce dernier article : bien plus, ils conduisent nécessairement à reconnaître le golfe Persique pour le centre du commerce de cet *Ophir* sur lequel on a bâti tant de mauvaises hypothèses. En effet, n'est-ce pas dans ce golfe que les Tyriens entretinrent dès les siècles reculés un commerce, et eurent des possessions dont les îles de *Tyrus* et *Aradus* restèrent les monuments ? Si Salomon rechercha l'alliance de ces Tyriens, s'il eut besoin de leurs pilotes pour guider ses vaisseaux, le but du voyage ne dut-il pas être les lieux qu'ils fréquentaient déjà, où ils se rendaient par leurs ports de *Phœnicum oppidum*, sur la mer Rouge, et peut-être de *Tor*, dont le nom semble une trace du leur ? Les perles qui furent un des principaux articles du commerce de Salomon, ne sont-elles pas le produit presque exclusif de la côte du golfe, entre les îles de *Tyrus* et *Aradus* (aujourd'hui Bahrain), et le cap *Masandoum* ? Les paons qui firent l'admiration des Juifs, n'ont-ils pas toujours passé pour originaires de la province de Perse adjacente au golfe ? Les singes ne venaient-ils pas de l'Yémen, qui était sur la route, et où ils abondent encore? N'est-ce pas dans cet *Yémen* qu'est le pays de *Saba*, dont la reine apporta au roi juif de l'*encens* et de l'or? Ne sont-ce pas ces *Sabéens* que Strabon vante pour la quantité d'or qu'ils possédaient? On a cherché *Ophir* dans l'Inde et dans l'Afrique; mais n'est-il pas un des douze cantons ou peuples arabes mentionnés dans leurs origines hébraïques? Et peut-on le séparer de leur continent, quand ces *origines* suivent partout un ordre méthodique de positions, quoi qu'en aient dit Bochart et Calmet? Enfin, n'est-ce pas le nom même de cet *Ophir* qui se retrace dans celui d'*Ofor*, ville du district d'Oman, sur la côte des Perles? Ce pays n'a plus d'or, mais qu'importe, si Strabon nous apprend qu'au temps des Séleucides, les habitants de Gerrha, sur la route de Babylone, en retiraient une quantité considérable? Si l'on pèse toutes ces circonstances, l'on conviendra que le golfe Persique fut le foyer du plus grand commerce de l'ancien Orient; que ce fut pour y communiquer par une voie plus courte ou plus sûre, que Salomon se porta jusqu'à l'Euphrate; et qu'enfin, à titre d'entrepôt commode, Palmyre dut avoir dès cette époque un état, sinon brillant, du moins assez considérable. On juge même, en méditant sur les révolutions des siècles qui suivirent, que ce commerce fut un agent principal de ces grands mouvements de la basse Asie, dont des chroniques stériles ne rendent point raison. Si, postérieurement à Salomon, les Assyriens de Ninive tournèrent leur ambition vers la Kaldée et le cours inférieur de l'Euphrate, ce fut pour se rapprocher du golfe Persique, source de l'opulence. Si Babylone, de vassale de Ninive, devint en peu de temps sa rivale, et siége d'un empire nouveau, ce fut parce que son site la rendit l'entrepôt de cette circulation. Enfin, si ses rois firent des guerres si opiniâtres à Jérusalem et à Tyr, ce ne fut pas seulement pour dépouiller ces villes des richesses qu'elles possédaient, mais encore pour obstruer la dérivation qu'elles causaient par la mer Rouge. Un historien (1) qui nous apprend que Nabukodonosor, avant d'assiéger Jérusalem, s'empara de *Tadmour*, nous indique que cette ville participait aux opérations des grandes métropoles environnantes. Leur chute, arrivée par gradation, devint pour elle, sous l'empire des Perses et sous les successeurs d'Alexandre, le mobile de l'accroissement qu'elle semble acquérir tout à coup au temps des Parthes et des Romains; elle eut alors une période de plusieurs siècles de paix et d'activité, qui permirent à ses habitants d'élever ces monuments d'opulence dont nous admirons encore les débris. Ils purent y déployer d'autant plus de luxe, que le sol ne permettait aucun autre genre

---

(1) Jean d'Antioche.

de dépense, et que le faste des négociants en tout pays se porte volontiers vers les constructions. Odenat et Zénobie mirent le comble à cette prospérité; mais, pour avoir voulu passer la mesure naturelle, ils en détruisirent tout à coup l'équilibre, et Palmyre, dépouillée par Aurélien de l'état qu'elle s'était fait en Syrie, puis assiégée, prise et dévastée par cet empereur, perdit en un jour la liberté et la sécurité, qui étaient les premiers mobiles de sa grandeur. Depuis lors, les guerres perpétuelles de ces contrées, les dévastations des conquérants, les vexations des despotes, en appauvrissant les peuples, ont diminué le commerce et tari la source qui venait au sein des déserts faire fleurir l'industrie et l'opulence : les faibles canaux qui en ont survécu, dérivés par Alep et Damas, ne servent aujourd'hui qu'à rendre son abandon plus sensible et plus complet.

En quittant ces ruines vénérables, et rentrant dans la terre habitée, nous trouvons d'abord *Homs*, l'Emesus des Grecs, située sur la rive orientale de l'Oronte. Cette ville, jadis place forte et très-peuplée, n'est plus qu'un assez gros bourg ruiné, où l'on ne compte pas plus de deux mille habitants, partie Grecs et partie Musulmans. Il y réside un aga, qui tient, à titre de sous-ferme, du pacha de Damas, toute la contrée jusqu'à Palmyre. Le pacha lui-même tient cette ferme à titre d'apanage relevant immédiatement du sultan : il en est de même de *Hama* et de *Marra*. Ces trois fermes sont portées à quatre cents bourses, ou cinq cent mille livres; mais elles rapportent près du quadruple.

A deux journées de chemin au-dessous de *Homs*, est *Hama*, célèbre en Syrie pour ses roues hydrauliques. Elles sont en effet les plus grandes que l'on y connaisse; elles ont jusqu'à trente-deux pieds de diamètre. La circonférence de ces roues est formée par des augets disposés de telle façon, qu'en tournant dans le courant du fleuve, ils se remplissent d'eau, et qu'en arrivant au zénith de la roue, ils se dégorgent dans un bassin, d'où l'eau se rend par des canaux aux bains publics et particuliers. La ville est située dans une vallée étroite, sur les deux rives de l'Oronte; elle contient environ quatre mille ames, et elle a quelque activité, parce qu'elle est sur la route d'Alep à Tripoli. Le sol est, comme dans toute cette partie, très-propre au froment et au coton; mais la culture, exposée aux rapines du *Motsallam* et des Arabes, est languissante. Un chaik de ceux-ci, nommé *Mohammad-el-Korfân*, s'est rendu si puissant depuis quelques années, qu'il est parvenu à imposer des contributions arbitraires sur le pays. On estime qu'il peut mettre sur pied jusqu'à trente mille cavaliers.

En continuant de descendre l'Oronte par une route qui n'est qu'un peu fréquentée, l'on rencontre dans un terrain marécageux un lieu intéressant par le contraste de fortune qu'il présente. Ce lieu appelé *Famié*, était jadis, sous le nom d'*Apaméa*, l'une des plus célèbres villes de ces cantons. *C'était là*, dit Strabon, *que les Séleucides avaient établi l'école et la pépinière de leur cavalerie.* Le terrain des environs, abondant en pâturages, nourrissait jusqu'à trente mille cavales, trois cents étalons et cinq cents éléphants. Au lieu de cette création si animée, à peine les marais de *Famié* nourrissent-ils aujourd'hui quelques buffles et quelques moutons. Aux soldats vétérans d'Alexandre qui en avaient fait le lieu de leur repos, ont succédé de malheureux paysans qui vivent dans les alarmes perpétuelles des vexations des Turks et des invasions des Arabes. De toutes parts, les mêmes tableaux se répètent dans ces cantons. Chaque ville et chaque village sont formés de débris, et assis sur des ruines de constructions anciennes : on ne cesse d'en rencontrer, soit dans le désert, soit en remontant la route jusqu'aux montagnes de Damas; soit même en passant au midi de cette ville, dans les immenses plaines du *Haurân*. Les pèlerins de la Mekke, qui les traversent pendant cinq à six journées, attestent qu'ils y trouvent à chaque pas des vestiges d'anciennes habitations. Cependant ils sont moins remarquables dans ces plaines, attendu que l'on y manque de matériaux durables ; le sol est une terre pure sans pierres, et presque sans cailloux.

Ce que l'on raconte de sa fertilité actuelle, répond parfaitement à l'idée qu'en donnent les livres hébreux. Partout où l'on sème le froment, il rend en profusion si les pluies ne manquent pas, et il croît à hauteur d'homme. Les pèlerins assurent même que les habitants ont une force de corps et une taille au-dessus du reste des Syriens : ils en doivent différer à d'autres égards, parce que leur climat, excessivement chaud et sec, ressemble plus à l'Égypte qu'à la Syrie. Ainsi que dans le désert, ils manquent d'eaux vives et de bois, font du feu avec de la fiente, et bâtissent des huttes avec de la terre battue et de la paille. Ils sont très-basanés ; ils paient des redevances au pacha de Damas. Mais la plupart de leurs villages se mettent sous la protection de quelques tribus arabes ; et quand les chaiks ont de la prudence, le pays prospère et jouit de la sécurité. Elle règne encore plus dans les montagnes qui bornent ces plaines à l'ouest et au nord ; ce motif y a attiré depuis quelques années nombre de familles druzes et maronites, lassées des troubles du Liban ; elles y ont formé des *Déa*(1), ou *villages*, où elles professent librement leur culte, et ont des chapelles et des prêtres. Un voyageur intelligent trouverait sans doute en ces cantons divers objets intéressants d'antiquité et

---

(1) De là le mot espagnol *aldea*.

d'histoire naturelle ; mais aucun Européen connu n'y a encore pénétré.

En se rapprochant du Jourdain, le pays devient plus montueux et plus arrosé; la vallée où coule ce fleuve, est en général abondante en pâturages, surtout dans la partie supérieure. Quant au fleuve lui-même, il a moins d'importance que l'imagination n'a coutume de lui en donner. Les Arabes, qui méconnaissent le nom de Jourdain, l'appellent *el-Chariâ :* sa largeur commune entre les deux principaux lacs, ne passe guère soixante-dix à quatre-vingts pieds; en récompense, il a une profondeur de dix à douze pieds. Dans l'hiver, il sort du lit étroit qui l'encaisse, et gonflé par les pluies, il déborde sur les deux rives jusqu'à former une nappe large quelquefois d'un quart de lieue; sa grande crue est en mars, au temps que les neiges fondent sur les montagnes du *Chaik*: alors, plus qu'en tout autre temps, ses eaux sont troubles et jaunâtres, et son cours impétueux. Ses rives sont couvertes d'une épaisse forêt de roseaux, de saules et d'autres arbustes qui servent de repaire à une foule de sangliers, d'onces, de chacals, de lièvres et d'oiseaux.

En traversant le Jourdain, à mi-chemin des deux lacs, on entre dans un canton montueux, jadis célèbre sous le nom de royaume de *Samarie*, et connu aujourd'hui sous celui de pays de *Náblous*, qui en est le chef-lieu. Ce bourg, situé près de *Sikem*, et sur les ruines de la *Neapolis* des Grecs, est la résidence d'un chaïk qui tient à ferme le tribut, dont il rend compte au pacha de Damas lors de sa tournée. L'état de ce pays est à peu près le même que celui des Druzes, avec la différence que ses habitants sont des musulmans zélés au point de ne pas souffrir volontiers des chrétiens parmi eux. Ils sont répandus par villages dans leurs montagnes, dont le sol, assez fertile, produit beaucoup de blé, de coton, d'olives et quelques soies. L'éloignement où ils sont de Damas, et la difficulté de leur terrain, en le préservant jusqu'à un certain point des vexations du gouvernement, leur ont procuré plus d'aisance que l'on n'en trouve ailleurs. Ils passent même en ce moment pour le plus riche peuple de la Syrie : ils doivent cet avantage à la conduite adroite qu'ils ont tenue dans les derniers troubles de la Galilée et de la Palestine ; la tranquillité qui régnait chez eux, engagea beaucoup de gens aisés à venir s'y mettre à l'abri des revers de la fortune. Mais depuis quatre ou cinq ans, l'ambition de quelques chaiks, fomentée par les Turks, a suscité un esprit de faction et de discorde, qui a des effets presque aussi fâcheux que les vexations des pachas.

A deux journées au sud de *Náblous*, en marchant par des montagnes qui à chaque pas deviennent plus rocailleuses et plus arides, l'on arrive à une ville qui, comme tant d'autres que nous avons parcourues, présente un grand exemple de la vicissitude des choses humaines : à voir ses murailles abattues, ses fossés comblés, son enceinte embarrassée de décombres, l'on a peine à reconnaître cette métropole célèbre qui jadis lutta contre les empires les plus puissants; qui balança un instant les efforts de Rome même; et qui, par un retour bizarre du sort, en reçoit aujourd'hui dans sa chute l'hommage et le respect; en un mot, l'on a peine à reconnaître *Jérusalem*. L'on s'étonne encore plus de sa fortune en voyant sa situation : car, placée dans un terrain scabreux et privé d'eau, entourée de ravines et de hauteurs difficiles, écartée de tout grand passage, elle ne semblait propre à devenir ni un entrepôt de commerce, ni un siége de consommation; mais elle a vaincu tous les obstacles, pour prouver sans doute ce que peut l'opinion maniée par un législateur habile, ou favorisée par des circonstances heureuses. C'est cette même opinion qui lui conserve encore un reste d'existence : la renommée de ses merveilles, perpétuée chez les Orientaux, en appelle et en fixe toujours un certain nombre dans ses murailles; musulmans, chrétiens, juifs, tous sans distinction de secte, se font un honneur de voir ou d'avoir vu la ville *noble* et *sainte*, comme ils l'appellent (1). A juger par le respect qu'ils affec-

---

(1) Les Orientaux n'appellent jamais Jérusalem que du nom

tent pour ces lieux sacrés, l'on croirait qu'il n'est pas au monde de peuple plus dévot; mais cela ne les a pas empêchés d'acquérir et de mériter la réputation du plus méchant peuple de la Syrie, sans excepter Damas même : l'on estime que le nombre des habitants se monte à 12 ou 14,000 ames.

Jérusalem a eu de temps en temps des gouverneurs propres, avec le titre de pachas ; mais plus ordinairement elle est, comme aujourd'hui, une dépendance de Damas, dont elle reçoit un *motsallam* ou *dépositaire d'autorité*. Ce *motsallam* en paie une ferme, dont les fonds se tirent du miri, des douanes, et surtout des sottises des habitants chrétiens. Pour concevoir ce dernier article, il faut savoir que les diverses communions des Grecs schismatiques et catholiques, des Arméniens, des Coptes, des Abyssins et des Francs se jalousant mutuellement la possession des lieux saints, se la disputent sans cesse à prix d'argent auprès des gouverneurs turks. C'est à qui acquerra une prérogative, ou l'ôtera à ses rivaux; c'est à qui se rendra le délateur des écarts qu'ils peuvent commettre. A-t-on fait quelque réparation clandestine à une église; a-t-on poussé une procession plus

---

de *el-Qods*, la *sainte*, en y ajoutant quelquefois l'épithète de *el-Chérif*, la *noble*. Ce nom *el-Qods* me paraît l'étymologie de tous les *Casius* de l'antiquité, qui, comme Jérusalem, avaient le double attribut d'être des *lieux-hauts*, et de porter des *temples* ou *lieux-saints*.

loin que de coutume; est-il arrivé un pèlerin par une autre porte que celle qui lui est assignée, c'est un sujet de délation au gouvernement, qui ne manque pas de s'en prévaloir, pour établir des avanies et des amendes. De là des inimitiés et une guerre éternelle entre les divers couvents, et entre les adhérents de chaque communion. Les Turks, à qui a chaque dispute rapporte toujours de l'argent, sont, comme l'on peut croire, bien éloignés d'en tarir la source. Grands et petits, tous en tirent parti; les uns vendent leur protection; les autres leurs sollicitations : de là un esprit d'intrigue et de cabale qui a répandu la corruption dans toutes les classes; de là, pour le *motsallam*, un casuel qui chaque année monte à plus de 100,000 piastres. Chaque pèlerin lui doit une entrée de 10 piastres; plus, un droit d'escorte pour le voyage au Jourdain, sans compter les aubaines qu'il tire des imprudences que ces étrangers commettent pendant leur séjour. Chaque couvent lui paie tant pour un droit de procession, tant pour chaque réparation à faire; plus, des présents à l'avénement de chaque supérieur, et au sien propre; plus, des gratifications sous main, pour obtenir des bagatelles secrètes que l'on sollicite, et tout cela va loin chez les Turks, qui, dans l'art de pressurer, sont aussi entendus que les plus habiles gens de loi de l'Europe. En outre, le *motsallam* perçoit des droits sur la sortie d'une denrée particulière à Jérusalem; je veux parler des *chapelets*, des *reliquaires*, des *sanctuaires*, des *croix*, des *passions*, des *agnus-dei*, des *scapulaires*, etc., dont il part chaque année près de 300 caisses. La fabrication de ces ustensiles de piété est la branche d'industrie qui fait vivre la plupart des familles chrétiennes et mahométanes de Jérusalem et de ses environs; hommes, femmes et enfants, tous s'occupent à sculpter, à tourner le bois, le corail, et à broder en soie, en perles et en fil d'or et d'argent. Le seul couvent de *Terre-Sainte* en enlève tous les ans pour 50,000 piastres; et ceux des Grecs, des Arméniens et des Coptes réunis, pour une somme encore plus forte : ce genre de commerce est d'autant plus nécessaire aux fabricants, que la main-d'œuvre est presque l'unique objet de leur salaire; et il devient d'autant plus lucratif aux débitants, que le prix du fonds est décuplé par une valeur d'opinion. Ces objets exportés dans la Turkie, l'Italie, le Portugal, dans l'Espagne et ses colonies, en font revenir à titre d'aumônes ou de paiements, des sommes considérables. A cet article les couvents joignent une autre branche moins importante, *la visite des pèlerins*. L'on sait que de tout temps, la dévote curiosité de visiter les *saints lieux*, conduisit de tous côtés des chrétiens à Jérusalem; il fut même un siècle où les ministres de la religion en avaient fait un acte nécessaire au salut. L'on se rappelle que ce fut cette ferveur qui, agitant l'Europe entière, produisit les croisades. Depuis leur malheureuse issue, le zèle des Européens se refroidissant de jour en jour, le nombre de leurs pèlerins s'est beaucoup diminué; et il se réduit désormais à quelques moines d'Italie, d'Espagne et d'Allemagne. Mais il n'en est pas ainsi des Orientaux : fidèles à l'esprit des temps passés, ils ont continué de regarder le voyage de Jérusalem comme une œuvre du plus grand mérite. Ils sont même scandalisés du relâchement des Francs à cet égard, et ils disent qu'ils sont tous devenus hérétiques ou infidèles. Leurs prêtres et leurs moines, à qui cette ferveur est utile, ne cessent de la fomenter. Les Grecs surtout assurent que le *pèlerinage acquiert les indulgences plénières, non-seulement pour le passé, mais même pour l'avenir; et qu'il absout, non-seulement du meurtre, de l'inceste, de la pédérastie, mais encore de l'infraction du jeûne et des jours de fêtes, dont ils font des cas bien plus graves.* De si grands encouragements ne demeurent pas sans effet; et chaque année il part de la Morée, de l'Archipel, de Constantinople, de l'Anatolie, de l'Arménie, de l'Égypte et de la Syrie, une foule de pèlerins de tout âge et de tout sexe; l'on en portait le nombre, en 1784, à 2000 têtes. Les moines, qui trouvent sur leurs registres, que jadis il en passait 10 à 12,000, ne cessent de dire que la religion dépérit, et que le zèle des fidèles s'éteint. Mais il faut convenir que ce zèle est un peu ruineux, puisque le simple pèlerinage coûte au moins 4,000 livres, et qu'il en est souvent qui, au moyen des offrandes, se montent à 5o et 6o,ooo livres.

Yâfa est le lieu où débarquent ces pèlerins. Ils y arrivent en novembre, et se rendent sans délai à Jérusalem, où ils restent jusqu'après les fêtes de Pâques. On les loge pêle-mêle par familles, dans les cellules des couvents de leur communion. Les religieux ont bien soin de dire que ce logement est gratuit; mais il ne serait ni honnête ni sûr de s'en aller sans faire une offrande qui excède de beaucoup le prix marchand d'une location. En outre, l'on ne peut se dispenser de payer des messes, des services, des exorcismes, etc., autre tribut assez considérable. L'on doit acheter encore des crucifix, des chapelets, des agnus-dei, etc. Le jour des Rameaux arrivé, l'on va se purifier au Jourdain; et ce voyage exige encore une contribution. Année commune, elle rapporte au gouverneur 15,000 sequins turks, c'est-à-dire 112,5oo livres (1), dont il dépense environ la moitié en frais d'escorte et droits de passage qu'exigent les Arabes. Il faut voir dans les relations particulières de ce pèlerinage, la marche tumultueuse de cette foule dévote dans la plaine de *Yericho*; son zèle

---

(1) A raison de 7 livres 1o sous.

indécent et superstitieux à se jeter hommes, femmes et enfants, nus dans le Jourdain ; leur fatigue à se rendre au bord de la mer Morte ; leur ennui à la vue des rochers de cette contrée, la plus sauvage de la nature ; enfin leur retour et leur visite des saints lieux, et la cérémonie *du feu nouveau qui descend du ciel le samedi saint, apporté par un ange.* Les Orientaux croient encore à ce miracle, quoique les Francs aient reconnu que les prêtres, retirés dans la sacristie, emploient des moyens très-naturels. La Pâque finie, chacun retourne en son pays, fier de pouvoir émuler avec les musulmans pour le titre de pèlerin (1) ; plusieurs même, afin d'être reconnus partout pour tels, se font graver sur la main, sur le poignet ou sur le bras, des figures de croix, de lance, et le chiffre de Jésus et de Marie. Cette gravure douloureuse et quelquefois périlleuse (2), se fait avec des aiguilles dont on remplit la piqûre de poudre à canon, ou de chaux d'antimoine. Elle reste ineffaçable : les musulmans ont la même pratique ; et elle se retrouve chez les Indiens, chez les sauvages, et chez les peuples anciens, toujours

---

(1) La différence entre eux est que ceux de la Mekke s'appellent *Hadjis*, et ceux de Jérusalem *Moqodsi*, nom formé sur celui de la ville, *el-Qods*.

(2) J'ai vu un pèlerin qui en avait perdu le bras, parce qu'on avait piqué le nerf cubital.

avec un caractère religieux, parce qu'elle tient à des usages de religion de la première antiquité. Tant de dévotion n'empêche pas ces pèlerins de participer au proverbe des *Hadjis*; et les chrétiens disent aussi : *Prenez garde au pèlerin de Jérusalem.* L'on conçoit que le séjour de cette foule à Jérusalem pendant cinq à six mois, y laisse des sommes considérables : à ne compter que quinze cents personnes, à cent pistoles par tête, c'est un million et demi. Une partie de cet argent passe en paiement de denrées au peuple et aux marchands, qui rançonnent les étrangers de tout leur pouvoir. L'eau se payait en 1784, jusqu'à 15 sous la voie. Une autre partie va au gouverneur et à ses employés. Enfin, la troisième reste dans les couvents. L'on se plaint de l'usage qu'en font les schismatiques; et l'on parle avec scandale de leur luxe, de leurs porcelaines, de leurs tapis, et même des sabres, des kandjars et bâtons qui meublent leurs cellules. Les Arméniens et les Francs sont beaucoup plus modestes ; c'est vertu de nécessité dans les premiers, qui sont pauvres; mais c'est vertu de prudence dans les seconds, qui ne le sont pas.

Le couvent de ces Francs, appelé *Saint-Sauveur*, est le chef-lieu de toutes les missions de *Terre-Sainte* qui sont dans l'empire turk. L'on en compte dix-sept, que desservent des franciscains de toute nation, mais plus souvent des

Français, des Italiens et des Espagnols. L'administration générale est confiée à trois individus de ces nations, de telle manière que le supérieur doit toujours être né sujet du pape ; le procureur, sujet du roi catholique, et le vicaire, sujet du roi très-chrétien. Chacun de ces administrateurs a une clef de la caisse générale, afin que le maniement des fonds ne puisse se faire qu'en commun. Chacun d'eux est assisté d'un second appelé *discret*: la réunion de ces six personnages et d'un discret portugais, forme le *directoire* ou *chapitre* souverain qui gouverne le couvent et l'ordre entier. Ci-devant une balance combinée par les premiers législateurs, avait tellement distribué les pouvoirs de ces administrateurs, que la volonté d'un seul ne pouvait maîtriser celle de tous; mais comme tous les gouvernements sont sujets à révolution, il est arrivé depuis quelques années des incidents qui ont beaucoup dénaturé celui-ci. En voici l'histoire en deux mots.

Il y a environ 20 ans, que par un désordre assez familier aux grandes régies, le couvent de *Terre-Sainte* se trouva chargé d'une dette de 600 bourses (750,000 liv.). Elle croissait de jour en jour, parce que la dépense ne cessait d'excéder la recette. Il eût été facile de se libérer tout à coup, attendu que le trésor du Saint-Sépulcre possède en diamants et en toutes sortes de pierres précieuses, en calices, en croix, en ciboires d'or et autres présents des princes chrétiens, pour plus d'un million; mais outre l'aversion qu'ont eue de tout temps les ministres des temples à toucher aux choses sacrées, il pouvait être important dans le cas en question, de ne pas montrer aux Turks, ni même aux chrétiens, de trop grandes ressources. La position était embarrassante; elle le devenait encore davantage par les murmures du procureur espagnol, qui se plaignait hautement de supporter seul le fardeau de la dette, parce qu'en effet, c'était lui qui fournissait les fonds les plus considérables. Dans ces circonstances, *J. Ribeira*, qui occupait ce poste, étant venu à mourir, le hasard lui donna pour successeur un homme qui, plus impatient encore, résolut de remédier au désordre à quelque prix que ce fût. Il s'y porta avec d'autant plus d'activité, qu'il se promit des avantages particuliers de la réforme qu'il méditait. Il dressa son plan en conséquence; pour l'exécuter, il s'adressa immédiatement au roi d'Espagne, par l'entremise de son confesseur, et il lui proposa :

« Que le zèle des princes chrétiens s'étant beau-
« coup refroidi depuis plusieurs années, leurs an-
« ciennes largesses au couvent de *Terre-Sainte*
« avaient considérablement diminué; que le roi
« très-fidèle avait retranché plus de la moitié des
« 40,000 piastres fortes qu'il avait coutume de
« donner; que le roi très-chrétien se tenant ac-
« quitté par la protection qu'il accordait, payait à

« peine les 1000 écus qu'il avait promis ; l'Italie
« et l'Allemagne devenaient de jour en jour moins
« libérales, et que sa majesté catholique était la
« seule qui continuât les bienfaits de ses prédé-
« cesseurs. *Il représenta* que d'autre part, les dé-
« penses de l'établissement n'ayant pas subi la
« même diminution, il en résultait un vide qui
« forçait chaque année de recourir à un emprunt ;
« que de cette manière il s'était formé une dette
« qui s'accroissait de jour en jour, et qui mena-
« çait de conduire à une ruine finale ; que parmi
« les causes de cette dette, l'on devait surtout
« compter le pèlerinage des moines qui venaient
« visiter les saints lieux ; qu'il fallait leur payer
« leurs voyages, leurs nolis, leurs péages, leur pen-
« sion au couvent pendant deux et trois ans, etc.;
« que par un cas singulier, la majeure partie de
« ces moines était fournie par ces mêmes états
« qui avaient retiré leurs largesses, c'est-à-dire,
« par le Portugal, l'Allemagne et l'Italie ; qu'il sem-
« blait étrange que le roi d'Espagne défrayât des
« gens qui n'étaient point ses sujets ; et qu'il était
« abusif que le maniement même de ses fonds fût
« confié à un chapitre presque tout composé d'é-
« trangers. Le suppliant insistant sur ce dernier
« article, priait sa majesté catholique d'intervenir
« à la réforme des abus, et d'établir un ordre nou-
« veau et plus équitable, dont il insinua le des-
« sein. »

Ces représentations eurent tout l'effet qu'il pouvait désirer. Le roi d'Espagne y faisant droit, se déclara d'abord *protecteur spécial de l'ordre de Terre-Sainte en Levant*, et en prit en cette qualité la direction; puis il nomma le requérant, *J. Juan Ribeira*, *son procureur royal*, lui donna à ce titre un cachet aux armes d'Espagne, et lui confia à lui seul la gestion de ses *dons*, sans en être comptable qu'à sa personne. De ce moment, J. Juan Ribeira, devenu plénipotentiaire, a signifié au *discrétoire* que désormais il aurait une caisse particulière, séparée de la caisse commune; que cette dernière resterait comme ci-devant, chargée des dépenses générales, et qu'en conséquence toutes les contributions des nations y seraient versées; mais qu'attendu que celle d'Espagne était hors de proportion avec les autres, il n'en serait désormais distrait qu'une partie relative au contingent de chacune, et que l'excédant serait versé dans sa caisse particulière; que les pèlerinages seraient désormais aux frais des nations respectives, à l'exception des sujets de France, dont il voulait bien se charger. De là, il est arrivé que les pèlerinages et la plupart des dépenses générales resserrées, ont repris un équilibre avec la recette, et l'on a pu commencer d'acquitter la dette dont on était chargé; mais les religieux n'ont pas vu sans humeur le procureur devenir une puissance indépendante : ils ne lui pardonnent pas d'être à lui seul presque aussi riche que l'ordre entier : en effet, il a touché depuis huit ans quatre *conduites* ou *contributions* d'Espagne, évaluées à 800,000 piastres. L'argent qui forme ces *conduites*, consistant en piastres d'Espagne, se charge ordinairement sur un vaisseau français qui le transporte en Cypre, avec deux religieux qui veillent à sa garde. De Cypre, une partie des piastres fortes passe à Constantinople, où elles sont vendues avec bénéfice, et converties en monnaie turke. L'autre partie va directement par Yâfa à Jérusalem, dont les habitants l'attendent comme les Espagnols attendent le *galion*. Le procureur en verse une somme dans la caisse générale, et le reste est à sa discrétion. Les usages qu'il en fait, consistent, 1° en une pension de mille écus au vicaire français et à son *discret* qui, à ce moyen, lui procurent dans le *conseil* une majorité des suffrages; 2° en présents au gouverneur, au mofti, au qâdi, au naqîb, et autres grands dont le crédit peut lui être utile; enfin, il soutient la dignité de sa place : et cet article n'est pas une bagatelle; car il a ses interprètes particuliers, comme un consul, sa table, ses janissaires : seul des Francs, il monte à cheval dans Jérusalem, et marche escorté par des cavaliers; en un mot, il est, après le motsallam, la première personne du pays, et il traite d'égal à égal avec les puissances. Tant d'égards ne sont pas gratuits, comme l'on peut croire. Une seule visite à Djezzâr pour l'église de Nazareth, a coûté 30,000 *pataques* (157,000 liv.). Les musulmans de Jérusalem, qui désirent son argent, recherchent son amitié. Les chrétiens qui sollicitent ses aumônes, redoutent jusqu'à son indifférence. Heureuse la maison qu'il affectionne, et malheur à qui lui déplaît! car sa haine peut avoir des suites directes ou détournées, également redoutables: un mot à l'*Ouâli* attirerait le bâton, sans qu'on sût d'où il vient. Tant de pouvoir lui a fait dédaigner la protection accoutumée de l'ambassadeur de France, et il a fallu une affaire récente avec le pacha de Damas, pour lui rappeler qu'elle seule est plus efficace que 20,000 sequins. Ses agents, fiers de son crédit, en abusent comme tous les subalternes. Les moines espagnols de Yâfa et de Ramlé traitent les chrétiens qui dépendent d'eux, avec une rigueur qui n'est nullement évangélique: ils les excommunient en pleine église, en les apostrophant par leur nom; ils menacent les femmes dont il leur est revenu des propos; ils font faire des pénitences publiques, le cierge à la main; ils livrent aux Turks les indociles, et refusent tout secours à leurs familles; enfin ils choquent les usages du pays et la bienséance, en visitant les femmes des chrétiens, qui ne doivent voir que leurs très-proches parents, et en les entretenant sans témoins dans leurs appartements, pour raison de confession. Les Turks ne peuvent concevoir tant de liberté sans abus. Les chrétiens, dont l'esprit est le même à cet égard, en murmurent, mais ils n'osent éclater. L'expérience leur a appris que l'indignation des RR. PP. a des suites redoutables. L'on dit tout bas qu'elle attira, il y a six ou sept ans, un ordre du capitan-pacha, pour couper la tête à un habitant de Yâfa qui leur résistait. Heureusement l'aga prit sur lui d'en différer l'exécution, et de désabuser l'amiral; mais leur animosité n'a pas cessé de poursuivre cet homme par des chicanes de toute espèce. Récemment même, elle a sollicité l'ambassadeur d'Angleterre, sous la protection duquel il s'est mis, de donner *main-levée à une punition* qui n'est qu'une injuste vengeance.

Laissons-là des détails faits cependant pour peindre l'état de ce pays. Si nous quittons Jérusalem, nous ne trouvons plus dans cette partie du pachalic, que trois lieux qui méritent d'en faire mention.

Le premier est *Râha*, l'ancienne *Yericho*, située à six lieues au nord-est de Jérusalem : son local est une plaine de six à sept lieues de long sur trois de large, autour de laquelle règnent des montagnes stériles qui la rendent très-chaude. Jadis on y cultivait le *baume de la Mekke*. Selon les *Hadjis*, c'est un arbuste semblable au grenadier, dont les feuilles ont la forme de celles de la *rhue;* il porte une noix charnue, au milieu de laquelle est une amande d'où se retire le suc résineux qu'on appelle *baume*. Aujourd'hui il n'existe pas un de ces arbustes à *Râha*; mais l'on y en trouve une autre espèce, appelée *zaqqoûn*, qui produit une huile douce aussi vantée pour les blessures. Ce *zaqqoûn* ressemble à un prunier; il a des épines longues de quatre pouces, des feuilles d'olivier, mais plus étroites, plus vertes, et piquantes au bout : son fruit est un gland sans calice, sous l'écorce duquel est une pulpe, puis un noyau, dont l'amande rend une huile que les Arabes vendent très-cher à ceux qui en désirent : c'est le seul commerce de *Râha*, qui n'est qu'un village en ruines.

Le second lieu est *Bait-el-lahm* ou *Bethlem*, si célèbre dans l'histoire du christianisme. Ce village, situé à deux lieues de Jérusalem, au sud-est, est assis sur une hauteur, dans un pays de coteaux et de vallons, qui pourrait devenir très-agréable. C'est le meilleur sol de ces cantons; les fruits, les vignes, les olives, les sésames y réussissent très-bien; mais la culture manque, comme partout ailleurs. On compte dans ce village environ 600 hommes capables de porter le fusil dans l'occasion; et elle se présente souvent, tantôt pour résister au pacha, tantôt pour faire la guerre aux villages voisins, tantôt pour les dissensions intestines. De ces 600 hommes, on en compte une centaine de chrétiens latins, qui ont un curé dépendant du grand couvent de Jérusalem. Ci-devant ils étaient uniquement livrés à la fabrique des chapelets; mais les RR. PP. ne consommant pas tout ce qu'ils pouvaient fournir, ils ont repris le travail de la terre; ils font du vin blanc qui justifie la réputation qu'avaient jadis les vins de Judée; mais il a l'inconvénient d'être trop capiteux. L'intérêt de la sûreté, plus fort que celui de la religion, fait vivre ces chrétiens en assez bonne intelligence avec les musulmans, leurs concitoyens. Ils sont les uns et les autres du parti *Yamâni*, qui, en opposition avec le *Qaîsi*, divise toute la Palestine en deux factions ennemies. Le courage de ces paysans, fréquemment éprouvé, les a rendus redoutables dans leur voisinage.

Le troisième et dernier lieu est *Habroun* ou *Hébron*, situé à sept lieues, au sud de *Bethlem*; les Arabes n'appellent ce village que *El-kalil* (*), c'est-à-dire le *bien-aimé*, qui est l'épithète propre d'Abraham, dont on montre la grotte sépulcrale. *Habroun* est assis au pied d'une élévation sur laquelle sont de mauvaises masures, restes informes d'un ancien château. Le pays des environs est une espèce de bassin oblong, de cinq à six lieues d'étendue, assez agréablement parsemé de collines rocailleuses, de bosquets de sapins, de chênes avortés, et de quelques plantations d'oliviers et de vignes. L'emploi de ces vignes n'est pas de pro-

---

(1) *K* est ici pris pour le *jota* espagnol.

curer du vin, attendu que les habitants sont tous musulmans zélés, au point qu'ils ne souffrent chez eux aucun chrétien; l'on ne s'en sert qu'à faire des raisins secs mal préparés, quoique l'espèce soit fort belle. Les paysans cultivent encore du coton, que leurs femmes filent, et qui se débite à Jérusalem et à Gaze. Ils y joignent quelques fabriques de savon, dont la soude leur est fournie par les Bedouins, et une verrerie fort ancienne, la seule qui existe en Syrie : il en sort une grande quantité d'anneaux colorés, de bracelets pour les poignets, pour les jambes, pour les bras au-dessus du coude (1), et diverses autres bagatelles que l'on envoie jusqu'à Constantinople. Au moyen de ces branches d'industrie, *Habroun* est le plus puissant village de ces cantons; il peut armer huit à neuf cents hommes qui, tenant pour la faction *Qaïsi*, sont les rivaux habituels de *Bethlem*. Cette discorde qui règne dans tout ce pays, depuis les premiers temps des Arabes, y cause une guerre civile perpétuelle. A chaque instant les paysans font des incursions sur les terres les uns des au-

---

(1) Ces anneaux ont souvent la grosseur du pouce et davantage; on les passe au bras dès la jeunesse; il arrive, ainsi que je l'ai vu plusieurs fois, que le bras grossissant plus que la capacité de l'anneau, il se forme au-dessus et au-dessous un bourrelet de chair, en sorte que l'anneau se trouve enfoncé dans une dépression profonde dont on ne peut plus le retirer : cela passe pour une beauté.

tres, et ravagent mutuellement leurs blés, leurs doura, leurs sésames, leurs oliviers, et s'enlèvent leurs brebis, leurs chèvres et leurs chameaux. Les Turks, qui partout répriment peu ces désordres, y remédient d'autant moins ici, que leur autorité y est très-précaire; les Bedouins, dont les camps occupent le plat pays, forment contre eux un parti d'opposition, dont les paysans s'étayent pour leur résister, et pour se tourmenter les uns les autres, selon les aveugles caprices de leur ignorance ou de leurs intérêts. De là une anarchie pire que le despotisme qui règne ailleurs, et une dévastation qui donne à cette partie un aspect plus misérable qu'au reste de la Syrie.

En marchant de *Hébron* vers le couchant, l'on arrive, après cinq heures de marche, sur des hauteurs qui, de ce côté, sont le dernier rameau des montagnes de la Judée. Là, le voyageur, fatigué du paysage raboteux qu'il quitte, porte avec complaisance ses regards sur la plaine vaste et unie, qui de ses pieds s'étend à la mer qu'il a en face; c'est cette plaine qui, sous le nom de *Falastine* ou *Palestine*, termine de ce côté le département de la Syrie, et forme le dernier article dont j'ai à parler.

CHAPITRE VII.

De la Palestine.

La Palestine, dans sa consistance actuelle, embrasse tout le terrain compris entre la Méditerranée à l'ouest, la chaîne des montagnes à l'est, et deux lignes tirées, l'une au midi par *Kan-Younès*, et l'autre au nord entre *Qaïsarié* et le ruisseau de *Yáfa*. Tout cet espace est une plaine presque unie, sans rivière ni ruisseau pendant l'été, mais arrosée de quelques torrents pendant l'hiver. Malgré cette aridité, le sol n'est pas impropre à la culture : l'on peut dire même qu'il est fécond ; car lorsque les pluies d'hiver ne manquent pas, toutes les productions viennent en abondance : la terre, qui est noire et grasse, conserve assez d'humidité pour porter les grains et les légumes à leur perfection pendant l'été. L'on y sème plus qu'ailleurs du doura, du sésame, des pastèques et des fèves ; l'on y joint aussi le coton, l'orge et le froment ; mais quoique ce dernier soit le plus estimé, on le cultive moins, parce qu'il provoque l'avarice des commandants turks et les rapines des Arabes. En général, cette contrée est une des plus dévastées de la Syrie, parce qu'étant propre à la cavalerie, et adjacente au désert, elle est ouverte aux Bedouins, qui n'aiment pas les montagnes; depuis long-temps ils la disputent à toutes les puissances qui s'y sont établies : ils sont parvenus à s'y faire céder des terrains, moyennant quelques redevances, et de là ils infestent les routes, au point que l'on ne peut voyager en sûreté depuis Gaze jusqu'à Acre. Ils auraient même pu la posséder tout entière, s'ils eussent su profiter de leurs forces : mais, divisés entre eux par des intérêts et des querelles de familles, ils se font à eux-mêmes la guerre qu'ils devraient faire à leur ennemi commun, et ils perpétuent leur impuissance par leur anarchie, et leur pauvreté par leur brigandage.

La Palestine, ainsi que je l'ai dit, est un district indépendant de tout pachalic. Quelquefois elle a eu des gouverneurs propres, qui résidaient à *Gaze* avec le titre de *pacha;* mais dans l'ordre habituel, qui est celui de ce moment, elle se divise en trois apanages ou *melkâné*, à savoir, *Yâfa*, *Loùdd* et *Gaze*. Le premier est au profit de la sultane *ouâldé mère:* le capitan pacha a reçu les deux autres en récompense de ses services, et en paiement de la tête de *Dâher*. Il les afferme à un aga qui réside à *Ramlé*, et qui lui en paie 215 bourses; savoir, 180 pour *Gaze* et *Ramlé*, et 35 pour *Loùdd*.

Yâfa est tenu par un autre aga qui en rend

120 bourses à la sultane. Il a pour s'indemniser tous les droits du miri et de capitation de cette ville et de quelques villages voisins; mais l'article principal de son revenu est la douane, qu'il perçoit sur les marchandises qui entrent et qui sortent; elle est assez considérable, parce que c'est à *Yâfa* qu'abordent, et les riz que Damiette envoie à Jérusalem, et les marchandises d'un petit comptoir français établi à Ramlé, et les pèlerins de Morée, de Constantinople, et les denrées de la côte de Syrie : c'est aussi par cette porte que sortent les cotons filés de toute la Palestine, et les denrées que ce pays exporte sur la côte. Du reste, la puissance de cet aga se réduit à une trentaine de fusiliers à pied et à cheval, qui suffisent à peine à garder deux mauvaises portes, et à écarter les Arabes.

Comme port de mer et ville forte, *Yâfa* n'est rien; mais elle possède de quoi devenir un des lieux les plus intéressants de la côte, à raison de deux sources d'eau douce qui se trouvent dans son enceinte sur le rivage de la mer. Ces sources ont été une des causes de sa résistance lors des dernières guerres. Son port, formé par une jetée, et aujourd'hui comblé, pourrait être vidé et recevoir une vingtaine de bâtiments de 300 tonneaux. Ceux qui arrivent présentement, sont obligés de jeter l'ancre en mer, à près d'une lieue du rivage; ils n'y sont pas en sûreté, car le fond est un banc de roche et de corail qui s'étend jusqu'en face de Gaze.

Avant les deux derniers siéges, cette ville était une des plus agréables de la côte. Ses environs étaient couverts d'une forêt d'orangers, de limoniers, de cédrats, de poncires et de palmiers, qui ne commencent que là à porter de bons fruits (1). Au delà, la campagne était remplie d'oliviers grands comme des noyers; mais les Mamlouks ayant tout coupé, pour le plaisir de couper, ou pour se chauffer, Yâfa a perdu la plupart de ses avantages et de ses agréments; heureusement l'on n'a pu lui enlever les eaux vives qui arrosent ses jardins, et qui ont déja ressuscité les souches, et fait renaître des rejetons.

A trois lieues à l'est de Yafâ, est le village de *Loùdd*, jadis *Lydda* et *Diospolis;* l'aspect d'un lieu où l'ennemi et le feu viennent de passer, est précisément celui de ce village. Ce ne sont que masures et décombres, depuis les huttes des habitants jusqu'au *seraï* ou *palais* de l'aga. Cependant il se tient à *Loùdd*, une fois la semaine, un marché où les paysans de tous les environs viennent vendre leur coton filé. Les pauvres chrétiens qui y habitent, montrent avec vénération les ruines de l'église de Saint-Pierre, et font asseoir les étran-

---

(1) L'on en trouve dès Acre; mais leur fruit a peine à mûrir.

gers sur une colonne qui servit, disent-ils, à reposer ce saint. Ils montrent l'endroit où il prêchait, celui où il faisait sa prière, etc. Tout ce pays est plein de pareilles traditions. L'on n'y fait pas un pas, que l'on ne vous y montre des traces de quelque apôtre, de quelque martyr, de quelque vierge; mais quelle foi ajouter à ces traditions, quand l'expérience constate que les événements d'Ali-bek et de Dâher sont déja contestés et confondus!

A un tiers de lieue au sud de *Loùdd*, par une route bordée de nopals, est *Ramlé*, l'ancienne *Arimathia*. Cette ville est presque aussi ruinée que *Loùdd* même. On ne marche dans son enceinte qu'à travers des décombres : l'aga de *Gaze* y fait sa résidence dans un seraï dont les planchers s'écroulent avec les murailles. *Pourquoi*, disais-je un jour à un de ses sous-agas, *ne répare-t-il pas au moins sa chambre? Et s'il est supplanté l'année prochaine*, répondit-il, *qui lui rendra sa dépense?* Une centaine de cavaliers et autant de Barbaresques qu'il entretient, sont logés dans une vieille église chrétienne, dont la nef sert d'écurie, et dans un ancien khan, que les scorpions leur disputent. La campagne aux environs est plantée d'oliviers superbes, disposés en quinconce. La plupart sont grands comme des noyers de France; mais journellement ils dépérissent par vétusté, par les ravages publics, et même par des délits secrets : car dans ces cantons, lorsqu'un paysan a un ennemi, il vient de nuit scier ou percer les arbres à fleur de terre; et la blessure, qu'il a soin de recouvrir, épuisant la sève comme un cautère, l'olivier périt de langueur. En parcourant ces plantations, on trouve à chaque pas des puits secs, des citernes enfoncées, et de vastes réservoirs voûtés, qui prouvent que jadis la ville dut avoir plus d'une lieue et demie d'enceinte. Aujourd'hui, à peine y compte-t-on 200 familles. Le peu de terre que cultivent quelques-unes, appartient au mofti, et à deux ou trois de ses parents. Les ressources des autres se bornent à filer du coton, qui est enlevé en grande partie par deux comptoirs français qui y sont établis. Ce sont les derniers de cette partie de la Syrie; il n'y en a ni à Jérusalem, ni à Yâfa. On fait aussi à Ramlé du savon, qui passe presque tout en Égypte. Par un cas nouveau, l'aga y a fait construire en 1784 le seul moulin à vent que j'aie vu en Syrie et en Égypte, quoique l'on dise ces machines originaires de ces pays; et il l'a fait sur le dessin et sous la direction d'un charpentier vénitien.

La seule antiquité remarquable de *Ramlé*, est le minaret d'une mosquée ruinée, qui se trouve sur le chemin de *Yâfa*. L'inscription arabe porte qu'il fut bâti par *Saïf-el-Dîn*, sultan d'Égypte. Du sommet, qui est très-élevé, l'on suit toute la chaîne des montagnes qui vient de Nâblous, côtoyant la plaine, et qui va se perdre dans le sud. Si l'on parcourt cette plaine jusqu'à *Gaze*, on rencontre d'espace en espace quelques villages mal bâtis en terre sèche, qui, comme leurs habitants, portent l'empreinte de la pauvreté et de la misère. Ces maisons, vues de près, sont des huttes tantôt isolées, et tantôt rangées en forme de cellules, autour d'une cour fermée par un mur de terre. Les femmes y ont, comme partout, un logement séparé. Dans l'hiver, l'appartement habité est celui même des bestiaux; seulement la partie où l'on se tient, est élevée de deux pieds au-dessus du sol des animaux. Ces paysans en retirent l'avantage d'être chaudement sans brûler de bois; et cette économie est indispensable dans un pays qui en manque absolument. Quant au feu nécessaire pour cuire leurs aliments, ils le font avec de la fiente pétrie en forme de gâteaux, que l'on fait sécher au soleil, en les appliquant sur les murs de la hutte. L'été, ils ont un autre logement plus aéré, mais dont tous les meubles consistent pareillement en une natte et un vase à boire. Les environs de ces villages sont ensemencés, dans la saison, de grains et de pastèques; tout le reste est désert et livré aux Arabes-Bédouins qui y font paître leurs troupeaux. A chaque pas l'on y rencontre des ruines de tours, de donjons, de châteaux avec des fossés; quelquefois on y trouve pour garnison un lieutenant de l'aga, avec deux ou trois Barbaresques qui n'ont que la chemise et le fusil; plus souvent ils sont abandonnés aux chacals, aux hiboux et aux scorpions.

Parmi les lieux habités, on peut distinguer le village de *Mesmié*, à quatre lieues de *Ramlé*, sur la route de *Gaze*; il fournit beaucoup de cotons filés. A une petite lieue de là à l'orient est une colline isolée, appelée par cette raison *el-Tell*; c'est le chef-lieu de la tribu des *Ouadihié*, dont était chaik *Bakir*, que l'aga de Gaze assassina, il y a trois ans, à un repas où il l'avait invité. On trouve, sur cette hauteur, des débris considérables d'habitations, et des souterrains tels qu'en offrent les fortifications du moyen âge. Ce lieu a dû être recherché en tout temps, pour son escarpement et pour la source qui est à ses pieds. Le ravin par lequel elle coule, est le même qui va se perdre près d'*Azqâlan*. A l'est, le terrain est rocailleux et cependant parsemé de sapins, d'oliviers et d'autres arbres. *Bait-djibrim*, *Bethagabris* dans l'antiquité, est un village habité qui n'en est éloigné que de trois petits quarts de lieue dans le sud. A sept heures de là, en tirant vers le sud-ouest, un autre village de Bedouins, appelé le *Hesi*, a, dans son voisinage, une colline factice et carrée, dont la hauteur passe soixante-dix pieds, sur cent cinquante pas de large et deux cents de long. Tout son talus a été pavé, et son sommet porte encore des traces d'une citadelle très-forte.

En se rapprochant de la mer, à trois lieues de Ramlé, sur la route de Gaze, est *Yabné*, qui dans l'antiquité fut *Iamnia*. Ce village n'a de remarquable qu'une hauteur factice, comme celle du *Hesi*, et un petit ruisseau, le seul de ces cantons qui ne tarisse pas en été. Son cours total n'est pas de plus d'une lieue et demie; avant de se perdre à la mer, il forme un marais appelé *Roubín*, où des paysans avaient établi, il y a cinq ans, une culture de cannes à sucre qui promettait les plus grands succès; mais dès la seconde récolte, l'aga exigea une contribution qui les a forcés de déserter.

Après *Yabné*, l'on rencontre successivement diverses ruines, dont la plus considérable est *Ezdoub*, l'ancienne *Azot*, célèbre en ce moment pour ses scorpions. Cette ville, puissante sous les Philistins, n'a plus rien qui atteste son ancienne activité. A trois lieues d'*Ezdoub* est le village d'*el-Majdal*, où l'on file les plus beaux cotons de la Palestine, qui cependant sont très-grossiers. Sur la droite est *Azqalán*, dont les ruines désertes s'éloignent de jour en jour de la mer, qui jadis les baignait. Toute cette côte s'ensable journellement, au point que la plupart des lieux qui ont été des ports dans l'antiquité sont maintenant reculés de quatre ou cinq cents pas dans les terres. Gaze en est un exemple que l'on peut citer.

Gaze, que les Arabes appellent *Rázzé*, en

grasseyant fortement l'*r*, est un composé de trois villages, dont l'un, sous le nom de *château*, est situé au milieu des deux autres sur une colline de médiocre élévation. Ce château, qui put être fort pour le temps où il fut construit, n'est maintenant qu'un amas de décombres. Le *seraï* de l'aga, qui en fait partie, est aussi ruiné que celui de *Ramlé* ; mais il a l'avantage d'une vaste perspective. De ses murs, la vue embrasse et la mer, qui en est séparée par une plage de sable d'un quart de lieue, et la campagne, dont les dattiers et l'aspect ras et nu à perte de vue rappellent les paysages de l'Égypte : en effet, à cette hauteur, le sol et le climat perdent entièrement le caractère arabe. La chaleur, la sécheresse, le vent et les rosées y sont les mêmes que sur les bords du Nil ; et les habitants ont plutôt le teint, la taille, les mœurs et l'accent des Égyptiens, que des Syriens.

La position de *Gaze*, en la rendant le moyen de communication de ces deux peuples, en a fait de tout temps une ville assez importante. Les ruines de marbre blanc que l'on y trouve encore quelquefois, prouvent que jadis elle fut le séjour du luxe et de l'opulence : elle n'était pas indigne de ce choix. Le sol noirâtre de son territoire est très-fécond, et ses jardins, arrosés d'eaux vives, produisent même encore, sans aucun art, des grenades, des oranges, des dattes exquises, et des ognons de renoncules recherchés jusqu'à Constantinople. Mais elle a participé à la décadence générale ; et, malgré son titre de capitale de la Palestine, elle n'est plus qu'un bourg sans défense, peuplé tout au plus de deux mille ames. L'industrie principale de ses habitants consiste à fabriquer des toiles de coton ; et comme ils fournissent eux seuls les paysans et les Bedouins de tous ces cantons, ils peuvent employer jusqu'à cinq cents métiers. On y compte aussi deux ou trois fabriques de savon. Autrefois le commerce des cendres ou *qalis* était un article considérable. Les Bedouins, à qui ces cendres ne coûtaient que la peine de brûler les plantes du désert, et de les apporter, les vendaient à bon marché ; mais depuis que l'aga s'en est attribué le commerce exclusif, les Arabes, forcés de les lui vendre au prix qu'il veut, n'ont plus mis le même empressement à les recueillir ; et les habitants, contraints de les lui payer à sa taxe, ont négligé de faire des savons : cependant ces cendres méritent d'être recherchées pour l'abondance de leur soude.

Une branche plus avantageuse au peuple de Gaze est le passage des caravanes qui vont et viennent d'Égypte en Syrie. Les provisions qu'elles sont forcées de prendre pour les neuf à dix journées du désert procurent aux farines, aux huiles, aux dattes et autres denrées, un débouché profitable à tous les habitants. Ils ont encore quelquefois des relations avec *Suez*, lors de l'arrivée ou du départ de la flotte de Djedda, et ils peuvent s'y rendre en trois marches forcées. Ils font aussi, chaque année, une grosse caravane qui va à la rencontre des pèlerins de la Mekke, et leur porte le convoi ou *djerdé* de Palestine, avec des rafraîchissements. Le lieu de jonction est *Maán*, à quatre journées au sud-sud-est de Gaze, et à une journée au nord de l'*Aqâbé*, sur la route de Damas. Enfin, ils achètent les pillages des Bedouins; et cet article serait un Pérou, si les cas en étaient plus fréquents. On ne saurait apprécier ce que leur valut celui de 1757. Les deux tiers de plus de vingt mille charges dont était composé le *Hadji* vinrent à Gaze. Les Bedouins, ignorants et affamés, qui ne connaissent aux plus belles étoffes que le mérite de couvrir, donnaient les châles de cachemire, les toiles, les mousselines de l'Inde, les sirsakas, les cafés, les perses et les gommes pour quelques piastres. On rapporte un trait qui fera juger de l'ignorance et de la simplicité de ces habitants des déserts. Un Bedouin d'Anazé ayant trouvé dans son butin plusieurs sachets de perles fines, les prit pour du *doura*, et les fit bouillir pour les manger : voyant qu'elles ne cuisaient point, il allait les jeter, lorsqu'un Gazéen les lui acheta en échange d'un bonnet rouge de *Fâz*. Une aubaine semblable se renouvela en 1779, par le pillage que les Arabes de *Tor* firent de cette caravane dont M. de Saint-Germain faisait partie. Récemment, en 1784, la caravane des Barbaresques, composée de plus de trois mille charges, a été pareillement dépouillée; et le café que les Bedouins en apportèrent devint si abondant en Palestine, qu'il diminua tout à coup de la moitié de son prix; il eût encore baissé, si l'aga n'en eût prohibé l'achat, pour forcer les Bedouins de le lui apporter tout entier: ce monopole lui valut, lors de l'affaire de 1779, plus de 80,000 piastres. Année commune, en le joignant aux avanies, au miri, aux douanes, aux douze cents charges qu'il vole sur les trois mille du convoi de la Mekke, il se fait un revenu qui double les 180 bourses du prix de sa ferme.

Au delà de Gaze, ce n'est plus que déserts. Cependant il ne faut pas croire, à raison de ce nom, que la terre devienne subitement inhabitée; l'on continue encore pendant une journée le long de la mer de trouver quelques cultures et quelques villages. Tel est encore *Kân-Younès*, espèce de château où les Mamlouks tiennent 12 hommes de garnison. Tel est encore *el-Arich*, dernier endroit où l'on trouve de l'eau potable, jusqu'à ce que l'on soit arrivé à *Saléhié* en Égypte. *El-Arich* est à trois quarts de lieue de la mer, dans un sol noyé de sables, comme l'est toute cette côte. En rentrant à l'orient dans le désert, l'on rencontre d'autres bandes de terres cultivables jusque sur la route de la Mekke. Ce sont des vallées où les eaux de l'hiver et de quelques puits engagent quelques paysans à s'établir, et à cultiver des palmiers et du *doura* sous la protection ou plutôt sous les rapines des Arabes. Ces paysans, séparés du reste de la terre, sont des demi-sauvages plus ignorants, plus grossiers et plus misérables que les Bedouins mêmes : liés au sol qu'ils cultivent, ils vivent dans les alarmes perpétuelles de perdre les fruits de leurs travaux. A peine ont-ils fait une récolte, qu'ils se hâtent de l'enfouir dans des lieux cachés : eux-mêmes se retirent parmi les rochers qui bordent le sud de la mer Morte. Ce pays n'a été visité par aucun voyageur; cependant il mériterait de l'être; car, d'après ce que j'ai ouï dire aux Arabes de *Bakir*, et aux gens de *Gaze* qui vont à *Màán* et à *Karak* sur la route des pèlerins, il y a au sud-est du lac Asphaltite, dans un espace de trois journées, plus de 30 villes ruinées, absolument désertes. Plusieurs d'entre elles ont de grands édifices avec des colonnes, qui ont pu être des temples anciens, ou tout au moins des églises grecques. Les Arabes s'en servent quelquefois pour parquer leurs troupeaux; mais le plus souvent ils les évitent, à cause des énormes scorpions qui y abondent. L'on ne doit pas s'étonner de ces traces de population, si l'on se rappelle que ce fut là le pays de ces *Nabathéens* qui furent les plus puissants des Arabes; et des Iduméens, qui, dans le dernier siècle de Jérusalem, étaient presque aussi nombreux que les Juifs : témoin le trait cité par *Josèphe*, qui dit qu'au bruit de la marche de Titus contre Jérusalem, il s'assembla tout d'un coup 30,000 Iduméens qui se jetèrent dans la ville pour la défendre. Il paraît qu'outre un assez bon gouvernement, ces cantons eurent encore pour mobile d'activité et de population une branche considérable du commerce de l'Arabie et de l'Inde. On sait que, dès le temps de Salomon, les villes d'*Atsioum-Gâber* et d'*Aïlah* en étaient deux entrepôts très-fréquentés : ces villes étaient situées sur le golfe de la mer Rouge adjacent, où l'on trouve encore la seconde, avec son nom, et peut-être la première dans *el-Aqabé* ou *la fin* (de la mer). Ces deux lieux sont aux mains des Bedouins, qui, n'ayant ni marine ni commerce, ne les habitent point. Mais les pèlerins du Kaire qui y passent rapportent qu'il y a à *el-Aqabé* un mauvais fort avec une garde turke, et de bonne eau, infiniment précieuse dans ce canton. Les Iduméens, à qui les Juifs n'enlevèrent ces ports que par époques passagères, dûrent en tirer de grands moyens de population et de richesse. Il paraît même qu'ils rivalisèrent avec les Tyriens, qui possédaient en ces cantons une ville sans nom, sur la côte de l'*Hedjaz*, dans le désert de *Tih*, et la ville de *Faran*, et sans doute *el-Tor*, qui lui servait de port. De là, les caravanes pouvaient se rendre en Palestine et en Judée dans l'espace de huit à dix jours; cette route, plus longue que celle de Suez au Kaire, l'est infiniment moins que celle d'Alep à Basra, qui en dure 35 et 40; et peut-être, dans l'état actuel, serait-elle préférable, si la voie de l'Égypte restait absolument fermée. Il ne s'agirait que de traiter avec les Arabes, auprès de qui les conventions seraient infiniment plus sûres qu'avec les Mamlouks.

Le désert de *Tih* dont je viens de parler est ce même désert où Moïse conduisit et retint les Hébreux pendant une génération, pour les y dresser à l'art de la guerre, et faire un peuple de conquérants d'un peuple de pasteurs. Le nom de *el-Tih* paraît relatif à cet événement, car il signifie le pays *où l'on erre;* mais l'on aurait tort de croire qu'il se soit conservé par tradition, puisque ses habitants actuels sont étrangers, et que, dans toutes ces contrées, l'on a bien de la peine à se ressouvenir de son grand-père; ce n'est qu'à raison de la lecture des livres hébreux et du Qôran que le nom d'*el-Tih* a pris cours chez les Arabes. Ils emploient aussi celui de *Barr-el-tour Sina*, qui signifie *pays du mont Sinaï*.

Ce désert, qui borne la Syrie au midi, s'étend en forme de presqu'île entre les deux golfes de la mer Rouge; celui de *Suez* à l'ouest, et celui d'*el-Aqabé* à l'est. Sa largeur commune est de 30 lieues sur 70 de longueur; ce grand espace est presque tout occupé par des montagnes arides qui, du côté du nord, se joignent à celles de la Syrie, et sont comme elles de roche calcaire. Mais en s'avançant au midi, elles deviennent graniteuses, au point que le *Sinaï* et l'*Horeb* ne sont que d'énormes pics de cette pierre. C'est à ce titre que les anciens appelèrent cette contrée *Arabie pierreuse*. Là terre y est en général un gravier aride; il n'y croît que des acacias épineux, des tamariscs, des sapins, et quelques arbustes clair-semés et tortueux. Les sources y sont très-rares; et le peu qu'il y en a est tantôt sulfureux et *thermal*, comme à *Hammâm-Faráoun*; tantôt saumâtre et dégoûtant, comme à *El-naba* en face de *Suez*: cette qualité saline règne dans tout le pays, et il y a des mines de sel *gemme* dans la partie du nord. Cependant en quelques vallées, le sol plus doux, parce qu'il est formé de la dépouille des rocs, devient, après les pluies d'hiver, cultivable et presque fécond. Telle est la vallée de *Djirandel*, où il se trouve jusqu'à des bocages; telle encore la vallée de *Faran*, où les Bedouins rapportent qu'il y a des ruines qui ne peuvent être que celles de l'ancienne ville de ce nom. Autrefois l'on put tirer parti de toutes les ressources de ce terrain (1); mais aujour-

---

(1) Niebuhr a découvert, sur une montagne, des tombeaux avec des hiéroglyphes, qui feraient croire que les Égyptiens ont eu des établissemens dans ces contrées.

d'hui, livré à la nature, ou plutôt à la barbarie, il ne produit que des herbes sauvages. C'est avec ce faible moyen que ce désert fait subsister trois tribus de Bedouins, qui peuvent former cinq à six mille ames répandues sur sa surface; on leur donne le nom général de *Taouâra*, ou Arabes de *Tôr*, parce que ce lieu est le plus connu et le plus fréquenté de leur pays. Il est situé sur la côte orientale du bras de *Suez*, dans un local sablonneux et bas comme toute cette plage. Son mérite est d'avoir une assez bonne rade et de l'eau potable; et les Arabes y en apportent du *Sinaï*, qui est réellement bonne. C'est là que les vaisseaux de Suez s'en approvisionnent en allant à Djedda; du reste l'on n'y trouve que quelques palmiers, des ruines d'un mauvais fort sans gardes, un petit couvent de Grecs, et quelques huttes de pauvres Arabes qui vivent de poisson, et s'engagent pour matelots. Il y a encore au midi deux petits hameaux de Grecs, aussi dénués et aussi misérables. Quant à la subsistance des trois tribus, elles la tirent de leurs chèvres, de leurs chameaux, de quelques gommes d'acacia qu'achète l'Égypte, des vols et des pillages sur les routes de *Suez*, de *Gaze* et de la Mekke. Pour leurs courses, ces Arabes n'ont pas de juments comme les autres, ou du moins ils n'en peuvent nourrir que très-peu; ils y suppléent par une espèce de chameau que l'on appelle *hedjîne*. Cet animal a toute la forme du chameau vulgaire; mais il en diffère en ce qu'il est infiniment plus svelte dans ses membres, et plus rapide dans ses mouvements. Le chameau vulgaire ne marche jamais qu'au pas, et il se balance si lentement, qu'à peine fait-il 1800 toises à l'heure; le *hedjine*, au contraire, prend à volonté un trot qui, à raison de la grandeur de ses pas, devient rapide au point de parcourir deux lieues à l'heure. Le grand mérite de cet animal est de pouvoir soutenir une marche de 30 et 40 heures de suite, presque sans se reposer, sans manger et sans boire. L'on s'en sert pour envoyer des courriers, et pour faire de longues fuites. Si l'on a une fois pris une avance de quatre heures, la meilleure jument arabe ne peut jamais le rejoindre; mais il faut être habitué aux mouvements de cet animal; ses secousses écorchent et disloquent en peu de temps le meilleur cavalier, malgré les coussins dont on garnit le bât. Tout ce que l'on dit de la vitesse du dromadaire doit s'appliquer à cet animal. Cependant il n'a qu'une bosse; et je ne me rappelle pas, sur 25 à 30,000 chameaux que j'ai pu voir en Syrie et en Égypte, en avoir vu un seul à deux bosses.

Un dernier article plus important des revenus des Bedouins de *Tôr* est le pèlerinage des Grecs au couvent du mont *Sinaï*. Les schismatiques ont tant de dévotion aux reliques de sainte Catherine qu'ils disent y être, qu'ils doutent de leur salut s'ils ne les ont pas visitées au moins une fois dans leur vie. Ils y viennent jusque de la Morée et de Constantinople. Le rendez-vous est le Kaire, où les moines du mont *Sinai* ont des correspondans qui traitent des escortes avec les Arabes. Le prix ordinaire est de 28 *pataques* par tête, c'est-à-dire de 147 livres, sans les vivres. Arrivés au couvent, ces Grecs font leurs dévotions, visitent l'église, baisent les reliques et les images, montent à genoux plus de cent marches de la montagne de Moïse, et finissent par donner une offrande qui n'est point taxée, mais qui est rarement de moins de 50 pataques (1).

A ces visites près, qui n'ont lieu qu'une fois l'année, ce couvent est le séjour le plus isolé et le plus sauvage de la nature. Le paysage des environs n'est qu'un entassement de rocs hérissés et nus. Le Sinaï, au pied duquel il est assis, est un pic de granit qui semble près de l'écraser. La maison est une espèce de prison carrée, dont les hautes murailles n'ont qu'une seule fenêtre; cette fenêtre, quoique très-élevée, sert aussi de porte;

---

(1) C'est à ces pèlerins que l'on doit attribuer des inscriptions et des figures grossières d'ânes, de chameaux, etc., gravées sur des rochers qui, par cette raison, sont nommés *Djebel Mokatteb*, ou *Montagne Écrite*. Montaigu, qui avait beaucoup voyagé dans ces cantons, et qui avait examiné ces inscriptions avec soin, en porta ce jugement; et Gébelin a bien perdu sa peine en y cherchant des mystères profonds.

c'est-à-dire que, pour entrer dans le couvent, l'on s'assied dans un panier que les moines laissent pendre de cette fenêtre, et qu'ils hissent avec des cordes. Cette précaution est fondée sur la crainte des Arabes, qui pourraient forcer le couvent si l'on entrait par la porte : ce n'est que lors de la visite de l'évêque que l'on en ouvre une, qui, hors cette occasion, est condamnée. Cette visite doit avoir lieu tous les deux ou trois ans; mais comme elle entraîne une forte contribution aux Arabes, les moines l'éludent autant qu'ils peuvent. Ils ne se dispensent pas si aisément de payer chaque jour un nombre de rations; et les querelles qui arrivent à ce sujet leur attirent souvent des pierres et même des coups de fusil de la part des Bedouins mécontents. Jamais ils ne sortent dans la campagne; seulement, à force de travail, ils sont parvenus à se faire sur les rocs un jardin de terre rapportée, qui leur sert de promenade; ils y cultivent des fruits excellents, tels que des raisins, des figues, et surtout des poires dont ils font des présents très-recherchés au Kaire, où il n'y en a point. Leur vie domestique est la même que celle des Grecs et des Maronites du Liban, c'est-à-dire qu'elle est tout entière occupée à des travaux d'utilité ou à des pratiques de dévotion. Mais les moines du Liban ont l'avantage précieux d'une liberté extérieure et d'une sécurité que n'ont pas ceux du *Sinaï*. Du reste, cette vie prisonnière et dénuée de jouissance est celle de tous les moines des pays turks. Ainsi vivent les Grecs de *Mar-Siméon*, au nord d'Alep, de *Mar-Sába* sur la mer Morte; ainsi vivent les Coptes des couvents du désert de Saint-Makaire et de celui de Saint-Antoine. Partout, ces couvents sont des prisons, sans autre jour extérieur que la fenêtre par où ils reçoivent leurs vivres; partout, ces couvents sont placés dans des lieux affreux dénués de tout, où l'on ne rencontre que rocs et rocailles, sans herbe et sans mousse; et cependant ils sont peuplés. Il y a 50 moines au Sinaï, 25 à *Mar-Sába*, plus de 300 dans les deux déserts d'Égypte. J'en recherchais un jour la raison; et conversant avec un des supérieurs de *Mar-Hanna*, je lui demandais ce qui pouvait engager à cette vie vraiment misérable. « Hé quoi, me dit-il, « n'es-tu pas chrétien? n'est-ce pas par cette route « que l'on va au ciel?.... Mais, répondis-je, l'on « peut aussi faire son salut dans le monde; et entre « nous, père, je ne vois pas que les religieux, « encore qu'ils soient pieux, aient cette ancienne « ferveur qui tenait toute la vie les yeux fixés sur « l'heure de la mort. Il est vrai, me dit-il, nous « n'avons plus l'austérité des anciens anachorètes, « et c'est un peu la raison qui peuple nos couvents. « Toi qui viens de pays où l'on vit dans la sécu- « rité et l'abondance, tu peux regarder notre vie « comme une privation, et notre retraite du « monde comme un sacrifice. Mais dans l'état de

« ce pays, peut-être n'en est-il pas ainsi. Que faire?
« être marchand? On a les soucis du négoce, de
« la famille, du ménage. L'on travaille 30 ans dans
« la peine ; et un jour l'aga, le pacha, le qâdi, vous
« envoient prendre ; on vous intente un procès sans
« motif, on aposte des témoins qui vous accusent;
« l'on vous bâtonne, l'on vous dépouille, et vous
« voilà au monde nu comme le premier jour. Pour le
« paysan, c'est encore pis ; l'aga le vexe, le soldat le
« pille, l'Arabe le vole. Être soldat? le métier est
« rude, et la fin n'en est pas sûre. Il est peut-être
« dur de se renfermer dans un couvent ; mais
« l'on y vit en paix ; et quoique habituellement
« privé, peut-être l'est-on encore moins que dans
« le monde. Vois la condition de nos paysans, et
« vois la nôtre. Nous avons tout ce qu'ils ont, et
« même ce qu'ils n'ont pas ; nous sommes mieux
« vêtus, mieux nourris ; nous buvons du vin et
« du café. Et que sont nos religieux, sinon les en-
« fants des paysans? Tu parles des Coptes de Saint-
« Makaire et de Saint-Antoine ! sois persuadé que
« leur condition vaut encore mieux que celle des
« Bedouins et des *Fellahs* qui les environnent. »

J'avoue que je fus étonné de tant de franchise
et de tant de justesse ; mais je ne sentis que mieux
que le cœur humain se retrouve partout avec les
mêmes mobiles : partout c'est le désir du bien-
être, soit en espoir, soit en jouissance actuelle ;
et le parti qui le détermine est toujours celui où

il y a le plus à gagner. Il y a d'ailleurs bien des réflexions à faire sur le discours de ce religieux : il pourrait indiquer jusqu'à quel point l'esprit cénobitique est lié à l'état du gouvernement; de quels faits il peut dériver ; en quelles circonstances il doit naître, régner, décliner, etc. Mais je dois terminer ce tableau géographique de la Syrie, et résumer en peu de mots ce que j'ai dit de ses revenus et de ses forces, afin que le lecteur se fasse une idée complète de son état politique.

CHAPITRE VIII.

Résumé de la Syrie.

L'on peut considérer la *Syrie* comme un pays composé de trois longues bandes de terrain de qualités diverses : l'une, régnant le long de la Méditerranée, est une vallée chaude, humide, d'une salubrité équivoque, mais d'une grande fertilité ; l'autre, frontière de celle-ci, est un sol montueux et rude, mais jouissant d'une température plus mâle et plus salubre; enfin, la troisième, formant le revers des montagnes à l'orient, réunit la sécheresse de celle-ci à la chaleur de celle-là. Nous avons vu comment, par une heureuse combinaison des propriétés du climat et du sol, cette province rassemble sous un ciel borné les avantages de plusieurs zones; en sorte que la nature semble l'avoir préparée à être l'une des plus agréables habitations du continent. Cependant l'on peut lui reprocher, comme à la plupart des pays chauds, de manquer de cette verdure fraîche et animée qui fait l'ornement presque éternel de nos contrées; l'on n'y voit point ces riants tapis d'herbes et de fleurs qu'étalent nos prairies de Normandie et de Flandre; ni ces massifs de beaux arbres, qui donnent tant de vie et de richesses aux paysages de la Bourgogne et de la Bretagne. Ainsi qu'en Provence, la terre en Syrie a presque toujours un aspect poudreux qui n'est égayé qu'en quelques endroits par les sapins, les mûriers et les vignes. Peut-être ce défaut est-il moins celui de la nature que celui de l'art; peut-être, si la main de l'homme n'eût pas ravagé ces campagnes, seraient-elles ombragées de forêts; il est du moins certain, et c'est l'avantage des pays chauds sur les pays froids, que dans les premiers, partout où il y a de l'eau, l'on peut entretenir la végétation dans un travail perpétuel, et faire succéder, sans repos, des fruits aux fleurs, et des fleurs aux fruits. Dans les zones tempérées, la nature, engourdie pendant plusieurs mois, perd dans un sommeil stérile le tiers et même la moitié de l'année. Le terrain qui a produit du grain, n'a plus le temps, avant le déclin des chaleurs, de rendre des légumes : l'on ne peut espérer une seconde récolte, et le laboureur se voit long-temps condamné à un repos dévorant. La Syrie, ainsi que nous l'avons vu, est préservée de ces inconvénients ; si donc il arrive que ses produits ne répondent pas à ses moyens, c'est moins à son état physique qu'à son régime politique, qu'il en faut rapporter la cause. Pour fixer nos idées à cet égard, résumons en peu de mots ce que nous avons exposé en détail des revenus, des forces et de la population de cette province.

D'après l'état des contributions de chaque pachalic, il paraît que la somme annuelle que la Syrie verse au *kazné* ou *trésor* du sultan, se monte à 2,345 bourses, savoir:

Pour Alep,	800 bourses.
Pour Tripoli,	750
Pour Damas,	45
Pour Acre,	750
Et pour la Palestine,	0
TOTAL	2,345 bourses.

qui font 2,931,250 livres de notre monnaie.

A cette somme il faut joindre, 1° le casuel des successions des pachas et des particuliers, que l'on peut supposer de 1,000 bourses par an ; 2° la capitation des chrétiens, appelée *Karadj*, qui forme presque partout une régie distincte, et comptable directement au *kazné*. Cette capitation n'a point lieu pour les pays sous-affermés, tels que ceux des Maronites et des Druzes, mais seulement pour les *rayás* ou *sujets* immédiats. Les billets sont de trois, de cinq et onze piastres par tête. Il est difficile d'en apprécier le produit total; mais en admettant cent cinquante mille contribuables au terme moyen de six piastres, l'on a une somme de 2,250,000 livres; et l'on doit se rapprocher beaucoup de la vérité, en portant à sept millions et demi la totalité du revenu que le sultan tire de la Syrie : ci total, 7,500,000 livres.

Que si l'on évalue ce que le pays rapporte aux fermiers mêmes, l'on aura,

Pour Alep,................	2,000 bourses.
Pour Tripoli,.............	2,000
Pour Damas,..............	10,000
Pour Acre,................	10,000
Pour la Palestine,.........	600
TOTAL.....	24,600 bourses,

qui font 30,750,000 livres. L'on doit regarder cette somme comme le terme le plus faible du produit de la Syrie, attendu que les bénéfices des sous-fermes, telles que le pays des Druzes, celui des Maronites, celui des *Ansârié*, etc., n'y sont pas compris.

L'état militaire n'a pas, à beaucoup près, la proportion qu'un tel revenu supposerait en Europe; toutes les troupes des pachas réunies, ne peuvent se porter à plus de 5,700 hommes, tant cavaliers que piétons, savoir :

	CAVALIERS.	BARBARESQUES.
Pour Alep,	600	500
Pour Tripoli,	500	200
Pour Acre,	1,000	900
Pour Damas,	1,000	600
Pour la Palestine,	300	100
TOTAL.	3,400	2,300

Les forces habituelles se réduisent donc à 3,400 cavaliers et 2,300 Barbaresques. Il est vrai que dans les cas extraordinaires, la milice des janissaires vient s'y joindre, et que les pachas appellent de toutes parts des vagabonds volontaires; ce qui forme ces armées subites que nous avons vues paraître dans les guerres de Dâher et d'Ali-bek; mais ce que j'ai exposé de la tactique de ces armées, et de la discipline de ces troupes, doit faire juger que la Syrie est un pays encore plus mal gardé que l'Égypte. Il faut cependant louer dans les soldats turks deux qualités précieuses; une frugalité capable de les faire vivre dans le pays le plus ruiné, et une santé qui résiste aux plus grandes fatigues. Elle est le fruit de la vie dure qu'ils mènent sans relâche : toujours en campagne, couchant sur la terre et dormant en plein air, ils n'éprouvent point cette alternative de la mollesse des villes et de la fatigue des camps, qui, chez les peuples policés, est si funeste aux militaires. Du reste la Syrie et l'Égypte, comparées relativement à la guerre, diffèrent presque en tout point. Attaquée par un ennemi étranger, l'Égypte se défend sur terre par ses déserts, et sur mer par sa plage dangereuse. La Syrie, au contraire, ouverte sur le continent par le Diarbekr, l'est encore sur la Méditerranée par une côte accessible dans toute sa longueur. Il est facile de descendre en Syrie ; il est difficile d'aborder en Égypte : l'Égypte abordée, est conquise, la Syrie peut résister : l'Égypte conquise, est pénible à garder, facile à perdre ; la Syrie, impossible à perdre et facile à garder. Il faut moins d'art encore pour conquérir l'une que pour conserver l'autre. La raison en est que l'Égypte étant un pays de plaine, la guerre y marche rapidement; tout mouvement mène à une bataille, et toute bataille y devient décisive ; la Syrie, au contraire, étant un pays de montagnes, la guerre ne s'y peut faire que par actions de poste, et nulle perte n'y est sans ressource.

L'article de la population, qui reste à déterminer, est bien plus épineux que les deux précédents. L'on ne peut se conduire dans son calcul que par des analogies, qui ne sont pas à l'abri de l'erreur. Les plus probables se tirent de deux termes extrêmes assez bien connus : l'un, qui est le plus fort, est celui des Maronites et des Druzes ; il donne 900 ames par lieue carrée, et il peut s'appliquer aux pays de *Náblous*, de *Hasbéya*, d'*Adjaloun*, au territoire de Damas, et quelques autres lieux. L'autre, qui est le plus faible, est celui d'Alep, qui donne 380 à 400 habitants par lieue carrée, et il convient à la majeure partie de la Syrie. En combinant ces deux termes par un détail d'applications trop longues à déduire, il m'a paru que la population totale de la Syrie pouvait s'évaluer à 2,305,000, savoir :

Pour le pachalic d'Alep,	320,000
Pour celui de Tripoli, non compris le Kesraouân,	200,000
Pour le Kesraouân,	115,000
Pour le pays des Druzes,	120,000
Pour le pachalic d'Acre,	300,000
Pour la Palestine,	50,000
Pour le pachalic de Damas,	1,200,000
TOTAL	2,305,000

Supposons deux millions et demi ; la consistance de la Syrie étant d'environ 5,250 lieues carrées, à raison de 150 de longueur sur 35 de large, il en résulte un terme général de 476 ames par lieue carrée. On a droit de s'étonner d'un rapport si faible dans un pays aussi excellent; mais l'on s'étonnera davantage, si l'on compare à cet état la population des temps anciens. *Les seuls territoires de Yamnia et de Yoppé* en Palestine, dit le géographe philosophe Strabon, furent jadis si peuplés, qu'ils pouvaient entre eux armer 40,000 hommes. A peine aujourd'hui en fourniraient-ils 3,000. D'après le tableau assez bien constaté de la Judée au temps de Titus, cette contrée devait contenir 4,000,000 d'ames; et aujourd'hui elle n'en a peut-être pas 300,000. Si l'on remonte aux siècles antérieurs, on trouve la même affluence chez les Philistins, chez les Phéniciens, et dans les royaumes de Samarie et de Damas. Il est vrai que quelques écrivains raisonnant sur des comparaisons tirées de l'Europe, ont révoqué ces faits en doute; et réellement plusieurs sont susceptibles de critique; mais les comparaisons établies ne sont pas moins vicieuses, 1° en ce que les terres d'Asie en général sont plus fécondes que celles d'Europe; 2° en ce qu'une partie de ces terres est capable d'être cultivée, et se cultive en effet sans repos et sans engrais; 3° en ce que les Orientaux consomment moitié moins pour leur subsistance que la plupart des Occidentaux. De ces diverses raisons combinées, il résulte que dans ces contrées, un terrain d'une moindre étendue peut contenir une population double et triple. On se récrie sur des armées de 2 et 300,000 hommes, fournies par des états qui

en Europe n'en comporteraient pas 20 ou 30,000 ;
mais l'on ne fait pas attention que les constitutions des anciens peuples différaient absolument
des nôtres ; que ces peuples étaient purement
agricoles ; qu'il y avait moins d'inégalité, moins
d'oisiveté que parmi nous ; que tout cultivateur
était soldat ; qu'en guerre l'armée était souvent
la nation entière ; qu'en un mot c'était l'état présent des Maronites et des Druzes. Ce n'est pas que
je voulusse soutenir ces populations subites qui
d'un seul homme font sortir en peu de générations
des peuples nombreux et puissants. Il est dans ces
récits beaucoup d'équivoques de mots et d'erreurs
de copistes ; mais en n'admettant que l'état conforme à l'expérience et à la nature, rien ne prouve
contre les grandes populations d'une certaine antiquité : sans parler du témoignage positif de l'histoire, il est une foule de monuments qui déposent en leur faveur. Telles sont les ruines innombrables semées dans des plaines et même dans
des montagnes aujourd'hui désertes. On trouve
aux lieux écartés du Carmel, des vignes et des
oliviers sauvages qui n'y ont été portés que par la
main des hommes ; et dans le Liban des Druzes
et des Maronites, les rochers abandonnés aux
sapins et aux broussailles, offrent en mille endroits des terrasses qui attestent une ancienne
culture, et par conséquent une population encore
plus forte que de nos jours.

Il ne me reste qu'à rassembler les faits généraux épars dans cet ouvrage, et ceux que je puis avoir omis, pour former un tableau complet de l'état politique, civil et moral des habitants de la Syrie.

CHAPITRE IX.

Gouvernement des Turks en Syrie.

Le lecteur a déja pu juger, par divers traits qui se sont présentés, que le gouvernement des Turks en Syrie est un pur despotisme militaire, c'est-à-dire, que la foule des habitants y est soumise aux volontés d'une faction d'hommes armés, qui disposent de tout selon leur intérêt et leur gré. Pour mieux concevoir dans quel esprit cette faction gouverne, il suffit de se représenter à quel titre elle prétend posséder.

Lorsque les Ottomans, sous la conduite du sultan *Sélim*, enlevèrent la Syrie aux Mamlouks, ils ne la regardèrent que comme la dépouille d'un ennemi vaincu, comme un bien acquis par le droit des armes et de la guerre. Or, dans ce droit, chez les peuples barbares, le vaincu est entièrement à la discrétion du vainqueur; il devient son esclave; sa vie, ses biens lui appartiennent : le vainqueur est un maître qui peut disposer de tout, qui ne doit rien, et qui fait grace de tout ce qu'il laisse. Tel fut le droit des Romains, des Grecs, et de toutes ces sociétés de brigands que l'on a décorés du nom de conquérants. Tel, de tout temps, fut celui des Tartares, dont les Turks tirent leur origine. C'est sur ces principes que fut formé même leur premier état social. Dans les plaines de la Tartarie, les hordes divisées d'intérêt, n'étaient que des troupes de brigands armés pour attaquer ou pour se défendre, pour piller à titre de butin, tous les objets de leur avidité. Déja tous les éléments de l'état present étaient formés : sans cesse errants et campés, les pasteurs étaient des soldats; la horde était une armée : or, dans une armée, les lois ne sont que les ordres des chefs; ces ordres absolus ne souffrent pas de délai; ils doivent être unanimes, partir d'une même volonté, d'une seule tête : de là, une autorité suprême dans celui qui commande; de là une soumission passive dans celui qui obéit. Mais comme dans la transmission de ces ordres, l'instrument devient agent à son tour, il en résulte un esprit impérieux et servile, qui est précisément celui qu'ont porté avec eux les Turks conquérants. Fier, après la victoire, d'être un des membres du peuple vainqueur, le dernier des Ottomans regardait le premier des vaincus avec l'orgueil d'un maître; cet esprit crois-

sant de grade en grade, que l'on juge de la distance qu'a dû voir le chef suprême, de lui à la foule des esclaves. Le sentiment qu'il en a conçu ne peut mieux se peindre que par la formule des titres que se donnent les *sultans* dans les actes publics. « Moi, » disent-ils dans les traités avec les rois de France, « moi qui suis par les graces infinies du
« grand, juste et tout-puissant Créateur, et l'abon-
« dance des miracles du chef de ses prophètes,
« empereur des puissants empereurs, refuge des
« souverains, distributeur des couronnes aux rois
« de la terre, serviteur des deux très-sacrées villes
« (la Mekke et Médine), gouverneur de la sainte
« cité de Jérusalem, maître de l'Europe, de l'Asie
« et de l'Afrique, conquises avec notre épée vic-
« torieuse et notre épouvantable lance, seigneur
« des deux mers (Blanche et Noire), des Damas,
« odeur du paradis, de Bagdad, siége de kalifes,
« des forteresses de Bellegrad, d'Agria, et d'une
« multitude de pays, d'îles, de détroits, de peu-
« ples, de générations et de tant d'armées victo-
« rieuses qui reposent auprès de notre Porte su-
« blime; moi enfin qui suis *l'ombre de Dieu* sur la
« terre, etc. »

Du faîte de tant de grandeur, quel regard un sultan abaissera-t-il vers le reste des humains? Que lui paraîtra cette terre qu'il possède, qu'il distribue, sinon un domaine dont il est l'absolu maître? Que lui paraîtront ces peuples qu'il a conquis, sinon des esclaves dévoués à le servir ? Que lui paraîtront ces soldats qu'il commande, sinon des valets avec lequels il maintient ses esclaves dans l'obéissance ? Et telle est réellement la définition du gouvernement turk. L'on peut comparer l'empire à une *habitation* de nos îles à sucre, où une foule d'esclaves travaillent pour le luxe d'un grand propriétaire, sous l'inspection de quelques serviteurs qui en profitent. Il n'y a d'autre différence, sinon que le domaine du sultan étant trop vaste pour une seule régie, il a fallu le diviser en *sous-habitations*, avec des *sous-régies* sur le plan de la première. Telles sont les provinces sous le gouvernement des pachas. Ces provinces se trouvant encore trop vastes, les pachas y ont pratiqué d'autres divisions ; et de là cette hiérarchie de *préposés* qui, de grade en grade, atteignent aux derniers détails. Dans cette série d'emplois, l'objet de la commission étant toujours le même, les moyens d'exécution ne changent pas de nature. Ainsi le pouvoir étant, dans le premier moteur, absolu et arbitraire, il se transmet arbitraire et absolu à tous ses agents. Chacun d'eux est l'image de son commettant. C'est toujours le sultan qui commande sous les noms divers de *pácha*, de *motsallam*, de *quáïemmaqam*, d'*aga*; et il n'y a pas jusqu'au *délibache* qui ne le représente. Il faut entendre avec quel orgueil le dernier de ces soldats donnant des ordres dans un village, prononce : C'est *la volonté du sultan ; c'est le bon plaisir du sultan.* La raison de cet orgueil est simple : c'est que, devenant porteur de la parole, et ministre de l'ordre du sultan, il devient le sultan même. Que l'on juge des effets d'un tel régime, quand l'expérience de tous les temps a prouvé que la modération est la plus difficile des vertus; quand, dans les hommes même qui en sont les apôtres, elle n'est souvent qu'en théorie ; que l'on juge des abus d'un pouvoir illimité dans des grands qui ne connaissent ni la souffrance ni la pitié, dans des parvenus avides de jouir, fiers de commander, et dans des subalternes avides de parvenir : que l'on juge si des écrivains spéculatifs ont eu raison d'avancer que le despotisme en Turkie n'est pas un si grand mal que l'on pense, parce que, résidant dans la personne du souverain, il ne doit peser que sur les grands qui l'entourent ! Sans doute, comme disent les Turks, *le sabre du sultan ne descend pas jusqu'à la poussière ;* mais ce sabre, il le dépose dans les mains de son vizir, qui le remet au pacha, d'où il passe au *motsallam*, à l'*aga* et jusqu'au dernier *délibache ;* en sorte qu'il se trouve à la portée de tout le monde, et frappe jusqu'aux plus viles têtes. Ce qui fait l'erreur de ces raisonnements est l'état du peuple de Constantinople, pour qui le sultan se donne des soins qu'en effet on ne prend pas ailleurs ; mais ces soins qu'il rend à sa sûreté personnelle, n'existent pas pour le reste de l'empire : l'on peut dire même qu'ils ont de fâcheux effets; car si Constantinople manque de vivres, l'on affame dix provinces pour lui en fournir. Cependant, est-ce par la capitale que l'empire existe, ou par les provinces ? C'est donc dans les provinces qu'il faut étudier l'action du despotisme ; et en Turkie, comme partout ailleurs, cette étude convainc que le pouvoir arbitraire dans le souverain, est funeste à l'état, parce que du souverain il se transmet nécessairement à ses préposés, et que dans cette transmission il devient d'autant plus abusif qu'il descend davantage ; puisqu'il est vrai que le plus dur des tyrans est l'esclave qui devient maître. Examinons les abus de ce régime dans la Syrie.

En chaque gouvernement, le pacha étant l'image du sultan, il est comme lui despote absolu; il réunit tous les pouvoirs en sa personne : il est chef et du militaire, et des finances, et de la police, et de la justice criminelle. Il a droit de vie et de mort; il peut faire à son gré la paix et la guerre; en un mot, il peut tout. Le but principal de tant d'autorité, est de percevoir le *tribut*, c'est-à-dire, de faire passer le revenu au grand propriétaire, à ce maître qui a conquis et qui possède la terre par le droit de son *épouvantable* lance. Ce devoir rempli, l'on n'en exige pas d'autre; l'on ne s'inquiète pas même de quelle manière l'agent pourvoit à le remplir : les moyens sont à sa discrétion ; et telle est la nature des choses, qu'il ne peut être délicat sur le choix ; car premièrement il ne peut s'avancer, ni même se maintenir, qu'autant qu'il fournit des fonds : en second lieu, il ne doit sa place qu'à la faveur du vizir ou de telle autre personne en crédit ; et cette faveur ne s'obtient et ne s'entretient que par une enchère sur d'autres concurrents. Il faut donc retirer de l'argent, et pour acquitter le tribut et remplir les avances, et pour soutenir sa dignité, et pour s'assurer des ressources. Aussi le premier soin d'un pacha qui arrive à son poste est-il d'aviser aux moyens d'avoir de l'argent ; et les plus prompts sont toujours les meilleurs. Celui qu'établit l'usage pour la perception du miri et des douanes est de constituer pour l'année courante un ou plusieurs fermiers principaux, lesquels, afin de faciliter leur régie, la subdivisent en sous-fermes, qui de grade en grade descendent jusqu'aux plus petits villages. Le pacha donne ces emplois par enchère, parce qu'il veut en retirer le plus d'argent qu'il est possible : de leur côté, les fermiers qui ne les prennent que pour gagner, mettent tout en œuvre pour augmenter leur recette. De là, dans ces agents, une avidité toujours voisine de la mauvaise foi ; de là des vexations où ils se portent d'autant plus aisément, qu'elles sont toujours soutenues par l'autorité ; de là, au sein du peuple, une faction d'hommes intéressés à multiplier ses charges. Le pacha peut s'applaudir de pénétrer aux sources les plus profondes de l'aisance, par la rapacité clairvoyante des subalternes. Mais qu'en arrive-t-il ? Le peuple, gêné dans la jouissance des fruits de son travail, restreint son activité dans les bornes des premiers besoins; le laboureur ne sème que pour vivre; l'artisan ne travaille que pour nourrir sa famille; s'il a quelque superflu, il le cache soigneusement : ainsi le pouvoir arbitraire du sultan transmis au pacha et à tous ses subdélégués, en donnant un libre essor à leurs passions, est devenu le mobile d'une tyrannie répandue dans toutes les classes; et les effets en ont été de diminuer par une action réciproque l'agriculture, les arts, le commerce, la population, en un mot, tout ce qui constitue la puissance de l'état, c'est-à-dire, la puissance même du sultan.

Ce pouvoir n'a pas de moindres abus dans l'état militaire. Toujours pressé par ce besoin d'argent d'où dépendent sa sûreté, sa tranquillité, le pacha a retranché tout ce qu'il a pu des frais habituels de la guerre. Il a diminué les troupes, il a pris des soldats au rabais, il a fermé les yeux sur leurs désordres; la discipline s'est perdue. Si maintenant il survenait une guerre étrangère; si, comme il est arrivé en 1772, les Russes reparaissaient en Syrie, qui défendrait la province du sultan?

Il arrive quelquefois que les pachas, sultans dans leur province, ont entre eux des haines personnelles ; pour les satisfaire, ils se prévalent de leur pouvoir, et ils se font mutuellement des guerres sourdes ou déclarées, dont les effets ruineux tombent toujours sur les sujets du sultan.

Enfin il arrive encore que ces pachas sont tentés de s'approprier ce pouvoir dont ils sont dépositaires. La Porte, qui a prévu ce cas, tâche d'y obvier par plusieurs moyens ; elle partage les commandements, et tient des officiers particuliers dans les châteaux des capitales, telles qu'*Alep, Damas, Tripoli,* etc.; mais s'il survenait un ennemi étranger, que produirait ce partage? Elle envoie tous les trois mois des capidjis qui tiennent les pachas en alarmes, par les ordres secrets dont ils sont porteurs; mais souvent les pachas, aussi rusés, se débarrassent de ces surveillants incommodes; enfin, elle change fréquemment les pachas de résidence, afin qu'ils n'aient pas le temps de s'affectionner un pays; mais comme toutes les conséquences d'un ordre vicieux sont abusives, il est arrivé que les pachas, incertains du lendemain, traitent leur province comme un lieu de passage, et n'y font aucune amélioration dont leur successeur puisse profiter : au contraire, ils se hâtent d'en épuiser les produits, et de recueillir en un jour, s'il est possible, les fruits de plusieurs années. Il est vrai que de temps en temps ces concussions sont punies par le cordon; et c'est ici une des pratiques de la Porte qui décèlent le mieux l'esprit de son gouvernement. Lorsqu'un pacha a dévasté une province, lorsqu'à force de tyrannie, les clameurs sont parvenues jusqu'à Constantinople, malheur à lui s'il manque de protecteur, s'il retient son argent! A l'un des termes de l'année, un *capidji* arrive, montrant le *fermán* de prorogation, quelquefois même apportant une seconde, une troisième *queue*, ou telle autre faveur nouvelle; mais pendant que le pacha en fait célébrer la fête, il paraît un ordre pour sa déposition, puis un autre pour son exil, et souvent un *katchérif* pour sa tête. Le motif en est toujours d'avoir vexé les sujets du sultan; mais la Porte, en s'emparant du trésor du concussionnaire, et n'en rendant jamais rien au peuple qu'il a pillé, donne à penser qu'elle n'improuve pas un pillage dont elle profite. Aussi ne cesse-t-on de voir dans l'empire des gouverneurs concussionnaires et rebelles: si nul d'entre eux n'a réussi à se faire un état indépendant et stable, c'est bien moins par la sagesse des mesures du divan, et par la vigilance des capidjis, que par l'ignorance des pachas dans l'art de régner. L'on a oublié dans l'Asie ces moyens moraux qui, maniés par des législateurs habiles, ont souvent élevé de grandes puissances sur des bases d'abord très-faibles. Les pachas ne connaissent que l'argent; une expérience répétée n'a pu leur faire sentir que ce moyen, loin d'être le gage de leur sûreté, devenait le motif de leur perte: ils ont la manie d'amasser des trésors, comme si l'on achetait des amis! *Asâd*, pacha de Damas, laissa huit millions, et fut trahi par son mamlouk, et étouffé dans le bain. On a vu quel fut le sort d'*Ybrahim Sabbâr* avec ses vingt millions. *Djezzâr* prend la même route, et n'ira pas à une autre fin. Personne ne s'est avisé de susciter cet amour du bien public, qui, dans la Grèce et l'Italie, même dans la Hollande et la Suisse, a fait lutter avec succès de petits peuples contre de grands empires. Émirs et pachas, tous imitent le sultan; tous regardent leur pays comme un domaine; et leurs sujets comme des domestiques. Leurs sujets, à leur tour, ne voient en eux que des maîtres; et puisque tous se ressemblent, peu importe lequel servir. De là, dans ces états, l'usage des troupes étrangères, de préférence aux troupes nationales. Les commandants se défient de leur peuple, parce qu'ils sentent ne pas mériter son attachement. Leur but n'est pas de gouverner leur pays, mais de le maîtriser : par un juste retour, leur pays s'embarrasse peu qu'on les attaque ; et les mercenaires qu'ils soudoient, fidèles à leur esprit, les vendent à l'ennemi pour profiter de leur dépouille. Dâher avait nourri dix ans le Barbaresque qui le tua. C'est un fait digne de remarque que la plupart des états de l'Asie et de l'Afrique, surtout depuis Mahomet, ont été gouvernés par ces principes, et qu'il n'y a pas eu de pays où l'on ait vu tant de troubles dans les états, tant de révolutions dans les empires. N'en doit-on pas conclure que la puissance arbitraire dans le souverain n'est pas moins funeste à l'état militaire qu'à la régie des finances? Achevons d'examiner ses effets en Syrie sur le régime civil.

A titre d'image du sultan, le pacha est chef de toute la police de son gouvernement; et sous ce titre, il faut comprendre aussi la justice criminelle. Il a le droit le plus absolu de vie et de mort; il l'exerce sans formalité, sans appel. Partout où il rencontre un délit, il fait saisir le coupable; et les bourreaux qui l'accompagnent l'étranglent ou lui coupent la tête sur-le-champ; quelquefois il ne dédaigne pas de remplir leur office. Trois jours avant mon arrivée à *Sour*, Djezzâr avait éventré un maçon d'un coup de hache. Souvent le pacha rôde déguisé; et malheur à quiconque est surpris en faute! Comme il ne peut remplir cet emploi dans tous les lieux, il commet à sa place un officier que l'on appelle l'*ouâli*; cet ouâli remplit les fonctions de nos officiers de guet; comme eux, il rôde la nuit et le jour; il veille aux séditions, il arrête les voleurs; comme le pacha, il juge et condamne sans appel : le coupable baisse le cou; le bourreau frappe, la tête tombe, et l'on emporte le corps dans un sac de cuir. Cet officier a une foule d'espions qui sont presque tous des filous, au moyen desquels il sait tout ce qui se passe. D'après cela, il n'est pas étonnant que des villes comme le Kaire, Alep et Damas, soient plus sûres que Gênes, Rome et Naples; mais par combien d'abus cette sûreté est-elle achetée! et à combien d'innocents la partialité de l'*ouâli* et de ses agents ne doit-elle pas coûter la vie!

L'*ouâli* exerce aussi la police des marchands, c'est-à-dire qu'il veille sur les poids et mesures; et sur cet article, la sévérité est extrême : pour le moindre faux poids sur le pain, sur la viande, sur le *debs* ou les *sucreries*, l'on donne 500 coups de bâton, et quelquefois l'on punit de mort. Les exemples en sont fréquents dans les grandes villes. Cependant il n'est pas de pays où l'on vende plus à faux poids : les marchands en sont quittes pour veiller au passage de l'*ouâli* et du *mohteseb* (1). Sitôt qu'ils paraissent à cheval, tout s'esquive et se cache; on produit un autre poids : souvent les débitants font des traités avec les valets qui marchent devant les deux officiers; et moyennant une rétribution, ils sont sûrs même de l'impunité.

Du reste, les fonctions de l'ouâli n'atteignent point à ces objets utiles ou agréables qui font le mérite de la police parmi nous. Ils n'ont aucun

---

(1) Inspecteur du marché.

soin ni de la propreté, ni de la salubrité des villes : elles ne sont, en Syrie comme en Égypte, ni pavées, ni balayées, ni arrosées; les rues sont étroites, tortueuses, et presque toujours embarrassées de décombres. On est surtout choqué d'y voir une foule de chiens hideux qui n'appartiennent à personne. Ils forment une espèce de république indépendante qui vit des aumônes du public. Ils sont cantonnés par familles et par quartiers; et si quelqu'un d'entre eux sort de ses limites, il s'ensuit des combats qui importunent les passants. Les Turks, qui versent le sang des hommes si aisément, ne les tuent point; seulement ils évitent leur attouchement comme immonde. Ils prétendent qu'ils font la sûreté nocturne des villes; mais l'ouâli et les portes dont chaque rue est fermée, la font encore mieux : ils ajoutent qu'ils mangent les charognes; et en cela ils sont aidés d'une foule de chacals cachés dans les jardins et parmi les décombres et les tombeaux. Il ne faut d'ailleurs chercher dans les villes turkes, ni promenades, ni plantations. Dans un tel pays, la vie ne paraîtra sans doute ni sûre ni agréable; mais c'est encore l'effet du pouvoir absolu du sultan.

CHAPITRE X.

De l'administration de la justice.

L'ADMINISTRATION de la justice contentieuse est le seul article que les sultans aient soustrait au pouvoir exclusif des pachas, soit parce qu'ils ont senti l'énormité des abus qui en résulteraient, soit parce qu'ils ont connu qu'elle exigeait un temps et des connaissances que leurs lieutenants n'auraient pas; ils y ont préposé d'autres officiers qui, par une sage disposition, sont indépendants du pacha; mais comme leur juridiction est fondée sur les mêmes principes que le gouvernement, elle a les mêmes inconvénients.

Tous les magistrats de l'empire appelés *qâdis*, c'est-à-dire, *juges*, dépendent d'un chef principal qui réside à Constantinople. Le titre de sa dignité est celui de *qâdi-el-askar* (1), ou *juge de l'armée*; ce qui indique, ainsi que je l'ai déja dit, que le pouvoir est absolument militaire, et réside entièrement dans l'armée et dans son chef. Ce grand *qâdi* nomme les juges des villes capitales, telles qu'Alep, Damas, Jérusalem, etc. Ces juges, à leur

---

(1) Vulgo *cadilesquier*.

tour, en nomment d'autres dans les lieux de leurs dépendances. Mais quel est le titre pour être nommé? Toujours l'argent. Tous ces emplois, comme ceux du gouvernement, sont livrés à l'enchère, et sont également affermés pour un an. Qu'arrive-t-il de là? Que les fermiers se hâtent de recouvrer leurs avances, d'obtenir l'intérêt de leur argent, et d'en retirer même un bénéfice. Or, quel peut être l'effet de ces dispositions dans des hommes qui ont en main la balance où les citoyens viennent déposer leurs biens?

Le lieu où ces juges rendent leurs arrêts, s'appelle le *mahkamé*, ou *lieu du jugement*: quelquefois c'est leur propre maison; jamais ce n'est un lieu qui réponde à l'idée de l'emploi sacré qui s'y exerce. Dans un appartement nu et en dégât, le qâdi s'assied sur une natte ou sur un mauvais tapis. A ses côtés sont des *scribes* et quelques domestiques. La porte est ouverte à tout le monde: les parties comparaissent; et là, sans interprètes, sans avocats, sans procureurs, chacun plaide lui-même sa cause: assis sur les talons, les plaideurs énoncent les faits, discutent, répondent, contestent, argumentent tour à tour; quelquefois les débats sont violents; mais les cris des scribes et le bâton du qâdi rétablissent l'ordre et le silence. Fumant gravement sa pipe, et roulant du bout des doigts la pointe de sa barbe, ce juge écoute, interroge, et finit par prononcer un arrêt sans appel, qui n'a que deux mois tout au plus de délai : les parties, toujours peu contentes, se retirent cependant avec respect, et paient un salaire évalué le dixième du fonds, sans réclamer contre la décision, parce qu'elle est toujours motivée sur l'infaillible Qôran.

Cette simplicité de la justice, qui ne consume point en frais provisoires, accessoires, ni subséquents, cette proximité du tribunal souverain qui n'éloigne point le plaideur de son domicile, sont, il faut l'avouer, deux avantages inestimables; mais il faut convenir aussi qu'ils sont trop compensés par d'autres abus. En vain quelques écrivains, pour rendre plus saillants les vices de nos usages, ont vanté l'administration de la justice chez les Turks; ces éloges, fondés sur une simple connaissance de théorie, ne sont point justifiés par l'examen de la pratique. L'expérience journalière constate qu'il n'est point de pays où la justice soit plus corrompue qu'en Égypte, en Syrie, et sans doute dans le reste de la Turkie (1). La vénalité n'est nulle part plus hardie, plus impudente: on peut marchander son procès avec le *qâdi*, comme l'on marchanderait une denrée. Dans la foule, il se trouve des exemples d'équité, de sagacité; mais ils sont rares, par cela même qu'ils

---

(1) *Voyez* à ce sujet les observations de Porter, résident anglais à Constantinople.

sont cités. La corruption est habituelle, générale ; et comment ne le serait-elle pas, quand l'intégrité peut devenir onéreuse, et l'improbité lucrative ; quand chaque *qâdi*, arbitre en dernier ressort, ne craint ni révision, ni châtiment ; quand enfin le défaut de lois claires et précises offre aux passions mille moyens d'éviter la honte d'une injustice évidente, en ouvrant les sentiers tortueux des interprétations et des commentaires ? Tel est l'état de la jurisprudence chez les Turks, qu'il n'existe aucun code public et notoire, où les particuliers puissent apprendre quels sont leurs droits respectifs. La plupart des jugements sont fondés sur des *coutumes* non écrites, ou sur des *décisions* de docteurs, souvent contradictoires. Les recueils de ces décisions sont les seuls livres où les juges puissent acquérir quelques notions de leur emploi ; et ils n'y trouvent que des cas particuliers, plus propres à confondre leurs idées qu'à les éclaircir. Le droit romain sur beaucoup d'articles a servi de base aux prononcés des docteurs musulmans ; mais la grande et inépuisable source à laquelle ils recourent, est le *livre très-pur*, le *dépôt de toute connaissance*, le *code de toute législation*, le *Qôran du prophète*.

CHAPITRE XI.

De l'influence de la religion.

Si la religion se proposait chez les Turks le but qu'elle devrait avoir chez tous les peuples; si elle prêchait aux grands la modération dans l'usage du pouvoir, au vulgaire la tolérance dans la diversité des opinions, il serait encore douteux qu'elle pût tempérer les vices dont nous venons de parler, puisque l'expérience de tous les hommes prouve que la morale n'influe sur les actions qu'autant qu'elle est secondée par les lois civiles; mais il s'en faut beaucoup que l'esprit de l'*islamisme* soit propre à remédier aux abus du gouvernement; l'on peut dire, au contraire, qu'il en est la source originelle. Pour s'en convaincre, il suffit d'examiner le livre qui en est le dépôt. En vain les musulmans avancent-ils que le *Qôran* contient les germes et même le développement de toutes les connaissances de la législation, de la politique, de la jurisprudence : le préjugé de l'éducation, ou la partialité de quelque intérêt secret, peuvent seuls dicter ou admettre un pareil jugement. Quiconque lira le *Qôran*, sera forcé d'avouer qu'il ne présente aucune notion ni des devoirs des hommes en société, ni de la formation du corps politique, ni des principes de l'art de gouverner, rien en un mot de ce qui constitue un code législatif. Les seules lois qu'on y trouve se réduisent à quatre ou cinq ordonnances relatives à la polygamie, au divorce, à l'esclavage, à la succession des proches parents ; et ces ordonnances, qui ne font point un code de jurisprudence, y sont tellement contradictoires, que les docteurs disputent encore pour les concilier. Le reste n'est qu'un tissu vague de phrases vides de sens ; une déclamation emphatique d'attributs de Dieu qui n'apprennent rien à personne ; une allégation de contes puérils, de fables ridicules ; en total, une composition si plate et si fastidieuse, qu'il n'y a personne capable d'en soutenir la lecture jusqu'au bout, malgré l'élégance de la traduction de Savary. Que si, à travers le désordre d'un délire perpétuel, il perce un esprit général, un sens résumé, c'est celui d'un fanatisme ardent et opiniâtre. L'oreille retentit des mots d'*impies*, d'*incrédules*, d'*ennemis de Dieu et du prophète*, de *rebelles à Dieu et au prophète*, de *dévouement à Dieu et au prophète*. Le ciel se présente ouvert à qui combat dans leur cause ; les houris y tendent les bras aux martyrs ; l'imagination s'embrase ; et le prosélyte dit à Mahomet : *Oui, tu es l'envoyé de Dieu ; ta parole est la sienne ; il est infaillible ; tu ne peux faillir ni me tromper : marche, je te suis !* Voilà l'esprit du

Qôran ; il s'annonce dès la première ligne. *Il n'y a point de doute en ce livre ; il guide sans erreur ceux qui croient sans douter, qui croient ce qu'ils ne voient pas.* Quelle en est la conséquence, sinon d'établir le despotisme le plus absolu dans celui qui commande, par le dévouement le plus aveugle dans celui qui obéit? Et tel fut le but de Mahomet : il ne voulait pas éclairer, mais régner ; il ne cherchait pas des disciples, mais des sujets. Or, dans des sujets, l'on ne demande pas du raisonnement, mais de l'obéissance. C'est pour y amener plus facilement qu'il reporta tout à Dieu. En se faisant son ministre, il écarta le soupçon d'un intérêt personnel; il évita d'alarmer cette vanité ombrageuse que portent tous les hommes; il feignit d'obéir, pour qu'on lui obéit à lui-même; il ne se fit que le premier des serviteurs, sûr que chacun tâcherait d'être le second pour commander à tous les autres. Il amorça par des promesses ; il entraîna par des menaces : il a fait plus; comme il y a toujours des opposants à toute nouveauté, en les effrayant par ses anathèmes, il leur a ménagé l'espoir du pardon : de là vient en quelques endroits l'énoncé d'une sorte de tolérance ; mais cette tolérance est si dure, qu'elle doit ramener tôt ou tard au dévouement absolu; en sorte que l'esprit fondamental du *Qôran* revient toujours au pouvoir le plus arbitraire dans l'envoyé de Dieu, et par une conséquence naturelle, dans ceux qui doivent lui succéder. Or, par quels préceptes l'usage de ce pouvoir est-il éclairé ? *Il n'y a qu'un Dieu, et Mahomet est son prophète : priez cinq fois par jour en vous tournant vers la Mekke. Ne mangez point pendant le jour dans tout le mois de Ramadan. Faites le pèlerinage de la Kiabé, et donnez l'aumône à la veuve et à l'orphelin.* Voilà la source profonde d'où doivent découler toutes les sciences, toutes les connaissances politiques et morales. Les Solon, les Numa, les Lycurgue, tous les législateurs de l'antiquité, ont vainement fatigué leur génie à éclaircir les rapports des hommes en société, à fixer les obligations et les droits de chaque classe, de chaque individu : Mahomet, plus habile ou plus profond, résout tout en cinq phrases. Il faut le dire : de tous les hommes qui ont osé donner des lois aux peuples, nul n'a été plus ignorant que Mahomet; de toutes les compositions absurdes de l'esprit humain, nulle n'est plus misérable que son livre. Ce qui se passe en Asie depuis douze cents ans, peut en faire la preuve ; car si l'on voulait passer d'un sujet particulier à des considérations générales, il serait aisé de démontrer que les troubles des états, et l'ignorance des peuples dans cette partie du monde, sont des effets plus ou moins immédiats du Qôran et de sa morale : mais il faut nous borner au pays qui nous occupe, et, revenant à la Syrie, exposer au lecteur l'état de ses habitants relativement à la religion.

Le peuple de Syrie est en général, comme je l'ai dit, musulman ou chrétien : cette différence dans le culte a les effets les plus fâcheux dans l'état civil; se traitant mutuellement d'infidèles, de rebelles, d'impies, les partisans de Jésus-Christ et ceux de Mahomet ont les uns pour les autres une aversion qui entretient une sorte de guerre perpétuelle. L'on sent à quels excès les préjugés de l'éducation doivent porter le vulgaire toujours grossier : le gouvernement, loin d'intervenir comme médiateur dans ces troubles, les fomente par sa partialité. Fidèle à l'esprit du Qôran, il traite les chrétiens avec une dureté qui se varie sous mille formes. L'on parle quelquefois de la tolérance des Turks; voici à quel prix elle s'achète.

Toute démonstration publique de culte est interdite aux chrétiens, hors du Kesraouân où l'on n'a pu l'empêcher : ils ne peuvent bâtir de nouvelles églises; et si les anciennes se ruinent, ils ne peuvent les réparer que par des permissions qu'il faut payer chèrement. Un chrétien ne peut frapper un musulman sans risquer sa vie; et si le musulman tue un chrétien, il en est quitte pour une rançon. Les chrétiens ne peuvent monter à cheval dans les villes; il leur est défendu de porter des pantoufles jaunes, des châles blancs, et toute couleur verte. Le rouge pour la chaussure, le bleu pour l'habillement, sont celles qui leur sont assignées. La Porte vient de renouveler ses ordonnances pour qu'ils rétablissent l'ancienne forme de leur turban : il doit être d'une grosse mousseline bleue, avec une seule lisière blanche : s'ils voyagent, on les arrête en mille endroits pour payer des *rafars* (1) ou péages, dont les musulmans sont exempts : en justice le serment de deux chrétiens n'est compté que pour un ; et telle est la partialité des qâdis, qu'il est presque impossible qu'un chrétien gagne un procès ; enfin, ils sont les seuls à supporter la capitation dite *karadj*, dont le billet porte ces mots remarquables : *djazz-el-râs*, c'est-à-dire (rachat) *du coupement de la tête*, par où l'on voit clairement à quel titre ils sont tolérés et gouvernés.

Ces distinctions, si propres à entretenir les haines et les divisions, passent chez le peuple et se retrouvent dans tous les usages de la vie. Le dernier des musulmans n'accepte d'un chrétien ni ne lui rend le salut de *salâm-alai-k* (2), *salut sur toi*, à cause de l'affinité du mot *salam* avec *eslâm* (islamisme), nom propre de la religion, et avec *moslem* (musulman), nom de l'homme qui la professe : le salut usité est seulement *bon matin*, ou *bon soir* : heureux s'il n'est point accompagné d'un *djaour, kafer, kelb*, c'est-à-dire, *impie*,

---

(1) L'*R* est ici un *r* grasseyé.

(2) Ou *salam-alat-kom*, *salut sur vous*. De là notre mot *salamalèque*.

apostat, chien, qui sont les épithètes familières avec les chrétiens. Les Musulmans affectent même, pour les narguer, d'exercer devant eux les pratiques de leur culte; à midi, à trois heures, au coucher du soleil, lorsque du haut des minarets les crieurs annoncent la prière, on les voit se montrer à la porte de leurs maisons, et là, après avoir fait l'ablution, ils étendent gravement un tapis ou une natte, et se tournant vers la Mekke, ils croisent les bras sur la poitrine, les étendent vers les genoux, et commencent neuf prostrations, le front en terre, en récitant la préface du Qôran. Souvent dans la conversation ils s'interrompent par la profession de foi : *Il n'y a qu'un Dieu, et Mahomet est son prophète*. Sans cesse ils parlent de leur religion, et se traitent de seuls *fidèles* à Dieu. Pour les démentir, les chrétiens affectent à leur tour une grande dévotion; et de là cette ostentation de piété qui fait un des caractères extérieurs des Orientaux; mais le cœur n'y perd rien, et les chrétiens gardent de tous ces outrages un ressentiment qui n'attend que l'occasion d'éclater. On en a vu des effets du temps de *Dâher*, lorsque, fiers de la protection de son ministre, ils prirent en divers lieux l'ascendant sur les Musulmans. Les excès qu'ils commirent en ces circonstances sont un avis dont doit profiter toute puissance européenne qui pourrait posséder des pays où il se trouverait des Grecs et des Musulmans.

CHAPITRE XII.

De la propriété et des conditions.

Les sultans s'étant arrogé, à titre de conquête, la propriété de toutes les terres en Syrie, il n'existe pour les habitants aucun droit de propriété foncière, ni même mobilière; ils ne possèdent qu'en usufruit. Si un père meurt, sa succession appartient au sultan ou à son fermier, et les enfants ne recueillent l'héritage qu'en payant un rachat toujours considérable. De là, pour les possessions en fonds de terre, une insouciance funeste à l'agriculture. Dans les villes, la possession des maisons a quelque chose de moins incertain et de moins onéreux; mais partout l'on préfère les biens en argent, comme étant plus faciles à dérober aux rapines du despote. Dans les pays abonnés, comme ceux des Druzes, des Maronites, de *Hasbéya*, etc., il existe une propriété réelle, fondée sur des coutumes que les petits princes n'osent violer : aussi les habitants sont-ils tellement attachés à leurs fonds, que l'on n'y voit presque jamais d'aliénation de terre. Il est néanmoins, sous la régie des Turks, un moyen de s'assurer une perpétuité d'usufruit : c'est de faire ce que l'on appelle un *ouaqf*, c'est-à-dire, une attribution ou fondation d'un bien à une mosquée. Dès lors le propriétaire devient le concierge inamovible de son fonds, sous la condition d'une redevance, et sous la protection des gens de loi; mais cet acte a l'inconvénient que souvent, au lieu de protéger, les gens de loi dévorent : alors auprès de qui réclamer, puisqu'ils sont distributeurs de la justice? Par cette raison, ces gens de loi sont presque les seuls à posséder des biens fonciers; et l'on ne voit point dans les pays turks cette foule de petits propriétaires, qui fait la force et la richesse des pays abonnés.

Ce que j'ai dit des conditions en Égypte convient également à la Syrie : elles s'y réduisent à quatre ou cinq, qui sont les cultivateurs ou paysans, les artisans, les marchands, les gens de guerre et les gens de justice et de loi. Ces diverses classes elles-mêmes peuvent se résumer en deux principales : *le peuple*, qui comprend les paysans, les artisans, les marchands; et *le gouvernement*, composé des gens de guerre et des gens de loi et de justice. Dans les principes de la religion, c'est en ce dernier ordre que devrait résider le pouvoir; mais depuis que les kalifes ont été dépossédés par leurs lieutenants, il s'est formé une distinction de puissance spirituelle et de puissance temporelle, qui n'a laissé aux interprètes de la loi qu'une autorité : telle est celle du grand *mofti* (1) qui, chez les Turks, représente le kalife. Le vrai pouvoir est aux mains du sultan, qui représente le lieutenant ou le général de l'armée. Cependant, ce respect d'opinion qu'a le peuple pour les puissances détrônées, conserve encore aux gens de loi un crédit dont ils usent presque toujours pour former un *parti d'opposition* ; le sultan le redoute dans Constantinople, et les pachas n'osent le contrarier trop ouvertement dans leurs provinces. Dans chaque ville, ce parti est présidé par un *mofti* qui relève de celui de Constantinople ; son emploi est héréditaire et non vénal ; et c'est la raison qui a conservé dans ce corps plus d'énergie que dans les autres. A raison de leurs priviléges, les familles qui le composent ressemblent assez bien à notre noblesse, quoique son vrai type soit le corps militaire. Elles représentent aussi notre magistrature, notre clergé, et même notre bourgeoisie, puisqu'elles sont les seules à vivre de leurs rentes. D'elles aux paysans, aux artisans et aux marchands, la chute est brusque : cependant, comme l'état de ces trois classes est le vrai thermomètre de la police et de la puissance d'un empire, je vais rassembler les faits les plus propres à en donner de justes notions.

---

(1) Ce terme signifie *décideur* des cas qui concernent la religion ; son vrai nom est chaik-el-eslâm.

CHAPITRE XIII.

État des paysans et de l'agriculture.

Dans la Syrie et même dans tout l'empire turk, les paysans sont, comme les autres habitants, censés *esclaves* du sultan; mais ce terme n'emporte que notre sens de *sujets*. Quoique maître des biens et de la vie, le sultan ne vend point les hommes; il ne les lie point à un lieu fixe. S'il donne un apanage à quelque grand, l'on ne dit point, comme en Pologne et en Russie, qu'il donne 500 paysans, 1000 paysans : en un mot, les paysans sont opprimés par la tyrannie du gouvernement, mais non dégradés par le servage de la féodalité.

Lorsque le sultan Sélim eut conquis la Syrie, pour rendre plus aisée la perception du revenu, il établit un seul impôt territorial, qui est celui que l'on appelle *miri*. Il paraît, malgré son caractère farouche, que ce sultan sentit l'importance de ménager le cultivateur; car le *miri*, comparé à l'étendue des terrains, se trouve dans une proportion infiniment modérée : elle l'est d'autant plus, qu'au temps où il fut réglé, la Syrie était plus peuplée qu'aujourd'hui, et peut-être aussi commerçante, puisque le cap de Bonne-Espérance n'étant pas encore bien fréquenté, elle se trouvait sur la route de l'Inde la plus pratiquée. Pour maintenir l'ordre dans la perception, Sélim fit dresser un *deftar* ou *registre*, dans lequel le contingent de chaque village fut exprimé. Enfin, il donna au *miri* un état invariable, et tel que l'on ne pût l'augmenter ni le diminuer. Modéré comme il était, il ne devait jamais obérer le peuple; mais par les abus inhérents à la constitution, les pachas et leurs agents ont trouvé le secret de le rendre ruineux. N'osant violer la loi établie par le sultan sur l'invariabilité de l'impôt, ils ont introduit une foule de charges qui, sans en avoir le nom, en ont tous les effets. Ainsi, étant les maîtres de la majeure partie des terres, ils ne les concèdent qu'à des conditions onéreuses ; ils exigent la moitié et les deux tiers de la récolte ; ils accaparent les semences et les bestiaux; en sorte que les cultivateurs sont forcés de les acheter au-dessus de leur valeur. La récolte faite, il chicanent sur les pertes, sur les prétendus vols ; et comme ils ont la force en main, ils enlèvent ce qu'ils veulent. Si l'année manque, ils n'en exigent pas moins leurs avances, et ils font vendre, pour se rembourser, tout ce que possède le paysan. Heureusement que sa personne est libre, et que les Turks ignorent l'art d'emprisonner pour dettes l'homme qui n'a plus rien. A ces vexations habituelles se joignent mille avanies accidentelles : tantôt l'on rançonne le village entier pour un délit vrai ou imaginaire; tantôt on introduit une corvée d'un genre nouveau. L'on exige un présent à l'avénement de chaque gouverneur; l'on établit une contribution d'herbe pour ses chevaux, d'orge et de paille pour ses cavaliers : il faut en outre donner l'étape à tous les gens de guerre qui passent ou qui apportent des ordres, et les gouverneurs ont soin de multiplier ces commissions, qui deviennent pour eux une économie, et pour les paysans une source de ruine. Les villages tremblent à chaque *laouend* qui paraît : c'est un vrai brigand sous le nom de soldat; il arrive en conquérant, il commande en maître : *Chiens, canaille, du pain, du café, du tabac; je veux de l'orge, je veux de la viande.* S'il voit de la volaille, il la tue; et lorsqu'il part, joignant l'insulte à la tyrannie, il demande ce que l'on appelle *keré-el-dars*, c'est-à-dire, *le louage de sa dent molaire.* En vain les paysans crient à l'injustice : le sabre impose silence. La réclamation est lointaine et difficile; elle pourrait devenir dangereuse. Qu'arrive-t-il de toutes ces déprédations ? Les moins aisés du village se ruinent, ne peuvent plus payer le miri, deviennent à charge aux autres, où fuient dans les villes : comme le miri est inaltérable et doit toujours s'acquitter en entier, leur portion se reverse sur le reste des habitants; et le fardeau, qui d'abord était léger, s'appesantit. S'il arrive deux années de disette ou de sécheresse, le village entier est ruiné et se déserte ; mais sa quotité se reporte sur les voisins. La même marche a lieu pour le *karadj* des chrétiens : la somme en ayant été fixée d'après un premier dénombrement, il faut toujours qu'elle se retrouve la même, quoique le nombre des têtes soit diminué. De là, il est arrivé que cette capitation a été portée, de trois, de cinq et de onze piastres où elle était d'abord, à trente-cinq et quarante ; ce qui obère absolument les contribuables, et les force de s'expatrier. C'est surtout dans les pays d'apanage et dans ceux qui sont ouverts aux Arabes, que ces fardeaux sont écrasants. Dans les premiers, le titulaire, avide d'augmenter son revenu, donne toute liberté à son fermier d'augmenter les charges, et l'avidité de ces subalternes ne demeure pas en arrière ; ce sont eux qui, raffinant sur les moyens de pressurer, ont imaginé d'établir des droits sur les denrées du marché, sur les entrées, sur les transports, et de taxer jusqu'à la charge d'un âne. L'on observe que ces exactions ont fait des progrès rapides, surtout depuis 40 années, et l'on date de cette époque la dégradation des campagnes, la dépopulation des habitants, et la diminution du numéraire, porté à Constantinople. A l'égard des Bedouins, s'ils sont en guerre, ils pillent à titre d'ennemis ; s'ils sont en paix, ils dévorent à titre d'hôtes : aussi dit-on en proverbe : *Évite le Bedouin comme ami ou comme ennemi.* Les moins malheureux des paysans, sont ceux des pays abonnés, tels que le pays des *Druzes*, le *Kesraouān*, *Nablous*, etc. Cependant, là même encore il règne des abus; il en est un entre autres que l'on doit regarder comme le plus grand fléau des campagnes en Syrie : c'est l'usure portée à l'excès le plus criant. Quand les paysans ont besoin d'avances pour acheter des semences, des bestiaux, etc., ils ne trouvent d'argent qu'en vendant en tout ou en partie leur récolte future au prix le plus vil. Le danger de faire paraître de l'argent, resserre la main de quiconque en possède; s'il s'en dessaisit, ce n'est que dans l'espoir d'un gain rapide et exorbitant : l'intérêt le plus modique est de douze pour cent; le plus ordinaire est de vingt, et souvent il monte à trente.

Par toutes ces causes, l'on conçoit combien la condition des paysans doit être misérable. Partout ils sont réduits au petit pain plat d'orge ou de doura, aux ognons, aux lentilles et à l'eau. Leurs organes se connaissent si peu en mets, qu'ils regardent de l'huile forte et de la graisse rance, comme un manger délicieux. Pour ne rien perdre du grain, ils y laissent toutes les graines étrangères, même l'*ivraie* (1), qui donne des vertiges et des éblouissements pendant plusieurs heures,

---

(1) En arabe *zioudn*.

ainsi qu'il m'est arrivé de l'éprouver. Dans les montagnes du Liban et de Nâblous, lorsqu'il y a disette, ils recueillent les glands de chêne, et après les avoir fait bouillir ou cuire sous la cendre, ils les mangent. Le fait m'en a été certifié chez les Druzes par des personnes même qui en ont usé. Ainsi l'on doit disculper les poëtes du reproche de l'hyperbole ; mais il n'en sera que plus difficile de croire que l'âge d'or fût l'âge de l'abondance.

Par une conséquence naturelle de cette misère, l'art de la culture est dans un état déplorable ; faute d'aisance, le laboureur manque d'instruments, ou n'en a que de mauvais ; la charrue n'est souvent qu'une branche d'arbre coupée sous une bifurcation, et conduite sans roues. On laboure avec des ânes, des vaches, et rarement avec des bœufs ; ils annoncent trop d'aisance ; aussi la viande de cet animal est-elle très-rare en Syrie et en Égypte ; et elle y est toujours maigre et mauvaise, comme toutes les viandes des pays chauds. Dans les cantons ouverts aux Arabes, tels que la Palestine, il faut semer le fusil à la main. A peine le blé jaunit-il, qu'on le coupe, pour le cacher dans les *matmoures* ou caveaux souterrains. On en retire le moins que l'on peut pour les semences, parce que l'on ne sème qu'autant qu'il faut pour vivre ; en un mot, l'on borne toute l'industrie à satisfaire les premiers besoins. Or, pour avoir un peu de pain, des ognons, une mauvaise chemise bleue, et un pagne de laine, il ne faut pas la porter bien loin. Le paysan vit donc dans la détresse ; mais du moins il n'enrichit pas ses tyrans ; et l'avarice du despotisme se trouve punie par son propre crime.

CHAPITRE XIV.

Des artisans, des marchands et du commerce.

La classe qui fait valoir les denrées en les mettant en œuvre ou en circulation, n'est pas si maltraitée que celle qui les procrée : la raison en est que les biens des artisans et des marchands, consistant en effets mobiliers, sont moins soumis aux regards du gouvernement que ceux des paysans ; en outre, les artisans et les marchands, rassemblés dans les villes, échappent plus aisément, par leur foule, à la rapacité de ceux qui commandent. C'est là une des causes principales de la population des villes dans la Syrie, et même dans toute la Turkie : tandis qu'en d'autres pays les villes sont en quelque sorte le regorgement des campagnes, là elles ne sont que l'effet de leur désertion. Les paysans chassés de leurs villages, viennent y chercher un refuge ; et ils y trouvent la tranquillité, et même l'aisance. Les pachas veillent avec d'autant plus de soins à ce dernier article, que leur sûreté personnelle en dépend; car, outre les effets immédiats d'une sédition qui pourrait leur être funeste, la Porte ne leur pardonnerait pas d'exposer son repos pour le pain du peuple. Ils ont donc soin de tenir les vivres à bon marché dans les lieux considérables, et surtout dans celui de leur résidence : s'il y a disette, c'est toujours là qu'elle se fait le moins sentir. En pareil cas ils prohibent toute sorte de grains, ils obligent, sous peine de mort, quiconque en possède de le vendre au prix qu'ils y mettent; et si le pays en manque absolument, ils en envoient chercher au dehors, comme il arriva à Damas en novembre 1784. Le pacha mit des gardes sur toutes les routes, permit aux Arabes de piller tout chargement qui sortirait du pays, et envoya ordre dans le *Hauran* de vider toutes les *matmoures*; en sorte que, pendant que les paysans mouraient de faim dans les villages, le peuple de Damas ne payait le pain que deux paras (deux sous et demi) la livre de France, et croyait le payer très-cher; mais comme dans la machine politique nul ressort n'est indépendant, l'on n'a point porté des atteintes funestes à la culture, sans que les arts et le commerce s'en soient ressentis. Quelques détails sur cette partie vont faire juger si le gouvernement s'en occupe plus que des autres.

Le commerce en Syrie, considéré dans la manière dont il se pratique, est encore dans cet état d'enfance qui caractérise les siècles barbares et les pays non policés. Sur toute la côte, il n'y a pas un seul port capable de recevoir un bâtiment de 400 tonneaux, et les rades ne sont pas même assurées par des forts; les corsaires maltais profitaient autrefois de cette négligence pour faire des prises jusqu'à terre; mais comme les habitants rendaient les négociants européens responsables des accidents, la France a obtenu de l'ordre de Malte que ces corsaires n'approcheraient plus jusqu'à la vue de terre; en sorte que les naturels peuvent faire tranquillement leur cabotage, qui est assez vivace depuis Lataqié jusqu'à Yâfa. Dans l'intérieur, il n'y a ni grandes routes ni canaux, pas même de ponts sur la plupart des rivières et des torrents, quelque nécessaires qu'ils fussent pendant l'hiver. Il n'y a de ville à ville ni poste ni messagerie. Le seul courrier qui existe est le *Tartare* qui vient de Constantinople à Damas par Alep. Ce courrier n'a de relais que dans les grandes villes, à de très-grandes distances; mais il peut démonter en cas de besoin tout cavalier qu'il rencontre. Il mène, selon l'usage des Tartares, un second cheval en main, et souvent il a un compagnon, de peur d'accident. De ville en ville les relations s'exécutent par des voituriers qui n'ont jamais de départ fixe. La raison en est qu'ils ne peuvent se mettre en chemin que par troupes ou *caravanes*; personne ne voyage seul, vu le peu de sûreté habituelle des routes. Il faut attendre que plusieurs voyageurs veuillent aller au même endroit, ou profiter du passage de quelque grand qui se fait protecteur, et souvent oppresseur de la caravane. Ces précautions sont surtout nécessaires dans les pays ouverts aux Arabes, tels que la Palestine et toute la frontière du désert, et même sur la route d'*Alep* à *Skandaroun*, à raison des brigands kourdes. Dans les montagnes et sur la côte entre Lataqîé et le Carmel, l'on voyage avec plus de sûreté; mais les chemins dans les montagnes sont très-pénibles, parce que les habitants, loin de les adoucir, les rendent scabreux, afin, disent-ils, d'ôter aux Turks l'envie d'y amener leur cavalerie. Il est remarquable que dans toute la Syrie, l'on ne voit pas un chariot ni une charrette; ce qui vient sans doute de la crainte de les voir prendre par les gens du gouvernement, et de faire d'un seul coup une grosse perte. Tous les transports se font à dos de mulets, d'ânes ou de chameaux; ces animaux y sont tous excellents. Les deux premiers sont plus employés dans les montagnes, et rien n'égale leur adresse à grimper et glisser sur des talus de roc vif. Le chameau est plus usité dans les plaines, parce qu'il consomme moins et porte davantage. Sa charge ordinaire est d'environ 750 livres de France. Sa nourriture est de tout ce que l'on veut lui donner, paille, broussailles, noyaux de dattes pilés, fèves, orge, etc. Avec une livre d'aliments, et autant d'eau par jour, on peut le mener des semaines entières. Dans le trajet du Caire à Suez, qui est de 40 à 46 heures (y compris les repos), ils ne mangent ni ne boivent; mais ces diètes répétées les épuisent comme tous les animaux : alors ils ont une haleine cadavéreuse. Leur marche ordinaire est très-lente, puisqu'ils ne font que 17 à 1800 toises à l'heure : il est inutile de les presser, ils n'en vont pas plus vite; ils peuvent, avec des pauses, marcher 15 et 18 heures par jour. Il n'y a d'auberges en aucun lieu; mais les villes et la plupart des villages ont un grand bâtiment appelé *khan*, ou *kervan-seraï*, qui sert d'asile à tous les voyageurs. Ces hospices, toujours placés hors l'enceinte des villes, sont composés de quatre ailes régnant autour d'une cour carrée qui sert de parc. Les logements sont des cellules où l'on ne trouve que les quatre murs, de la poussière, et quelquefois des scorpions. Le gardien de ce *khan* est chargé de donner la clef et une natte : le voyageur a dû se fournir du reste; ainsi il doit porter avec lui son lit, sa batterie de cuisine, et même ses provisions; car souvent l'on ne trouve pas de pain dans les villages. En conséquence les Orientaux donnent à leur attirail la plus grande simplicité et la forme la plus portative. Celui d'un homme qui ne veut manquer de rien, consiste en un tapis, un matelas, une couverture, deux casseroles avec leurs couvercles, entrant les uns dans les autres; plus, deux plats, deux assiettes et une cafetière, le tout de cuivre bien étamé; plus, une petite boîte de bois pour le sel et le poivre; six tasses à café sans anses, emboîtées dans un cuir; une table ronde en cuir, que l'on pend à la selle du cheval; de petites outres ou sacs de cuir pour l'huile, le beurre fondu, l'eau et l'eau-de-vie, si c'est un chrétien; enfin une pipe, un briquet, une tasse de coco, du riz, des raisins secs, des dattes, du fromage de Cypre, et surtout du café en grain, avec la poêlette pour le rôtir, et le mortier de bois pour le piler. Je cite ces détails parce qu'ils prouvent que les Orientaux sont plus avancés que nous dans l'art de se passer de beaucoup de choses, et cet art n'est pas sans mérite. Nos négociants européens ne s'accommodent pas de tant de simplicité; aussi leurs voyages sont-ils très-dispendieux, et par cette raison très-rares; mais les naturels, même les plus riches, ne font pas difficulté de passer une partie de leur vie de cette manière sur les routes de Bagdâd, de Basra, du Kaire, et même de Constantinople. Les voyages sont leur éducation, leur science, et dire d'un homme qu'il est négociant, c'est dire qu'il est voyageur. Ils y trouvent l'avantage de puiser leurs marchandises aux premières sources, de les avoir à meilleur marché, de veiller à leur sûreté en les escortant, de parer aux accidents qui peuvent arriver, et d'obtenir quelques grâces sur les péages qui sont multipliés ; enfin, ils apprennent à connaître les poids et les mesures, dont l'extrême diversité rend leur art très-compliqué. Chaque ville a son poids qui, avec un même nom, diffère en valeur de celui d'une autre. Le *rotl* d'Alep pèse environ six livres de Paris ; celui de Damas, cinq un quart ; celui de Saide, moins de cinq ; celui de Ramlé, près de sept. Le seul *derhem*, c'est-à-dire, la *dragme*, qui est le premier élément de ces mesures, est le même partout. Les mesures longues varient moins : l'on n'en connaît que deux, la coudée égyptienne (*drââ Masri*), et la coudée de Constantinople (*drââ Stambouli*). Les monnaies sont encore plus fixes, et l'on peut parcourir tout l'empire, depuis *Kotchim* jusqu'à *Asouan*, sans changer d'espèces. La plus simple de ces monnaies est le *para*, appelé aussi *medin*, *fadda*, *qata*, *mesrié* ; il est de la grandeur d'une pièce de six sous, et ne vaut que cinq de nos liards. Après le *para*, viennent successivement les pièces de cinq, de dix et de vingt *paras* ; puis la *zolata* ou *izloté*, qui en vaut trente ; la *piastre*, dite *qerch asadi*, ou piastre *au lion*, qui vaut 40 paras, ou 50 sous de France ; c'est la plus usitée dans le commerce : enfin l'*aboukelb*, ou piastre *au chien*, qui vaut 60 paras. Toutes ces monnaies sont d'argent tellement allié de cuivre, que l'*aboukelb* a la grandeur d'un écu de six livres, quoiqu'il ne vaille que 3 livres 15 sous. Elles ne portent point d'effigie, selon la défense du Prophète, mais seulement le chiffre du sultan d'un côté, et de l'autre ces mots : *Sultan des deux continents Kâbân* (1) (c'est-à-dire Seigneur), *des deux mers, le Sultan, fils du Sultan N*, frappé à *Stamboul* (Constantinople), ou à *Masr* (le Kaire), qui sont les deux seules villes où l'on batte monnaie. Les pièces d'or sont le sequin, dit *dahab*, c'est-à-dire, *pièce d'or*; et encore *zahr-mahaboub*, ou *fleur bien-aimée* : il vaut trois piastres de 40 paras, ou sept livres dix sous; le demi-sequin ne vaut que 60 paras. Il y a encore un sequin dit *fondouqli*, qui en vaut 170, mais il est très-rare. Outre ces monnaies, qui sont celles de l'empire, il y a aussi quelques espèces d'Europe qui n'ont pas moins de cours; ce sont en argent les dahlers d'Allemagne, et en or les sequins de Venise. Les dahlers valent en Syrie 90 à 92 paras, et les sequins 205 à 208. Ces deux espèces gagnent huit à dix paras de plus en Égypte. Les sequins de Venise sont très-recherchés pour la finesse de leur titre, et pour faire des parures aux femmes. La façon de ces parures n'exige pas beaucoup d'art; il s'agit tout simplement de percer la pièce

---

(1) Kâbân est un terme tartare.

d'or, pour l'attacher à une chaîne également d'or qui règne en *rivière* sur la poitrine. Plus cette chaîne a de sequins, plus il y a de pareilles chaînes, plus une femme est censée parée. C'est le luxe favori et l'émulation générale : il n'y a pas jusqu'aux paysannes qui, faute d'or, portent des piastres ou de moindres pièces; mais les femmes d'un certain rang dédaignent l'argent; elles ne veulent que des sequins de Venise, ou de grandes pièces d'Espagne et des cruzades : telle d'entre elles en porte deux et trois cents, tant en rivière qu'en rouleau couché sur le front, au bord du bonnet : c'est un vrai fardeau ; mais elles ne croient pas payer trop cher le plaisir d'étaler ce trésor au bain public, devant une foule de rivales, dont la jalousie même est une jouissance. L'effet de ce luxe sur le commerce, est d'en retirer des sommes considérables, dont le fonds reste mort; en outre, lorsqu'il rentre en circulation quelques-unes de ces pièces, comme elles ont perdu de leur poids en les perçant, il faut les peser. Cet usage de peser la monnaie est habituel et général en Syrie, en Égypte et dans toute la Turkie. L'on n'y refuse aucune pièce, quelque dégradée qu'elle soit; le marchand tire son trébuchet et l'estime : c'est comme au temps d'Abraham, lorsqu'il acheta son sépulcre. Dans les paiements considérables, l'on fait venir un agent de change, qui compte des milliers de paras, rejette beaucoup de pièces fausses, et pèse tous les sequins ensemble ou l'un après l'autre.

Presque tout le commerce de Syrie est entre les mains des Francs, des Grecs et des Arméniens. Ci-devant il était dans celles des Juifs : les Musulmans s'en mêlent peu, non qu'ils en soient détournés par esprit de religion, ou par nonchalance, comme l'ont cru quelques politiques, mais parce qu'ils y trouvent des obstacles suscités par le gouvernement : fidèle à son esprit, la Porte, au lieu de donner à ses sujets une préférence marquée, a trouvé plus lucratif de vendre à des étrangers leurs droits et leur industrie. Quelques états d'Europe, en traitant avec elle, ont obtenu que leurs marchandises ne paieraient de douane que trois pour cent, tandis que celles des sujets turks paient de rigueur dix, ou de grace sept pour cent; en outre, la douane, une fois acquittée dans un port, n'est plus exigible dans un autre pour des Francs, et elle l'est pour les sujets. Enfin les Francs ayant trouvé commode d'employer comme agents les chrétiens latins, ils ont obtenu de les faire participer à leurs priviléges, et ils les ont soustraits au pouvoir des pachas, et à la justice turke. On ne peut les dépouiller, et si l'on a un procès de commerce avec eux, il faut venir le plaider devant le consul européen. Avec tant de désavantage, est-il étonnant que les musulmans cèdent le commerce à leurs rivaux? Ces agents des

Francs sont connus en Levant sous le nom de *drogmans barataires*, c'est-à-dire, d'*interprètes* (1) *privilégiés*. Le *barat* ou *privilége* est une patente dont le sultan fait présent aux ambassadeurs résidants à la Porte. Ci-devant ces ambassadeurs en faisaient présent à leur tour à des sujets choisis dans chaque comptoir; mais depuis 20 ans, on leur a fait comprendre qu'il était plus lucratif de les vendre. Le prix actuel est de cinq à six mille livres; chaque ambassadeur en a 50, qui se renouvellent à la mort de chaque titulaire, ce qui forme un casuel assez considérable.

La nation d'Europe qui fait le plus grand commerce en Syrie, est la française. Ses importations consistent en cinq articles principaux, qui sont, 1° les draps de Languedoc; 2° les cochenilles qui se tirent de Cadix; 3° les indigos; 4° les sucres; et 5° les cafés des Antilles, qui ont pris faveur chez les Turks, et qui servent à mélanger ceux d'Arabie, plus estimés, mais trop chers. A ces objets, il faut ajouter des quincailleries, des fers fondus, du plomb en lames, de l'étain, quelques galons de Lyon, quelques savons, etc.

Les retours consistent presque entièrement en

---

(1) *Interprète* se dit en arabe *terdjeman*, dont nos anciens ont fait *truchement;* en Égypte on le prononce *tergoman;* et les Vénitiens en ont fait *dragomano*, qui nous est revenu en *drogman*.

cotons, soit filés, soit en laine, soit ouvrés en toiles assez grossières; en quelques soies de Tripoli, les autres sont prohibées; en noix de galle, en cuivre et en laines qui viennent du dehors de la Syrie. Les comptoirs ou échelles (1) des Français sont au nombre de sept, savoir : Alep, Skandaroun, Lataqîé, Tripoli, Saide, Acre et Ramlé. La somme de leurs importations se monte à 6,000,000..... savoir :

Pour Alep et Skandaroun, ... 3,000,000
Pour Saide et Acre, ... 2,000,000
Pour Tripoli et Lataqîé, ... 400,000
Et pour Ramlé, ... 600,000

TOTAL. 6,000,000

Tout ce commerce s'exploite presque uniquement par la ville de Marseille. Ce n'est pas qu'il ne soit permis à nos autres ports de la Méditerranée et même de l'Océan, d'expédier des vaisseaux en Levant; mais l'obligation où ils sont à leur retour de relâcher au lazaret de Marseille pour y faire quarantaine, en leur rendant cette permission onéreuse, la rend inutile. La province de Languedoc, où se fabriquent les draps qui font

---

(1) Ce bizarre nom d'*échelles* est venu chez les Provençaux de l'italien *scala*, qui lui-même vient de l'arabe *kalla*, signifiant un lieu propre à recevoir des vaisseaux, une *rade*, un havre. Aujourd'hui les naturels disent, comme les Italiens, *scala*, *rada*.

la base de notre exportation, a de tout temps sollicité l'avantage d'avoir aussi un lazaret pour traiter directement avec la Turkie; mais le gouvernement s'y est toujours refusé, par la crainte d'ouvrir plusieurs portes à un fléau aussi terrible que la peste. Il refuse également aux étrangers, et même aux naturels de Turkie, de débarquer leurs marchandises à Marseille, à moins de payer un droit de vingt pour cent. Cette exclusion avait été levée en 1777, d'après plusieurs motifs raisonnés, dont l'ordonnance rendait compte ; mais les négociants de Marseille ont tellement réclamé, que les choses sont remises sur l'ancien pied depuis le mois d'avril 1785. C'est à la France à discuter ses intérêts à cet égard. Considéré par rapport à l'empire turk, l'on peut assurer que son commerce avec l'Europe et l'Inde lui est plutôt nuisible qu'avantageux. En effet, les objets que cet état exporte étant tous des matières brutes et non ouvrées, il se prive de tous les avantages qu'il aurait à les faire travailler par ses propres sujets. En second lieu, les marchandises qui viennent de l'Europe et de l'Inde étant des objets de pur luxe, elles n'augmentent les jouissances que de la classe des riches, des gens du gouvernement, et ne servent peut-être qu'à rendre plus dure la condition du peuple et des cultivateurs. Sous un gouvernement qui ne respecte point les propriétés, le désir de multiplier les jouissances doit irriter la cupidité et redoubler les vexations. Pour avoir plus de draps, de fourrures, de galons, de sucre, de châles et d'indiennes, il faut plus d'argent, plus de coton, plus de soies, plus d'extorsions. Il a pu en résulter un avantage instantané aux états qui ont fourni les objets de ce luxe ; mais la surabondance du présent n'a-t-elle pas été prise sur l'aisance de l'avenir ? Et peut-on espérer de faire long-temps un commerce riche avec un pays qui se ruine ?

CHAPITRE XV.

Des arts, des sciences, et de l'ignorance.

Les arts et les métiers en Syrie donnent lieu à plusieurs considérations. 1° Leurs espèces sont infiniment moins nombreuses que parmi nous; à peine en peut-on compter plus d'une vingtaine, même en y comprenant ceux de première nécessité. D'abord la religion de Mahomet ayant proscrit toute image et toute figure, il n'existe ni peinture, ni sculpture, ni gravure, ni cette foule de métiers qui en dépendent. Les chrétiens sont les seuls qui, pour l'usage de leurs églises, achètent quelques tableaux faits à Constantinople par des

Grecs qui, pour le goût, sont de vrais Turks. En second lieu, une foule de nos métiers se trouvent supprimés par le petit nombre de meubles usités chez les Orientaux. Tout l'inventaire d'une riche maison consiste en tapis de pied, en nattes, en coussins, en matelas, quelques petits draps de coton, des plateaux de cuivre ou de bois qui servent de table; quelques casseroles, un mortier, une meule portative, quelques porcelaines, et quelques assiettes de cuivre étamé. Tout notre attirail de tapisseries, de bois de lits, de chaises, de fauteuils, de glaces, de secrétaires, de commodes, d'armoires; tout notre buffet avec son argenterie et son service de table; en un mot, toute notre menuiserie et ébénisterie y sont des choses ignorées, en sorte que rien n'est si facile que le délogement d'un ménage turk. Pocoke a pensé que la raison de ces usages venait de la vie errante qui fut la première de ces peuples; mais depuis le temps qu'ils se sont rendus sédentaires, ils en ont dû oublier l'esprit; et l'on doit plutôt en rapporter la cause au gouvernement, qui ramène tout au strict nécessaire. Les vêtements ne sont pas plus compliqués, quoiqu'ils soient bien plus dispendieux. On ne connaît ni chapeaux, ni perruques, ni frisures, ni boutons, ni boucles, ni cols, ni dentelles, ni tout ce détail dont nous sommes assiégés : des chemises de coton ou de soie, qui même chez les pachas ne se comptent pas par douzaines, et qui n'ont ni manchettes, ni poignets, ni collet plissé; une énorme culotte qui sert aussi de bas, un mouchoir à la tête, un autre à la ceinture, avec les trois grandes enveloppes de drap et d'indienne dont j'ai parlé au sujet des Mamlouks : voilà toute la toilette des Orientaux. Les seuls arts de luxe sont l'orfévrerie, bornée aux bijoux des femmes, aux soucoupes à café découpées en dentelles, et aux ornements des harnais et des pipes; enfin les fabriques des étoffes de soie d'Alep et de Damas. Du reste, lorsqu'on parcourt les rues de ces villes, l'on ne voit qu'une répétition de batteurs de coton à l'arc, de débitants d'étoffes et de merceries, de barbiers pour raser la tête, d'étameurs, de serruriers-maréchaux, de selliers, et surtout de vendeurs de petits pains, de quincailleries, de graines, de dattes, de sucreries, et très-peu de bouchers, toujours mal fournis. Il y a aussi dans ces capitales quelques mauvais arquebusiers qui ne font que raccommoder les armes; aucun ne sait fondre un canon de pistolet : quant à la poudre, le besoin fréquent de s'en servir, a donné à la plupart des paysans l'industrie de la faire, et il n'y a aucune fabrique publique.

Dans les villages, les habitants, bornés au plus étroit nécessaire, n'ont que les arts de premier besoin; chacun tâche de se suffire, afin de ne point partager ce qu'il a. Chaque famille se fabrique la grosse toile de coton dont elle s'habille. Chaque maison a son moulin portatif, avec lequel la femme broye l'orge ou le *doura* qui doivent nourrir. La farine de ces moulins est grossière; les petits pains ronds et plats qu'on en fait sont mal levés et mal cuits; mais ils font vivre, et c'est tout ce qu'on demande. J'ai déja dit combien les instruments de labourage étaient simples et peu coûteux. Dans les montagnes on ne taille point la vigne; l'on n'ente les arbres dans aucun endroit; tout enfin retrace la simplicité des premiers temps, qui peut-être, comme aujourd'hui, n'était que la grossièreté de la misère. Quand on demande les raisons de ce défaut d'industrie, l'on trouve partout pour réponse : *C'est assez bon, cela suffit; à quoi servirait-il d'en faire davantage?* Sans doute, puisqu'on n'en doit pas profiter.

2° La manière d'exercer les arts dans ces contrées, offre cette considération intéressante, qu'elle retrace presqu'en tout les procédés des siècles anciens : par exemple, les étoffes que l'on fabrique à Alep, ne sont pas de l'invention des Arabes; ils les tiennent des Grecs, qui eux-mêmes sans doute les imitèrent des anciens Orientaux. Les teintures dont ils usent, doivent remonter jusqu'aux Tyriens : elles ont une perfection qui n'est point indigne de ce peuple; mais les ouvriers, jaloux de leurs procédés, en font des mystères impénétrables. La manière dont les anciens bardaient les harnais de leurs chevaux, pour les garantir des coups de sabre, a dû être la même que l'on emploie encore à Alep et à Damas pour les têtières des brides (1). Les écailles d'argent dont le cuir est recouvert, tiennent sans clous, et sont tellement emboîtées, que sans ôter la souplesse au cuir, il ne reste aucun interstice au tranchant. Le ciment dont ils usent doit être celui des Grecs et des Romains. Pour le bien composer, ils observent de n'employer la chaux que bouillante : ils y mêlent un tiers de sable, et un autre tiers de cendre et de brique pilée : avec ce composé, ils font des puits, des citernes et des voûtes imperméables. J'en ai vu en Palestine une espèce singulière qui mérite d'être citée. Cette voûte est formée de cylindres de briques de 8 a 10 pouces de longueur. Ces cylindres sont creux, et peuvent avoir deux pouces de diamètre à l'intérieur. Leur forme est légèrement conique. Le bout le plus large est fermé, l'autre est ouvert. Pour construire la voûte, on les range les uns à côté des autres, mettant le bout fermé en dehors : on les joint avec du plâtre de Jérusalem ou de Nâblous, et quatre ouvriers achèvent la voûte d'une chambre en un jour. Les

---

(1) J'observerai à ce sujet, que les Mamlouks, au Kaire, montrent encore tous les ans, à la procession de la caravane, des cottes-mailles, des casques à visière, des brassards et toute l'armure du temps des Croisés. Il y a aussi une collection de vieilles armes dans la Mosquée des-derviches, à une lieue au-dessous du Kaire, sur le bord du Nil.

premières pluies ont coutume de la pénétrer ; mais on passe sur le dôme une couche à l'huile, et la voûte devient imperméable. L'on ferme les bouches de l'intérieur avec une couche de plâtre, et l'on a un toit durable et très-léger. Dans toute la Syrie, l'on fait avec ces cylindres les bordures des terrasses, afin d'empêcher les femmes qui s'y tiennent pour laver et sécher le linge, d'être vues. L'on a commencé depuis peu d'en faire usage à Paris ; mais en Orient la pratique en est fort ancienne. La manière d'exploiter le fer dans le Liban doit l'être également, vu sa grande simplicité : c'est la méthode employée dans les Pyrénées, et connue sous le nom de *fonte catalane*; la forge consiste en une espèce de cheminée pratiquée au flanc d'un terrain à pic. L'on remplit de bois le tuyau ; l'on y met le feu, et l'on souffle par la bouche d'en bas : l'on verse le minéral par le haut; le métal tombe au fond en *masses*, que l'on retire par cette même bouche qui sert à allumer. Il n'y a pas jusqu'à leurs industrieuses serrures de bois à coulisse, qui ne remontent jusqu'au temps de Salomon, qui les désigne dans son cantique. L'on n'en peut pas dire autant de la musique. Elle ne paraît pas antérieure au siècle des kalifes, sous lesquels les Arabes s'y livrèrent avec tant de passion, que tous leurs savants d'alors ajoutent le titre de musicien à ceux de médecin, de géomètre et d'astronome ; cependant, comme les principes en furent empruntés des Grecs, elle pourrait fournir des observations curieuses aux personnes versées en cette partie. Il est très-rare d'en trouver de tels en Orient. Le Kaire est peut-être le seul de l'Égypte et de la Syrie où il y ait des *chaiks* qui connaissent les principes de l'art. Ils ont des recueils d'airs qui ne sont pas notés à notre manière, mais écrits avec des caractères dont tous les noms sont persans. Toute leur musique est vocale ; ils ne connaissent ni n'estiment l'exécution des instruments, et ils ont raison ; car les leurs, sans en excepter la flûte, sont détestables. Ils ne connaissent non plus d'accompagnement que l'unisson et la basse-continue du *monocorde*. Ils aiment le chant à voix forcée dans les tons hauts, et il faut des poitrines comme les leurs pour en supporter l'effort pendant un quart d'heure. Leurs airs, pour le caractère et pour l'exécution, ne ressemblent à rien de ce qui est connu en Europe, si ce n'est les *séguidillas* des Espagnols. Ils ont des roulades plus travaillées que celles des Italiens mêmes, des dégradations et des inflexions de tons telles qu'il est extrêmement difficile à des gosiers européens de les imiter. Leur expression est accompagnée de soupirs et de gestes qui peignent la passion avec une force que nous n'oserions nous permettre. On peut dire qu'ils excellent dans le genre mélancolique. A voir un Arabe la tête penchée, la main près de l'oreille en forme de conque ; à voir ses sourcils froncés, ses yeux languissants; à entendre ses intonations plaintives, ses tenues prolongées, ses soupirs sanglotants, il est presque impossible de retenir ses larmes, et des larmes qui, comme ils disent, ne sont pas amères : il faut bien qu'elles aient des charmes, puisque de tous les chants celui qui les provoque est celui qu'ils préfèrent, comme de tous les talents celui qu'ils préfèrent est celui du chant.

Il s'en faut de beaucoup que la danse, qui chez nous marche de front avec la musique, tienne le même rang dans l'opinion des peuples arabes : chez eux cet art est flétri d'une espèce de honte; un homme ne saurait s'y livrer sans déshonneur (1), et l'exercice n'en est toléré que parmi les femmes. Ce jugement nous paraîtra sévère, mais avant de le condamner il convient de savoir qu'en Orient la danse n'est point une imitation de la guerre, comme chez les Grecs, ou une combinaison d'attitudes et de mouvements agréables, comme chez nous; mais une représentation licencieuse de ce que l'amour a de plus hardi. C'est ce genre de danse qui, porté de Carthage à Rome, y annonça le déclin des mœurs républicaines; et qui depuis, renouvelé dans l'Espagne par les Arabes, s'y per-

---

(1) Il faut en excepter la danse sacrée des derviches, dont les tournoiements ont pour objet d'imiter les mouvements des astres.

pétue encore sous le nom de *fandango*. Malgré la liberté de nos mœurs, il serait difficile, sans blesser l'oreille, d'en faire une peinture exacte; c'est assez de dire que la danseuse, les bras étendus, d'un air passionné, chantant et s'accompagnant des castagnettes qu'elle tient aux doigts, exécute, sans changer de place, des mouvements de corps que la passion même a soin de voiler de l'ombre de la nuit. Telle est leur hardiesse, qu'il n'y a que des femmes prostituées qui osent danser en public. Celles qui en font profession s'appellent *Raouâzi*, et celles qui y excellent prennent le titre d'*Almé*, ou de *savantes* dans l'art. Les plus célèbres sont celles du Kaire. Un voyageur récent en a fait un tableau séduisant; mais j'avoue que les modèles ne m'ont point causé ce prestige. Avec leur linge jaune, leur peau fumée, leur sein abandonné et pendant, avec leurs paupières noircies, leurs lèvres bleues et leurs mains teintes de *henné*, les *Almé* ne m'ont rappelé que les bacchantes des Porcherons; et si l'on observe que chez les peuples, même policés, cette classe de femmes conserve tant de grossièreté, l'on ne croira point que, chez un peuple où les arts les plus simples sont dans la barbarie, elle porte de la délicatesse dans celui qui en exige davantage.

L'analogie qui existe des arts aux sciences, doit faire pressentir que celles-ci sont encore plus négligées : disons mieux; elles sont entièrement inconnues. La barbarie est complète dans la Syrie comme dans l'Égypte; et l'équilibre qui a coutume d'exister dans un même empire, doit étendre ce jugement à toute la Turkie. En vain quelques personnes ont récemment réclamé contre cette assertion; en vain l'on a parlé de *colléges*, de *lieux d'éducation*, et de *livres*; ces mots en Turkie ne représentent pas les mêmes idées que chez nous. Les siècles des kalifes sont passés pour les Arabes, et ils sont à naître pour les Turks. Ces deux nations n'ont présentement ni géomètres, ni astronomes, ni musiciens, ni médecins; à peine trouve-t-on un homme qui sache saigner avec la *flamme* (1): quand il a ordonné le cautère, appliqué le feu, ou prescrit une recette banale, sa science est épuisée : aussi les valets des Européens sont-ils consultés comme des Esculapes. Et où se formeraient des médecins, puisqu'il n'y a aucun établissement de ce genre, et que l'anatomie répugne aux préjugés de la religion? L'astronomie aurait plus d'attrait pour eux : mais par astronomie ils entendent l'art de lire les décrets du sort dans les mouvements des astres, et non la science profonde de soumettre ces mouvements au calcul. Les moines de *Mar-hanna* qui ont des livres, et qui entretiennent des relations avec Rome, ne sont pas à

---

(1) Espèce de lancette à ressort qui ne suppose aucune adresse.

cet égard moins ignorants que les autres. Jamais, avant mon séjour, ils n'avaient ouï dire que la terre tournât autour du soleil, et peu s'en fallut que cette opinion n'y causât du scandale : car les zélés, trouvant que cela contrariait la sainte Bible, voulurent me traiter en hérétique : heureusement que le vicaire-général eut le bon esprit de douter et de dire : *Sans en croire aveuglément les Francs, il ne faut pas les démentir; car tout ce qu'ils nous apportent de leurs arts est si fort au-dessus des nôtres, qu'ils peuvent apercevoir des choses qui sont au-dessus de nos idées.* J'en fus quitte pour ne point prendre la rotation sur mon compte, et pour la restituer à nos savants, qui passent sûrement chez les moines pour des visionnaires.

On doit donc faire une grande différence des Arabes de nos jours à ceux d'*El-Mâmoun*, et d'*Aroun-el-Rachid*; encore faut-il avouer que l'on se fait de ceux-ci des idées exagérées. Leur empire fut trop passager pour qu'ils pussent faire de grands progrès dans les sciences. Ce que nous voyons arriver de nos jours à quelques états de l'Europe, prouve qu'il leur faut des siècles pour se naturaliser. Aussi, dans ce que nous connaissons de livres des Arabes, ne les trouvons-nous que les traducteurs ou les échos des Grecs. La seule science qui leur soit propre, la seule qu'ils cultivent encore est celle de leur *langue :* et par étude de la langue, il ne faut pas entendre cet

esprit philosophique qui, dans les mots, cherche
l'histoire des idées pour perfectionner l'art de les
peindre. Chez les Musulmans l'étude de l'arabe
n'a pour objet que ses rapports à la religion : ils
sont étroits, attendu que le *Qôran est la parole
immédiate de Dieu :* or, comme cette parole ne
conserve l'identité de sa nature, qu'autant qu'on
la prononce comme Dieu et son prophète, c'est
une affaire capitale d'apprendre non-seulement
la valeur des mots employés, mais encore les ac-
cents, les inflexions, les pauses, les soupirs, les
tenues, enfin tous les détails les plus minutieux
de la prosodie et de la lecture. Il faut avoir entendu leur déclamation dans les mosquées, pour
se faire une idée de sa complication. Quant aux
principes de la langue, ceux de la grammaire seulement occupent pendant plusieurs années. Vient
ensuite le *Nahou*, partie de la grammaire que
l'on peut définir une science de terminaisons
étrangères à l'arabe vulgaire, lesquelles se sur-
ajoutent aux mots, et varient selon les nombres,
les cas, les genres et les personnes. Lorsque l'on
sait cela, l'on est déjà compté parmi les savants.
Il faut ensuite étudier l'*éloquence*; et cela veut
des années, parce que les maîtres, mystérieux
comme des brames, ne découvrent que peu à peu
les secrets de leur art. Enfin, l'on arrive aux études de la loi et au *Faqah*, ou *science par excel-
lence*, qui est la théologie. Or, si l'on observe que

la base perpétuelle de ces études est le *Qôran*; que l'on doit méditer à fond ses sens mystiques et allégoriques, lire tous les commentaires, toutes les paraphrases de son texte (et il y en a deux cents volumes sur le premier verset); si l'on observe qu'il faut discuter des milliers de cas de conscience ridicules : par exemple, s'il est permis d'employer de l'eau impure à détremper du mortier; si un homme qui a un cautère n'est pas dans le cas d'une femme souillée; qu'enfin l'on débat longuement si l'ame du prophète ne fut pas sacrée avant celle d'Adam; s'il ne donna pas des conseils à Dieu dans la création, et quels furent ces conseils; l'on conviendra que l'on peut passer la vie entière à beaucoup apprendre et à ne rien savoir.

Quant à l'instruction du vulgaire, comme les gens de loi n'exercent point les fonctions de nos curés et de nos prêtres, qu'ils ne prêchent, ne catéchisent, ni ne confessent, l'on peut dire qu'il n'existe aucune instruction; toute l'éducation des enfants se borne à aller chez des maîtres particuliers qui leur apprennent à lire dans le Qôran, s'ils sont musulmans, ou dans les psaumes, s'ils sont chrétiens, et un peu à écrire et à compter de mémoire : cela dure jusqu'à l'adolescence, que chacun se hâte de prendre un métier pour se marier et gagner de quoi vivre. La contagion de l'ignorance s'étend jusque sur les enfants des Francs; et il est d'axiome à Marseille qu'un *Le-*

vantin doit être un jeune homme dissipé, paresseux, sans émulation, et qui ne saura autre chose que parler plusieurs langues, quoique cette règle ait ses exceptions comme toute autre.

En recherchant les causes de l'ignorance générale des Orientaux, je ne dirai point avec un voyageur récent, qu'elle vient des difficultés de la langue et de l'écriture : sans doute la difficulté des dialectes, l'entortillage des caractères, le vice même de la constitution de l'alphabet, multiplient les difficultés de l'instruction; mais l'habitude les surmonte, et les Arabes parviennent à lire et à écrire aussi facilement que nous. La vraie cause est la difficulté des moyens de s'instruire, parmi lesquels il faut compter en premier lieu la rareté des livres. Chez nous rien de si vulgaire que ce secours, rien de si répandu dans toutes les classes que la lecture. En Orient, au contraire, rien de plus rare. Dans toute la Syrie, l'on ne connaît que deux collections de livres, celle de *Mar-hanna*, dont j'ai parlé, et celle de *Djezzâr* à Acre. L'on a vu combien la première est faible, et pour la quantité, et pour la qualité. Je ne parlerai pas de la seconde comme témoin oculaire; mais deux personnes qui l'ont vue, m'ont rapporté qu'elle ne contenait pas plus de 300 volumes, et cependant ce sont les dépouilles de toute la Syrie, et, entre autres, du couvent de *Saint-Sauveur*, près de Saide, et du chaik *Kaïri*, mofti de Ramlé. A.

Alep, la maison de *Bitar* est la seule qui possède des livres d'astronomie, que personne n'entend. A Damas, les gens de loi ne font aucun cas de leur propre science. Le Kaire seul est riche en livres. Il y en a une collection très-ancienne à la *mosquée d'el-azhar*, et il en circule journellement une assez grande quantité; mais il est défendu aux chrétiens d'y toucher. Cependant il y a 12 ans que les religieux de Mar-hanna voulant s'en procurer, y envoyèrent un des leurs pour en acheter. Le hasard voulut qu'il fît la connaissance d'un effendi qui le prit en affection, et qui, désirant de lui des leçons d'astrologie, dans laquelle il le croyait savant, se prêta à lui communiquer des livres : dans un espace de six mois, ce religieux m'a dit en avoir manié plus de 200; et lorsque je lui demandai sur quelles matières, il me répondit sur la grammaire, sur le Nahou, sur l'éloquence, et sur les interprétations du Qôran; du reste, infiniment peu d'histoires et même de contes : il n'a pas vu deux exemplaires des mille et une nuits. D'après cet exposé l'on est toujours fondé à dire que non-seulement il y a disette de bons livres en Orient, mais même que les livres en général y sont très-rares. La raison en est évidente : dans ces pays tout livre est écrit à la main : or, ce moyen est lent, pénible, dispendieux; le travail de plusieurs mois ne produit qu'un seul exemplaire; il doit être sans rature, et mille accidents peuvent le détruire. Il est donc impossible que les livres se multiplient, et par conséquent que les connaissances se propagent; aussi est-ce en comparant cet état de choses à ce qui se passe chez nous, que l'on sent mieux tous les avantages de l'imprimerie : on s'aperçoit même, en y réfléchissant, qu'elle seule est peut-être le vrai mobile des révolutions qui depuis trois siècles sont arrivées dans le système moral de l'Europe. C'est elle qui, rendant les livres très-communs, a répandu une somme plus égale de connaissances dans toutes les classes : c'est elle qui, répandant promptement les idées et les découvertes, a causé le développement plus rapide des arts et des sciences : par elle, tous ceux qui s'en occupent sont devenus un corps toujours assemblé, qui poursuit sans relâche la série des mêmes travaux : par elle, tout écrivain est devenu un orateur public, qui a parlé non-seulement à sa ville, mais à sa nation, à l'Europe entière. Si dans ce nouveau genre de comices il a perdu l'avantage de la déclamation et du geste pour remuer les passions, il l'a compensé par celui d'avoir un auditoire mieux composé, de raisonner avec plus de sang-froid, de faire une impression moins vive peut-être, mais plus durable. Aussi n'est-ce que depuis cette époque que l'on a vu des hommes isolés produire, par la seule puissance de leurs écrits, des révolutions morales sur des nations entières, et se former un empire d'opinion qui en a imposé à l'empire même de la puissance armée.

Un autre effet très-remarquable de l'imprimerie, est celui qu'elle a eu dans le genre de l'histoire : en donnant aux faits une grande et prompte publicité, l'on a mieux constaté leur certitude. Au contraire, dans l'état des livres écrits à la main, le recueil que composait un homme n'ayant d'abord qu'un exemplaire, il ne pouvait être vu et critiqué que par un petit nombre de lecteurs; et ces lecteurs sont d'autant plus suspects, qu'ils étaient au choix de l'auteur. S'il permettait d'en tirer des copies, elles ne se multipliaient et ne se répandaient que très-lentement. Pendant ce temps les témoins mouraient, les réclamations périssaient, les contradictions naissaient, et le champ restait libre à l'erreur, aux passions, au mensonge : voilà la cause de ces faits monstrueux dont fourmillent les histoires de l'antiquité, et même celles de l'Asie moderne. Si parmi ces histoires il en est qui portent des caractères frappants de vraisemblance, ce sont celles dont les écrivains ont été témoins des faits qu'ils racontent, ou des hommes publics qui ont écrit à la face d'un peuple éclairé qui pouvait les contredire. Tel est César, acteur principal de ses mémoires; tel Xénophon, général des dix mille, dont il raconte la savante retraite; tel Polybe, ami et compagnon d'armes de Scipion, vainqueur de Carthage; tels encore

Salluste et Tacite, consuls; Thucydides, chef d'armée; Hérodote même, sénateur et libérateur d'Halicarnasse. Lorsqu'au contraire l'histoire n'est qu'une citation de faits anciens rapportés sur tradition, lorsque ces faits ne sont recueillis que par de simples particuliers, ce n'est plus ni le même genre, ni le même caractère; quelle différence n'y a-t-il pas des écrivains précédents aux Tite-Live, aux Quinte-Curce, aux Diodore de Sicile! Heureusement encore les pays où ils écrivirent étaient policés, et la lumière publique put les guider dans des faits peu reculés. Mais quand les nations étaient dans l'anarchie, ou sous le despotisme qui règne aujourd'hui dans l'Orient, les écrivains imbus de l'ignorance et de la crédulité qui accompagnent cet état, purent déposer hardiment leurs erreurs et leurs préjugés dans l'histoire; et l'on peut observer que c'est dans les productions de pareils siècles que l'on trouve tous les monstres d'invraisemblance; tandis que dans les temps policés, et sous les écrivains originaux, les annales ne présentent qu'un ordre de faits semblables à ce qui se passe sous nos yeux.

Cette influence de l'imprimerie est si efficace, que le seul établissement de Mar-hanna, tout imparfait qu'il est, a déja produit chez les chrétiens une différence sensible. L'art de lire, d'écrire, et même une sorte d'instruction, sont plus communs aujourd'hui parmi eux qu'il y a 30 ans.

Malheureusement ils ont débuté par un genre qui, en Europe, a retardé les progrès des esprits et suscité mille désordres. En effet, les Bibles et les livres de religion ayant été les premiers livres répandus par l'imprimerie, toute l'attention se tourna sur les matières théologiques, et il en résulta une fermentation qui fut la source des schismes de l'Angleterre et de l'Allemagne, et des troubles politiques de notre France. Si, au lieu de traduire leur Buzembaum, et les misanthropiques rêveries de Nieremberg et de Didaco Stella, les jésuites eussent promulgué des livres d'une morale pratique, d'une utilité sociale, adaptée à l'état du Kesraouân et des Druzes, leur travail eût pu avoir pour ces pays, et même pour toute la Syrie, des conséquences politiques qui en eussent changé tout le système. Aujourd'hui tout est perdu, ou du moins bien reculé : la première ferveur s'est consumée sur des objets inutiles. D'ailleurs, les religieux manquent de moyens; et si Djezzar s'en avise, il détruira leur imprimerie; il y sera porté par le fanatisme des gens de loi, qui, sans bien connaître ce qu'ils ont à redouter de l'imprimerie, ont cependant de l'aversion pour elle; comme si la sottise avait un instinct naturel pour deviner ce qui peut lui nuire.

La rareté des livres et la disette des moyens d'instruction sont donc, ainsi que je viens de le dire, les causes de l'ignorance des Orientaux; mais on ne doit les regarder que comme des causes accessoires : la source radicale est encore le *gouvernement*, qui non-seulement ne veille point à répandre les connaissances, mais qui fait tout ce qui convient pour les étouffer. Sous l'administration des Turks, nul espoir de considération ou de fortune par les arts, les sciences ou les belles-lettres : on aurait le talent des géomètres, des astronomes, des ingénieurs les plus distingués de l'Europe, que l'on ne languirait pas moins dans l'obscurité, ou que l'on gémirait peut-être sous la persécution. Or, si la science, qui par elle-même coûte déja tant de peine à acquérir, ne doit encore amener que des regrets de l'avoir acquise, il vaut mieux ne jamais la posséder. Ainsi les Orientaux sont ignorants et doivent l'être, par le même principe qui les rend pauvres, et parce qu'ils disent pour la science comme pour les arts : *A quoi nous servira de faire davantage ?*

CHAPITRE XVI.

Des habitudes et du caractère des habitants de la Syrie.

De tous les sujets d'observation que peut présenter un pays, le plus important, sans contredit, est le moral des hommes qui l'habitent; mais il faut avouer aussi qu'il est le plus difficile : car il ne s'agit pas d'un stérile examen de faits; le but est de saisir leurs rapports et leurs causes, de démêler les ressorts découverts ou secrets, éloignés ou prochains, qui, dans les hommes, produisent ces *habitudes d'actions* que l'on appelle *mœurs*, et cette disposition constante d'esprit que l'on nomme *caractère* : or, pour une telle étude, il faut communiquer avec les hommes que l'on veut approfondir, il faut épouser leurs situations, afin de sentir quels agents influent sur eux, quelles affections en résultent; il faut vivre dans leur pays, apprendre leur langue, pratiquer leurs coutumes; et ces conditions manquent souvent aux voyageurs; lorsqu'ils les ont remplies, il leur reste à surmonter les difficultés de la chose elle-même; et elles sont nombreuses : car non-seulement il faut combattre les préjugés que l'on rencontre; il faut encore vaincre ceux que l'on porte : le cœur est partial, l'habitude puissante, les faits insidieux, et l'illusion facile. L'observateur doit donc être circonspect sans devenir pusillanime; et le lecteur obligé de voir par des yeux intermédiaires, doit surveiller à la fois la raison de son guide et sa propre raison.

Lorsqu'un Européen arrive en Syrie, et même en général en Orient, ce qui le frappe le plus dans l'intérieur des habitants, est l'opposition presque totale de leurs manières aux nôtres : l'on dirait qu'un dessein prémédité s'est plu à établir une foule de contrastes entre les hommes de l'Asie et ceux de l'Europe. Nous portons des vêtements courts et serrés; ils les portent longs et amples. Nous laissons croître les cheveux, et nous rasons la barbe; ils laissent croître la barbe et rasent les cheveux. Chez nous, se découvrir la tête est une marque de respect; chez eux, une tête nue est un signe de folie. Nous saluons inclinés; ils saluent droits. Nous passons la vie debout, eux assis. Ils s'asseyent et mangent à terre; nous nous tenons élevés sur des siéges. Enfin, jusque dans les choses du langage, ils écrivent à contresens de nous, et la plupart de nos noms masculins sont féminins chez eux. Pour la foule des voyageurs ces contrastes ne sont que bizarres; mais pour des philosophes, il pourrait être intéressant de rechercher d'où est venue cette diversité d'habitudes dans des hommes qui ont les mêmes besoins, et dans des peuples qui paraissent avoir une origine commune.

Un caractère également remarquable, est l'extérieur religieux qui règne et sur les visages, et dans les propos, et dans les gestes des habitants de la Turkie; l'on ne voit dans les rues que mains armées de chapelets; l'on n'entend qu'exclamations emphatiques de *yâ Allâh! ô Dieu! Allâh akbar! Dieu très-grand! Allâh tàálâ, Dieu très-haut!* à chaque instant, l'oreille est frappée d'un profond soupir, ou d'une éructation bruyante que suit la citation d'une des 99 épithètes de Dieu, telles que *yâ râni! source de richesse! yâ sobhân! ô très-louable! yâ mastour! ô impénétrable!* Si l'on vend du pain dans les rues, ce n'est point le pain que l'on crie; c'est *Allâh kerim, Dieu est libéral.* Si l'on vend de l'eau, c'est *Allâh djaouad, Dieu est généreux* : ainsi des autres denrées. Si l'on se salue, c'est *Dieu te conserve;* si l'on remercie, c'est *Dieu te protége* : en un mot c'est Dieu en tout et partout. Ces hommes sont donc bien dévots, dira le lecteur? Oui, sans en être meilleurs. — Pourquoi cela? C'est que, ainsi que je l'ai dit, ce zèle, à raison de la diversité des cultes, n'est qu'un esprit de jalousie, de contradiction : c'est que, pour les chrétiens, une profession de foi est une bravade, un acte d'indépendance; et pour les musulmans un acte de pouvoir et de supériorité.

Aussi cette dévotion née de l'orgueil, et accompagnée d'une profonde ignorance, n'est qu'une superstition fanatique qui devient la cause de mille désordres.

Il est encore dans l'intérieur des Orientaux un caractère qui fixe l'attention d'un observateur ; c'est leur air grave et flegmatique dans tout ce qu'ils font et dans tout ce qu'ils disent : au lieu de ce visage ouvert et gai que chez nous l'on porte ou l'on affecte, ils ont un visage sérieux, austère ou mélancolique; rarement ils rient; et l'enjouement de nos Français leur paraît un accès de délire : s'ils parlent, c'est sans empressement, sans geste, sans passion; ils écoutent sans interrompre; ils gardent le silence des journées entières, et ils ne se piquent point d'*entretenir la conversation*; s'ils marchent, c'est posément et pour affaires; et ils ne conçoivent rien à notre turbulence et à nos *promenades* en long et en large; toujours assis, ils passent des journées entières rêvant, les jambes croisées, la pipe à la bouche, presque sans changer d'attitude : on dirait que le mouvement leur est pénible, et que, semblables aux Indiens, ils regardent l'inaction comme un des éléments du bonheur.

Cette observation qui se répète sur la plupart de leurs habitudes, étendue à d'autres pays, est devenue de nos jours le motif d'un jugement très-grave sur le caractère des Orientaux, et de plusieurs autres peuples. Un écrivain célèbre, considérant ce que les Grecs et les Romains ont dit de la mollesse asiatique, et ce que les voyageurs rapportent de l'indolence des Indiens, a pensé que cette indolence était le caractère essentiel des hommes de ces contrées; recherchant ensuite la cause commune de ce fait général, et trouvant que tous ces peuples habitaient ce que nous appelons *pays chauds*, il a pensé que la chaleur était la cause de cette indolence; et prenant le fait pour principe, il a posé en axiome que les habitants des pays chauds devaient être indolents, inertes de corps, et par analogie, inertes d'esprit et de caractère. Il ne s'est pas borné là : remarquant que chez ces peuples le gouvernement le plus habituel était le despotisme, et regardant le despotisme comme l'effet de la nonchalance d'un peuple, il en a conclu que le despotisme était le gouvernement de ces pays, aussi naturel, aussi nécessaire que leur propre climat. Il semblerait que la dureté, ou, pour mieux dire, la barbarie de cette conséquence, eût dû mettre les esprits en garde contre l'erreur de ces principes : cependant elle a fait une fortune brillante en France, et même dans toute l'Europe; et l'opinion de l'auteur de *l'Esprit des Lois* est devenue, pour le grand nombre des esprits, une autorité contre laquelle il est téméraire de se révolter. Ce n'est pas ici le lieu de faire un traité en forme, pour en démontrer toute l'erreur ; d'ailleurs il existe déja dans l'ouvrage d'un philosophe dont le nom marche de pair pour le moins avec celui de Montesquieu. Mais afin d'élever quelques doutes dans l'esprit de ceux qui ont admis cette opinion sans prendre le temps d'y réfléchir, je vais exposer quelques objections qui découlent naturellement du sujet.

On a fondé l'axiome de l'indolence des Orientaux et des Méridionaux en général, sur l'opinion que les Grecs et les Romains nous ont transmise de la mollesse asiatique ; mais quels sont les faits sur lesquels ils fondèrent cette opinion ? L'ont-ils établie sur des faits fixes et déterminés, ou sur des idées vagues et générales, comme nous le pratiquons nous-mêmes ? Ont-ils eu des notions plus précises de ces pays dans leurs temps, que nous dans le nôtre ; et pouvons-nous asseoir sur leur rapport un jugement difficile à établir sur notre propre examen ? Admettons les faits tels que l'histoire les donne : étaient-ce des peuples indolents que ces Assyriens qui, pendant 500 ans, troublèrent l'Asie par leur ambition et leurs guerres ; que ces Mèdes qui rejetèrent leur joug et les dépossédèrent ; que ces Perses de Cyrus, qui, dans un espace de 30 ans, conquirent depuis l'Indus jusqu'à la Méditerranée ? Étaient-ce des peuples sans activité, que ces Phéniciens qui, pendant tant de siècles, embrassèrent le commerce de tout l'ancien monde ; que ces Palmyréniens, dont nous avons vu de si imposants monuments d'industrie ; que ces Carduques de Xénophon, qui bravaient la puissance du grand *roi*, au sein de son empire; que ces Parthes qui furent les rivaux indomptables de Rome; enfin, que ces Juifs mêmes qui, bornés à un petit état, ne cessèrent de lutter pendant 1000 ans contre des empires puissants? Si les hommes de ces nations furent des hommes inertes, qu'est-ce que l'activité? S'ils furent actifs, où est l'influence du climat? Pourquoi dans les mêmes contrées où se développa jadis tant d'énergie, règne-t-il aujourd'hui une inertie si profonde? Pourquoi ces Grecs modernes si avilis sur les ruines de Sparte, d'Athènes, dans les champs de Marathon et des Thermopyles? Dira-t-on que les climats sont changés? Où en sont les preuves? et supposons-le : ils ont donc changé par bonds et par cascades, par chutes et par retours; le climat des Perses changea donc de Cyrus à Xerxès; le climat d'Athènes changea donc d'Aristide à Démétrius de Phalère; celui de Rome, de Scipion à Sylla, et de Sylla à Tibère? Le climat des Portugais a donc changé depuis Albukerque, et celui des Turks, depuis Soliman? Si l'indolence est propre aux zones méridionales, pourquoi a-t-on vu Carthage en Afrique, Rome en Italie, les Flibustiers à Saint-Domingue? Pourquoi trouvons-nous les Malais dans l'Inde, et les Bedouins dans l'Arabie? Pourquoi dans un même temps, sous un même ciel, Sybaris près de Crotone, Capoue près de Rome, Sardes près de Milet? Pourquoi sous nos yeux, dans notre Europe, des états du Nord aussi languissants que ceux du Midi? Pourquoi dans notre propre empire, des provinces du midi plus active que celles du nord? Si, avec des circonstances contraires, on a les mêmes faits; si, avec des faits divers, on a les mêmes circonstances; qu'est-ce que ces prétendus principes? qu'est-ce que cette influence? Qu'entend-on même par activité? N'en accorde-t-on qu'aux peuples belliqueux?. et Sparte sans guerre est-elle inerte? Que veut-on dire par pays chauds? Où pose-t-on les limites du froid, du tempéré? Que Montesquieu le déclare, afin que l'on sache désormais par quelle température l'on pourra déterminer l'énergie d'une nation, et à quel degré du thermomètre l'on reconnaîtra son aptitude à la liberté ou à l'esclavage?

L'on invoque un fait physique, et l'on dit : la chaleur abat nos forces; nous sommes plus indolents l'été que l'hiver : donc les habitants des pays chauds doivent être indolents. Supposons le fait; pourquoi, sous un même ciel, la classe des tyrans aura-t-elle plus d'énergie pour opprimer, que celle du peuple pour se défendre? Mais qui ne voit que nous raisonnons comme des habitants d'un pays où il y a plus de froid que de chaud? Si la thèse se soutenait en Égypte ou en Afrique, l'on y dirait : le froid gêne les mouvements, arrête la circulation. Le fait est que les sensations sont relatives à l'habitude, et que les corps prennent un tempérament analogue au climat où ils vivent, en sorte qu'ils ne sont affectés que par les extrêmes du terme ordinaire. Nous haïssons la sueur; l'Égyptien l'aime, et redoute de se voir sec. Ainsi, soit par les faits historiques, soit par les faits naturels, la proposition de Montesquieu, si importante au premier coup d'œil, se trouve à l'analyse un pur paradoxe, qui n'a dû son succès qu'à la nouveauté des esprits sur ces matières, lorsque l'*Esprit des Lois* parut, et à la flatterie indirecte qui en résulte pour les nations qui l'ont admis.

Pour établir quelque chose de précis dans la question de l'activité, il était un moyen plus prochain et plus sûr que ces raisonnements lointains et équivoques : c'était d'en considérer la nature même; d'en examiner l'origine et les mobiles dans l'homme. En procédant par cette méthode, l'on s'aperçoit que toute activité, soit de corps, soit d'esprit, prend sa source dans les besoins; que c'est en raison de leur étendue, de leurs développements, qu'elle-même s'étend et se développe : l'on en suit la gradation depuis les éléments les plus simples jusqu'à l'état le plus composé. C'est la faim, c'est la soif qui, dans l'homme encore sauvage, éveillent les premiers mouvements de l'ame et du corps; ce sont ces besoins qui le font courir, chercher, épier, user d'astuce ou de violence : toute son activité se mesure sur les moyens de pourvoir à sa subsistance. Sont-ils faciles ; a-t-il sous sa main les fruits, le gibier, le poisson : il est moins actif, parce qu'en étendant le bras, il se rassasie, et que, rassasié, rien ne l'invite à se mouvoir, jusqu'à ce que l'expérience de diverses jouissances ait éveillé en lui les désirs qui deviennent des besoins nouveaux, de nouveaux mobiles d'activité. Les moyens sont-ils difficiles ; le gibier est-il rare et agile, le poisson rusé, les fruits passagers : alors l'homme est forcé d'être plus actif; il faut que son corps et son esprit s'exercent à vaincre les difficultés qu'il rencontre à vivre ; il faut qu'il devienne agile comme le gibier, rusé comme le poisson, et prévoyant pour conserver les fruits. Alors, pour étendre ses facultés naturelles, il s'agite, il pense, il médite ; alors il imagine de courber un rameau d'arbre, pour en faire un arc; d'aiguiser un roseau, pour en faire une flèche ; d'emmancher un bâton à une pierre tranchante, pour en faire une hache ; alors il travaille à faire des filets, à abattre des arbres, à en creuser le tronc, pour en faire des pirogues. Déja il a franchi les bornes des premiers besoins, déja l'expérience d'une foule de sensations lui a fait connaître des jouissances et des peines; et il prend un surcroît d'activité pour écarter les unes et multiplier les autres. Il a goûté le plaisir d'un ombrage contre les feux du soleil ; il se fait une cabane : il a éprouvé qu'une peau le garantit du froid ; il se fait un vêtement : il a bu l'eau-de-vie et fumé le tabac : il les a aimés ; il veut en avoir encore ; il ne le peut qu'avec des peaux de castor, des dents d'éléphant, de la poudre d'or, etc. ; il redouble d'activité, et il parvient, à force d'industrie, jusqu'à vendre son semblable. Dans tous ces développements, comme dans la source première, l'on conviendra que l'activité a bien peu de rapport à la chaleur ; seulement les hommes du nord passant pour avoir besoin de plus d'aliments que ceux du midi, l'on pourrait dire qu'ils doivent avoir plus d'activité ; mais cette différence dans les besoins nécessaires a des bornes assez étroites. D'ailleurs, a-t-on bien constaté qu'un *Eskimau* ou un *Samoyède* aient réellement besoin pour vivre de plus de substance qu'un Bedouin ou qu'un ichthyophage de Perse ? Les sauvages du Brésil et de la Guinée sont-ils moins voraces que ceux du Canada et de la Californie ? Que l'on y prenne garde : la facilité d'avoir beaucoup d'aliments, est peut-être la première raison de la voracité ; et cette facilité, surtout dans l'état sauvage, dépend moins du climat que de la nature du sol ; c'est-à-dire, de sa richesse ou de sa pauvreté en pâturages, en forêts, en lacs, et par conséquent en poisson, en gibier, en fruits ; circonstances qui se trouvent indifféremment sous toutes les zones.

En y réfléchissant, il paraît que cette nature du sol a réellement une influence sur l'activité ; il paraît que dans l'état social, comme dans l'état sauvage, un pays où les moyens de subsister seront un peu difficiles, aura des habitants plus actifs, plus industrieux ; que dans celui, au contraire, où la nature prodiguera tout, le peuple sera inactif, indolent : et ceci s'accorde bien avec les faits généraux de l'histoire, où la plupart des peuples conquérants sont des peuples pauvres, sortis de pays stériles, ou difficiles à cultiver, pendant que les peuples conquis sont les habitants des contrées fertiles et opulentes. Il est même remarquable que ces peuples pauvres, établis chez les peuples riches, perdent en peu de temps leur énergie, et passent à la mollesse : tels furent ces Perses de Cyrus, descendus de l'Élymaïde dans les prairies de l'Euphrate ; tels les Macédoniens d'Alexandre, transportés des monts Rhodope dans les champs de l'Asie ; tels les Tartares de Djenkiz-Kan établis dans la Chine et le Bengale ; et les Arabes de Mahomet, dans l'Égypte et l'Espagne. De là l'on pourrait établir que ce n'est point comme habitants de pays chauds, mais comme habitants de pays riches, que les peuples ont du penchant à l'inertie ; et ce fait s'accorde bien encore avec ce qui se passe au sein des sociétés, où nous voyons que ce sont les classes riches qui ont ordinairement le moins d'activité ; mais comme cette satiété et cette pauvreté n'ont pas lieu pour tous les individus d'un peuple, il faut reconnaître des raisons plus générales et plus efficaces que la nature du sol : ce sont ces institutions sociales, que l'on appelle *Gouvernement* et *Religion*. Voilà les vrais régulateurs de l'activité ou de l'inertie des particuliers et des nations; ce sont eux qui, selon qu'ils étendent ou qu'ils bornent la carrière des besoins naturels ou superflus, étendent ou resserrent l'activité de tous les hommes. C'est parce que leur influence agit malgré la différence des terrains et des climats, que Tyr, Carthage, Alexandrie ont eu la même industrie que Londres, Paris, Amsterdam; que les *Flibustiers* et les *Malais* ont eu l'inquiétude et le caractère des *Normands*; que les paysans russes et polonais ont l'apathie et l'insouciance des Indous et des Nègres. C'est parce que leur nature varie et change comme les passions des hommes qui les règlent, que leur influence change et varie dans des époques très-voisines : voilà pourquoi les Romains de Scipion ne sont point ceux de Tibère; que les Grecs d'Aristide et de Thémistocle ne sont pas ceux de Constantin. Consultons dans notre propre cœur les mobiles généraux du cœur humain : n'éprouvons-nous pas que notre activité est bien moins relative aux agents physiques, qu'aux circonstances de l'état social où nous nous trouvons? Des besoins nécessaires ou superflus amènent-ils en nous des désirs : aussitôt notre corps et notre esprit prennent une vie nouvelle; la passion nous donne une activité ardente comme nos désirs, et soutenue comme notre espoir. Cet espoir vient-il à manquer : le désir se fane, l'activité languit, et le découragement nous mène à l'apathie et à l'indolence. Par-là s'explique pourquoi notre activité varie comme nos conditions, comme nos situations dans la société, comme nos âges dans la vie; pourquoi tel homme qui fut actif dans sa jeunesse, devient indolent sur le retour; pourquoi il y a plus d'activité dans les capitales et dans les villes de commerce, que dans les villes sans commerce et dans les campagnes. Pour éveiller l'activité, il faut d'abord des objets aux désirs; pour la soutenir, il faut un espoir d'arriver à la jouissance. Si ces deux circonstances manquent, il n'y a d'activité ni dans le particulier, ni dans la nation; et tel est le cas des Orientaux en général, et particulièrement de ceux dont nous traitons. Qui pourrait les engager à se mouvoir, si nul mouvement ne leur offre l'espoir de jouir de la peine qu'il a coûtée? Comment ne seraient-ils pas indolents dans les habitudes les plus simples, si leurs institutions sociales leur en font une espèce de nécessité? Aussi le meilleur observateur de l'antiquité, en faisant sur les Asiatiques de son temps la même remarque, en a allégué la même raison.

« Quant à la mollesse et à l'indolence des Asiati-
« ques, dit-il dans un passage digne d'être cité (1),
« s'ils sont moins belliqueux, s'ils ont des mœurs
« plus douces que les Européens, sans doute la
« nature de leur climat plus tempéré que le nôtre,
« y contribue beaucoup;... mais il faut y ajouter
« aussi la forme de leurs gouvernements, tous des-
« potiques, et soumis à la volonté arbitraire des
« rois. Or, les hommes qui ne jouissent point de
« leurs droits naturels, mais dont les affections
« sont dirigées par des maîtres; ces hommes ne
« peuvent avoir la passion hardie des combats; ils
« ne voient point dans la guerre une balance assez
« égale de risques et d'avantages : obligés de quit-
« ter leurs amis, leur patrie, leurs familles, de
« supporter de dures fatigues, et la mort même ;
« quel est le salaire de tant de sacrifices? la mort
« et les dangers : leurs maîtres seuls jouissent du
« butin et des dépouilles qu'ils ont payés de leur
« sang. Que s'ils combattaient dans leur propre
« cause, et que le prix de la victoire leur fût per-
« sonnel, comme la honte de la défaite, ils ne
« manqueraient pas de courage : et la preuve en
« existe dans ceux des Grecs et des Barbares qui,
« dans ces contrées, vivent sous leurs propres lois,
« et sont libres; car ceux-là sont plus courageux
« qu'aucune autre espèce d'hommes. »

---

(1) *Hippocrates de Aëre, Locis et Aquis.*

Voilà précisément la définition des Orientaux de nos jours; et ce que le philosophe grec a dit des peuples particuliers qui méconnaissaient la puissance du grand roi et de ses satrapes, convient exactement à ce que nous avons vu des Druzes, des Maronites, des Kourdes, des Arabes de Dâher et des Bedouins. Il faut le reconnaître; le moral des peuples, comme celui des particuliers, dépend surtout de l'état social dans lequel ils vivent : puisqu'il est vrai que nos *actions* sont dirigées par les lois civiles et religieuses, puisque nos habitudes ne sont que la répétition de ces *actions*, puisque notre caractère n'est que la disposition à *agir* de telle manière en telle circonstance; il s'ensuit évidemment que tout dépend du gouvernement et de la religion : dans tous les faits dont j'ai voulu me rendre compte, j'ai toujours vu cette double cause revenir plus ou moins immédiate : l'analyse de quelques-uns pourra en faire la démonstration.

J'ai dit que les Orientaux en général ont l'extérieur grave et flegmatique, le maintien posé et presque nonchalant, le visage sérieux, même triste et mélancolique. Si le climat ou le sol en étaient la cause radicale, l'effet serait le même dans tous les sujets; et cela n'est pas : sous cette nuance générale, il est mille nuances particulières de classes et d'individus, relatives à l'action du gouvernement, laquelle est diverse pour ces individus et pour ces classes. Ainsi, l'on observe que les paysans sujets des Turks sont plus sombres que ceux des pays tributaires ; que les habitants des campagnes sont moins gais que ceux des villes ; que ceux de la côte le sont plus que ceux de l'intérieur ; que dans une même ville la classe des gens de loi est plus grave que celle des gens de guerre, et celle-là plus que le peuple. L'on observe même que dans les grandes villes le peuple a beaucoup de cet air dissipé et sans souci qu'il a chez nous. Pourquoi cela ? c'est que là, comme ici, endurci à la souffrance par l'habitude, affranchi de la réflexion par l'ignorance, le peuple vit dans une sorte de sécurité : il n'a rien à perdre : il ne craint pas qu'on le dépouille. Le marchand, au contraire, vit dans les alarmes perpétuelles, et de ne pas acquérir davantage, et de perdre ce qu'il a. Il tremble de fixer les regards d'un gouvernement rapace, pour qui un air de satisfaction serait l'enseigne de l'aisance, et le signal d'une avanie. La même crainte règne dans les villages, où chaque paysan redoute d'exciter l'envie de ses égaux, et la cupidité de l'aga et des gens de guerre. Dans un tel pays, où l'on est sans cesse surveillé par une autorité spoliatrice, l'on doit porter un visage sérieux, par la même raison que l'on porte des habits percés, et que l'on mange en public des olives et du fromage. Cette même raison, quoique moins active pour les gens de loi, n'est cependant pas sans effet ; mais la morgue de leur éducation et le pédantisme de leur morale, les dispensent de toute autre.

A l'égard de la nonchalance, il n'est pas étonnant que le peuple des villes et des campagnes, fatigué de son travail, ait du penchant au repos. Mais il est remarquable que lorsque ce peuple se met en action, il s'y porte avec une vivacité et une passion presque inconnues dans nos climats. Cette observation a lieu surtout dans les ports et les villes de commerce. Un Européen ne peut s'empêcher d'admirer avec quelle activité les matelots, bras et jambes nus, manient les rames, tendent les voiles, et font toute la manœuvre; avec quelle ardeur les portefaix déchargent un bateau, et transportent les *couffes* (1) les plus pesantes. Toujours chantant, et répondant par versets à l'un d'eux qui commande, ils exécutent tous leurs mouvements en cadence, et doublent leurs forces en les réunissant par la mesure. L'on a dit à ce sujet que les peuples des pays chauds avaient un penchant naturel à la musique; mais en quoi consiste cette analogie du climat au chant? Ne serait-il pas plus raisonnable de dire que les pays chauds que nous connaissons, ayant été policés long-temps avant nos froids climats, le peuple y a conservé quelques souvenirs des beaux arts qui y ont jadis régné? Nos négociants reprochent souvent à ce

---

(1) Sacs de paille très-usités en Asie.

peuple, et surtout à celui des campagnes, de ne pas travailler aussi souvent, ni aussi long-temps qu'il le pourrait. Mais pourquoi travaillerait-il au delà de ses besoins, puisque le superflu de son travail ne lui rendrait aucun surcroît de jouissances? A bien des égards, l'homme du peuple ressemble au sauvage; quand il a dépensé ses forces à acquérir sa subsistance, il se repose : ce n'est qu'en lui rendant cette subsistance moins pénible, et en l'excitant par l'appât de jouissances présentes, que l'on parvient à lui donner une activité soutenue; et nous avons vu que l'esprit du gouvernement turk est l'inverse de cet esprit. Quant à la vie sédentaire, quel motif aurait-on de s'agiter dans un pays où la police n'a jamais songé à établir ni promenades ni plantations; où il n'y a ni sûreté hors des villes, ni agrément dans leur enceinte; où tout enfin invite à se renfermer chez soi? Est-il étonnant qu'un pareil ordre de choses ait produit des habitudes sédentaires? et ces habitudes ne doivent-elles pas à leur tour devenir des causes d'inaction?

La comparaison de notre état civil et domestique, à celui des Orientaux, présente encore plusieurs raisons de ce flegme, qui est leur caractère général. Chez nous, l'une des sources de la gaieté, est la table et l'usage du vin; chez les Orientaux, ce double plaisir est presque inconnu. La bonne chère attirerait une avanie, et le vin une punition corporelle, vu le zèle de la police à faire exécuter les préceptes du Qôran. Ce n'est pas même sans peine que les musulmans tolèrent dans les chrétiens l'usage d'une liqueur qu'ils leur envient; aussi cet usage n'est-il habituel et familier que dans le Kesraouân et le pays des Druzes; et là les repas ont une gaieté que l'eau-de-vie ne procure point dans les villes mêmes d'Alep et de Damas.

Une seconde source de gaieté, parmi nous, est la communication libre des deux sexes, qui a lieu surtout en France. L'effet en est que, par un espoir plus ou moins vague, les hommes, recherchant la bienveillance des femmes, prennent les formes qui peuvent la procurer. Or, tel est l'esprit ou telle est l'éducation des femmes, qu'à leurs yeux le premier mérite est de les amuser; et certainement, de tous les moyens d'y réussir, le premier est l'enjouement et la gaieté. C'est ainsi que nous avons contracté une habitude de badinage, de complaisance et de frivolité, qui est devenue le caractère distinctif de notre nation en Europe. Dans l'Asie, au contraire, les femmes sont rigoureusement séquestrées de la société des hommes. Toujours renfermées dans leur maison, elles ne communiquent qu'avec leur mari, leur père, leur frère, et tout au plus leur cousin germain; soigneusement voilées dans les rues, à peine osent-elles parler à un homme, même pour affaires. Tous doivent leur être étrangers : il serait indécent de les fixer, et l'on doit les laisser passer à l'écart, comme si elles étaient une chose contagieuse. C'est presque l'idée des Orientaux, qui ont un sentiment général de mépris pour ce sexe. Quelle en est la cause, pourra-t-on demander? celle de tout, la législation et le gouvernement. En effet, ce Mahomet, si passionné pour les femmes, ne leur a cependant pas fait l'honneur de les traiter dans son Qôran comme une portion de l'espèce humaine; il ne fait mention d'elles ni pour les pratiques de la religion, ni pour les récompenses de l'autre vie; et c'est une espèce de problème chez les musulmans, si les femmes ont une ame. Le gouvernement fait plus encore contre elles; car il les prive de toute propriété foncière, et il les dépouille tellement de toute liberté personnelle, qu'elles dépendent toute leur vie ou d'un mari, ou d'un père, ou d'un parent; dans cet esclavage, ne pouvant disposer de rien, l'on conçoit qu'il est assez inutile de solliciter leur bienveillance, et par conséquent d'avoir ce ton de gaieté qui les captive. Ce gouvernement, cette législation paraissent eux-mêmes la cause de la séquestration des femmes : et peut-être, sans la facilité du divorce, sans la crainte de se voir enlever sa fille ou sa femme par un homme puissant, serait-on moins jaloux d'en dérober la vue à tous les regards.

Cet état des femmes, chez les Orientaux, cause

dans leurs mœurs divers contrastes avec les nôtres. Leur délicatesse sur cet article est telle que jamais ils n'en parlent, et qu'il serait très-indécent de leur demander des nouvelles des femmes de leur maison. Il faut être avancé dans leur familiarité, pour traiter avec eux de cette matière; et alors ce qu'ils entendent de nos usages les confond d'étonnement. Ils ne peuvent concevoir comment chez nous les femmes vont le visage découvert, eux pour qui un voile levé est l'enseigne d'une prostituée, ou le signal d'une bonne fortune; ils n'imaginent pas comment on peut les voir, leur parler, les toucher, sans émotion, et être en tête-à-tête sans se porter aux dernières extrémités. Cet étonnement nous indique l'opinion qu'ils ont des leurs; et l'on en peut d'abord conclure qu'ils ignorent absolument *l'amour*, tel que nous l'entendons : le besoin qui en fait la base, est chez eux dépouillé des accessoires qui en font le charme; la privation y est sans sacrifice, la victoire sans combat, la jouissance sans délicatesse; il passent sans intervalle, du tourment à la satiété. Les amants y sont des prisonniers toujours d'accord pour tromper leurs gardes, toujours prompts à saisir l'occasion, parce qu'elle est rapide et rare : discrets comme des conjurés, ils cachent leur bonheur comme un crime, parce qu'il en a les conséquences. Le poignard, le poison, le pistolet sont toujours à côté de l'indiscrétion : son extrême importance pour les femmes les rend elles-mêmes ardentes à la punir; et souvent pour se venger elles deviennent plus cruelles que leurs maris et leurs frères. Cette sévérité entretient des mœurs assez chastes dans les campagnes; mais dans les grandes villes, où l'intrigue a plus de ressources, il ne règne pas moins de débauche que parmi nous, avec cette différence qu'elle est plus obscure. Alep, Damas et surtout le Kaïre, ne le cèdent point en ce genre à nos capitales de province. Les jeunes filles y sont retenues comme partout, parce qu'un accident découvert leur coûterait la vie; mais les femmes mariées y prennent d'autant plus de liberté, qu'elles ont été plus long-temps contraintes, et qu'elles ont souvent de justes raisons de se venger de leurs maîtres. En effet, à raison de la polygamie, permise par le Qôran, la plupart des Turks s'énervent de bonne heure, et rien n'est plus commun que d'entendre des hommes de 30 ans se plaindre d'impuissance; c'est la maladie pour laquelle ils consultent davantage les Européens, en leur demandant du *màdjoun*, c'est-à-dire, des pilules aphrodisiaques. Le chagrin qu'elle leur cause est d'autant plus amer, que la stérilité est un opprobre chez les Orientaux : ils ont encore, pour la fécondité, toute l'estime des temps anciens; et le plus heureux souhait que l'on puisse faire à une jeune fille, c'est qu'elle ait promptement un époux, et qu'elle lui donne beaucoup d'enfants. Ce préjugé leur fait prématurer les mariages, au point qu'il n'est pas rare de voir unir des filles de neuf ou dix ans à des garçons de 12 ou 13; il est vrai que la crainte du libertinage et des suites fâcheuses qu'il attire de la part de la police turke, y contribue aussi. Cette prématurité doit encore être comptée parmi les causes de l'impuissance. L'ignorance des Turks se refuse à le croire, et ils sont si déraisonnables sur cet article, qu'ils méconnaissent les bornes de la nature, dans les temps mêmes où leur santé est dérangée. C'est encore un des effets du Qôran, où le Prophète a pris la peine d'insérer un précepte sur ce genre de devoir. D'après ce fait, Montesquieu a eu raison de dire que la polygamie était une cause de dépopulation en Turkie; mais elle n'est qu'une des moindres, attendu qu'il n'y a guère que les riches qui se permettent plusieurs femmes : le peuple, et surtout celui des campagnes, se contente d'une seule; et l'on trouve quelquefois dans les hautes classes des gens assez sages pour imiter son exemple, et convenir que c'est assez.

Ce que ces personnes racontent de la vie domestique des maris qui ont plusieurs femmes, n'est pas propre à faire envier leur sort, ni à donner une haute idée de cette partie de la législation de Mahomet. Leur maison est le théâtre d'une guerre civile continue. Sans cesse ce sont des querelles de femme à femme, des plaintes des femmes au mari. Les quatre épouses en titre se plaignent qu'on leur préfère les esclaves, et les esclaves qu'on les livre à la jalousie de leurs maîtresses. Si une femme obtient un bijou, une complaisance, une permission d'aller au bain, toutes en veulent autant, et font ligue pour la cause commune. Pour établir la paix, le polygame est obligé de commander en despote, et de ce moment il ne trouve plus que les sentiments des esclaves, l'apparence de l'attachement et la réalité de la haine. En vain chacune de ces femmes lui proteste qu'elle l'aime plus que les autres; en vain elles s'empressent, lorsqu'il rentre, de lui présenter sa pipe, ses pantoufles, de lui préparer son dîner, de lui servir son café; en vain, pendant qu'il repose mollement étendu sur son tapis, elles chassent les mouches qui l'importunent; tous ces soins, toutes ces caresses n'ont pour but que de faire ajouter à la somme de leurs bijoux et de leurs meubles, afin que, s'il les répudie, elles puissent tenter un autre époux, ou trouver une ressource dans ces objets qui sont leur seule propriété : ce sont de vraies courtisanes, qui ne songent qu'à dépouiller leur amant avant qu'il les quitte; et cet amant, dès long-temps privé de désirs, obsédé de complaisances, accablé de tout l'ennui de la satiété, ne jouit pas, comme l'on pourrait croire, d'un sort digne d'envie. C'est de ce concours de circonstances que naît le mépris des Turks pour les femmes, et l'on voit qu'il est leur propre ouvrage. Comment en effet auraient-elles cet amour exclusif qui fait leur mérite, quand on leur donne l'exemple du partage ? Comment auraient-elles cette pudeur qui fait leur vertu, quand elles voient chaque jour des scènes outrageantes de débauches ? Comment, en un mot, auraient-elles un moral estimable, quand on ne prend aucun soin de leur éducation ? Les Grecs ont du moins retiré cet avantage de la religion, que, ne pouvant avoir qu'une femme à la fois, ils sont moins éloignés de la paix domestique, sans peut-être en jouir davantage.

Il est remarquable qu'à raison de cette différence dans le culte, il existe entre les chrétiens et les musulmans de la Syrie, et même de toute la Turkie, une différence de caractère aussi grande que s'ils étaient deux peuples vivant sous deux climats. Les voyageurs, et mieux encore nos négocians qui pratiquent habituellement les uns et les autres, s'accordent à témoigner que les chrétiens grecs sont en général fourbes, méchants, menteurs, vils dans l'abaissement, insolents dans la fortune, enfin d'un caractère léger et très-mobile : les musulmans au contraire, quoique fiers jusqu'à la morgue, ont cependant une sorte de bonté, d'humanité, de justice, et surtout une grande fermeté dans les revers, et un caractère décidé sur lequel on peut compter. Ce contraste a droit d'étonner dans des hommes qui vivent sous un même ciel ; mais la différence des préjugés de leur éducation et de l'action du gouvernement sous lequel ils vivent, en rend une raison satisfaisante. En effet les Grecs, traités par les Turks avec la hauteur et le mépris que l'on a pour des esclaves, ont dû finir par prendre le caractère de leur position : ils ont dû devenir fourbes, pour échapper par la ruse à la violence ; menteurs et vils adulateurs, parce que l'homme faible est obligé de caresser l'homme fort ; dissimulés et méchants, parce que celui qui ne peut se venger ouvertement, concentre sa haine ; lâches et traîtres, parce que celui qui ne peut attaquer de front, frappe par derrière ; enfin, insolents dans la fortune, parce que ceux qui parviennent par des bassesses, ont à rendre tous les mépris qu'ils ont reçus. Je faisais un jour à un religieux sensé l'observation, que de tous les chrétiens qui, dans ces derniers temps, se sont trouvés aux postes élevés, pas un seul ne s'est montré digne de sa fortune. *Yhrahim* était bassement avare ; *Sâd-el-Kouri*, irrésolu et pusillanime ; son fils *Randour*, insolent et borné ; *Kezq*, lâche et fripon : *Nos chrétiens, me répondit-il mot pour mot, n'ont pas la main propre au gouvernement, parce qu'elle n'est exercée dans leur jeunesse qu'à battre du coton. Ils ressemblent à ceux qui marchent pour la première fois sur les terrasses, leur élévation leur donne l'étourdissement ; comme ils craignent de retourner aux olives et au fromage, ils se hâtent de faire leurs provisions. Les Turks, au contraire, sont accoutumés à régner; ce sont des maîtres habitués à leur fortune, et ils en usent comme n'en devant jamais changer.* L'on ne doit pas d'ailleurs perdre de vue que les musulmans sont élevés dans le préjugé du fatalisme, et qu'ils sont fermement persuadés que tout est prédestiné. De là, une sécurité qui tempère et le désir et la crainte; de là une résignation armée contre le bien et contre le mal, une apathie qui ferme également accès aux regrets et à la prévoyance. Que le musulman essuie une grande perte; qu'il soit dépouillé, ruiné, il dit tranquillement: *C'était écrit*, et avec ce mot il passe sans murmurer de l'opulence à la misère: qu'il soit au lit de la mort, rien n'altère sa sécurité; il fait son ablution, sa prière; il a confiance en Dieu et au Prophète; il dit avec calme à son fils: *Tourne-moi la tête vers la Mekke*, et il meurt en paix. Les Grecs, au contraire, persuadés que Dieu est exorable, que l'on change ses décrets par des vœux, des jeûnes, des pèlerinages, vivent sans cesse dans le désir d'obtenir, dans la crainte de perdre, dans le remords d'avoir omis. Leur cœur est ouvert à toutes les passions, et ils n'en évitent l'effet qu'autant que les circonstances où ils vivent et l'exemple des musulmans affaiblissent les préjugés de leur enfance. Ajoutons, par une remarque commune aux deux religions, que les habitants de l'intérieur des terres ont plus de simplicité, plus de générosité, en un mot, un meilleur moral que ceux des villes de la côte, sans doute parce que ces derniers, se livrant au commerce, contractent par leur genre de vie un esprit mercantile, naturellement ennemi des vertus, qui ont pour base la modération et le désintéressement.

D'après ce que j'ai exposé des habitudes des Orientaux, l'on ne sera plus étonné que leur caractère se ressente de la monotonie de leur vie privée et de leur état civil. Dans les villes même les plus actives, telles qu'Alep, Damas et le Kaire, tous les amusements se réduisent à aller au bain ou à se rassembler dans des cafés qui n'ont que le nom des nôtres : là, dans une grande pièce enfumée, assis sur des nattes en lambeaux, les gens aisés passent des journées entières à fumer la pipe, causant d'affaires par phrases rares et courtes, et souvent ne disant rien. Quelquefois, pour ranimer cette assemblée silencieuse, il se présente un chanteur ou des danseuses, ou un de ces conteurs d'histoires, que l'on appelle *Nachid*, qui, pour obtenir quelques paras, récite un conte, ou déclame des vers de quelque ancien poète. Rien n'égale l'attention avec laquelle on écoute cet orateur; grands et petits, tous ont une passion extrême pour les narrations; le peuple même s'y livre dans son loisir : un voyageur qui arrive d'Europe n'est pas médiocrement surpris de voir les matelots se rassembler pendant le calme sur le tillac, et passer deux ou trois heures à entendre l'un d'eux déclamer un récit que l'oreille la moins exercée reconnaît pour la poésie au mètre très-marqué, à la rime suivie ou mêlée des distiques. Ce n'est pas le seul article sur lequel le peuple d'Orient l'emporte en délicatesse sur le nôtre. La populace même des villes, quoique criailleuse, n'est jamais aussi brutale que chez nous; et elle a le grand mérite d'être absolument exempte de cette crapule d'ivrognerie, qui infecte jusqu'à nos campagnes; c'est peut-être le seul avantage réel qu'ait produit la législation de Mahomet : joignons-y néanmoins la prohibition des jeux de hasard pour lesquels les Orientaux, par cette raison, n'ont aucun goût; celui des échec est le seul dont ils fassent cas, et il n'est pas rare d'y trouver des joueurs habiles.

De tous les genres de spectacle, le seul qu'ils connaissent, mais qui n'est familier qu'au Kaire, est celui des baladins qui font des tours de force, comme nos danseurs de corde, et des tours d'adresse, comme nos escamoteurs. L'on en voit qui mangent des cailloux, soufflent des flammes, se percent le bras ou le nez sans se faire de mal, et qui dévorent des serpents. Le peuple, à qui ils cachent soigneusement leurs procédés secrets, a une sorte de vénération pour eux, et il appelle d'un nom qui signifie tout ce qui étonne, comme *monstre*, *prodige* et *miracle*, ces tours de gibecière dont l'usage paraît très-ancien dans ces contrées. Ce penchant à l'admiration, cette facilité de croire aux faits et aux récits les plus extraordinaires, est un attribut remarquable de l'esprit des Orientaux. Ils admettent sans répugner, sans douter, tout ce que l'on veut leur conter de plus surprenant. A les entendre, il se passe encore aujourd'hui dans le monde autant de prodiges qu'au temps des *génies* et des *afrittes*; la raison en est que, ne connaissant point le cours ordinaire des faits moraux et physiques, ils ne savent où assigner les bornes du probable et de l'impossible. D'ailleurs leur jugement, plié dès le bas âge à croire les contes extravagants du Qôran, se trouve dénué des balances de l'analogie pour peser les vraisemblances. Ainsi leur crédulité tient à leur ignorance, au vice de leur éducation, et se reporte encore au gouvernement. Ils ont pu devoir à cette crédulité une partie de l'imagination gigantesque que l'on vante dans leurs romans; mais il serait à désirer que cette source fût tarie : il leur resterait encore assez de moyens de briller. En général, les Orientaux ont la conception facile, l'élocution aisée, les passions ardentes et soutenues, le sens droit dans les choses qu'ils connaissent. Ils ont un goût particulier pour la morale, et leurs proverbes prouvent qu'ils savent réunir la finesse de l'observation et la profondeur de la pensée, au piquant de l'expression. Leur commerce a quelque chose de froid au premier abord; mais par l'habitude il devient doux et attachant : telle est l'idée qu'ils laissent d'eux, que la plupart des voyageurs et des négociants, qui les ont fréquentés, s'accordent à trouver à leur peuple un caractère plus humain, plus généreux, une simplicité plus noble, plus polie, et quelque chose de plus fin et de plus ouvert dans l'esprit et les manières, qu'au peuple même de notre pays; comme si, ayant été policés long-temps avant nous, les Asiatiques conservaient encore les traces de leur première éducation.

Mais il est temps de terminer ces réflexions; je n'en ajoute plus qu'une qui m'est personnelle. Après avoir vécu pendant près de trois ans dans l'Égypte et la Syrie, après m'être habitué au spectacle de la dévastation et de la barbarie, lorsque je suis rentré en France, la vue de mon pays a presque produit sur moi l'effet d'une terre étrangère : je n'ai pu me défendre d'un sentiment de surprise, quand, traversant nos provinces de la Méditerranée à l'Océan, au lieu de ces campagnes ravagées et des vastes déserts auxquels j'étais accoutumé, je me suis vu transporté comme dans un immense jardin, où les champs cultivés, les villes peuplées, les maisons de plaisance ne cessent de se succéder pendant une route de vingt journées. En comparant nos constructions riches et solides aux masures de briques et de terre que je quittais; l'aspect opulent et soigné de nos villes, à l'aspect de ruine et d'abandon des villes turkes; l'état d'abondance, de paix, et tout l'appareil de puissance de notre empire, à l'état de trouble, de misère et de faiblesse de l'empire turk, je me suis senti conduit de l'admiration à l'attendrissement, et de l'attendrissement à la méditation. « Pourquoi, » me suis-je dit, « entre des terrains semblables de « si grands contrastes? Pourquoi tant de vie et « d'activité ici, et là tant d'inertie et d'abandon? « Pourquoi tant de différence entre des hommes « de la même espèce? » Puis, réfléchissant que les contrées que j'ai vues si dévastées, si barbares, ont été jadis florissantes et peuplées, j'ai passé, comme malgré moi, à une seconde comparaison. « Si jadis, » me suis-je dit, « les états de l'Asie jouirent « de cette splendeur, qui pourra garantir que ceux « de l'Europe ne subissent un jour le même revers?» Cette réflexion m'a paru affligeante; mais elle est peut-être encore plus utile. En effet, supposons qu'au temps où l'Égypte et la Syrie subsistaient dans leur gloire, l'on eût tracé aux peuples et aux gouvernements le tableau de leur situation présente; supposons qu'on leur eût dit : « Voilà l'hu-« miliation où les conséquences de telles lois, de « tel régime, abaisseront votre fortune; » n'est-il pas probable que ces gouvernements eussent pris soin d'éviter les routes qui devaient les conduire à une chute si funeste? Ce qu'ils n'ont pas fait, nous le pouvons faire : leur exemple peut nous servir de leçon. Tel est le mérite de l'histoire, que par le souvenir des faits passés elle anticipe aux temps présents les fruits coûteux de l'expérience. Les voyages en ce sens atteignent au but de l'histoire, et ils y marchent avec plus d'avantage ; car traitant d'objets présents, l'observateur peut mieux que l'écrivain posthume saisir l'ensemble des faits, démêler leurs rapports, se rendre compte des causes, en un mot, analyser le jeu compliqué de toute la machine politique. En exposant, avec l'état du pays, les circonstances d'administration qui l'accompagnent, le récit du voyageur devient une indication des mobiles de grandeur ou de décadence, un moyen d'apprécier le terme actuel de tout empire. Sous ce point de vue la Turkie est un pays très-instructif : ce que j'en ai exposé démontre assez combien l'abus de l'autorité, en provoquant la misère des particuliers, devient ruineux à la puissance d'un état ; et ce que l'on en peut prévoir ne tardera pas de prouver que la ruine d'une nation rejaillit tôt ou tard sur ceux qui la causent, et que l'imprudence ou le crime de ceux qui gouvernent tire son châtiment du malheur même de ceux qui sont gouvernés.

AVIS DE L'ÉDITEUR.

M. DE VOLNEY a cru devoir joindre ici l'extrait d'un Mémoire de la Chambre de commerce de Marseille, dressé par ordre du ministre, et présenté en 1786. Il lui a semblé que cette pièce authentique confirmerait par ses coïncidences, ou redresserait par ses variantes, les récits de l'auteur, et par l'un et l'autre moyen remplirait également bien le seul but qu'il se soit proposé, l'instruction du lecteur, fondée en utilité et en vérité.

ÉTAT

DU COMMERCE DU LEVANT

EN 1784,

D'APRÈS LES REGISTRES DE LA CHAMBRE DE COMMERCE DE MARSEILLE.

Tout commerce en général est difficile à connaître et à évaluer, parce que c'est un objet variable, tantôt plus fort, tantôt plus faible, selon les besoins d'un pays, selon ses bonnes ou mauvaises récoltes, ses approvisionnements ou ses vides; choses soumises à l'influence mobile des saisons et du gouvernement, à la guerre, aux épidémies, etc. Cette difficulté s'applique d'autant mieux au commerce du Levant, que ce pays est un théâtre continuel de révolutions. Il est encore difficile d'apprécier le volume et l'objet annuel de ce commerce, parce que les marchandises en changeant de lieu changent de valeur. Dans le travail présent, l'évaluation sera tirée du prix sur la place de Marseille, tant des objets d'envoi que des denrées de retour.

On comprend sous le commerce du Levant celui qui se fait dans les divers ports de la Turkie, et dans quelques villes de Barbarie; l'on y joint celui de la campagne d'Afrique sur cette même côte. Les échelles de Turkie sont Constantinople, Salonique, Smyrne, les ports de Morée, de Candie, de Cypre, de Syrie, d'Égypte, enfin Tunis, Alger, et les comptoirs de la compagnie à la Cale, à Bonne et au Collo.

Les objets de notre exportation sont des draps, des bonnets, des étoffes et galons, des papiers, des merceries, des quincailleries, quelques denrées de nos provinces; d'autres tirées de l'Amérique, telles que le café, le sucre, l'indigo, la cochenille, les épiceries de l'Inde, nos métaux, fer, plomb, étain; nos liqueurs, des piastres d'Espagne, des sequins de Venise, des dahlers, etc.

Les objets de retour ou d'importation sont les cotons en laine ou filés, les laines, les soies, étoffes de soie, fils de chèvre et de chameau; de la cire, des cuirs, des drogues, des toiles de coton et de fil, du riz, de l'huile, du café arabe, des gommes, du cuivre, des noix de galle, des légumes, du blé, etc. Ces objets alimentent nos manufactures; ainsi, le coton du Levant fournit à toutes les fabriques des (ci-devant) Picardie, de Normandie et Provence. On en fait les camelots, bouracans;

siamoises, velours, toiles et bonnets. Ces fabriques font vivre un peuple immense d'ouvriers et de marchands; le transport des denrées entretient et forme des matelots pour la marine militaire; leur achat emploie une foule d'agents et de facteurs dans le Levant, et tout cela aux dépens des Orientaux. Voyons chaque échelle par détail.

Constantinople.

Les draps des Français ont fait tomber dans cette échelle de plus de moitié le commerce des Anglais et des Hollandais. Les Vénitiens n'en peuvent faire de semblables au même prix.

Constantinople consomme annuellement 1,500 ballots de draps qui, à 1,200 francs le ballot, font 1,800,000 livres. Les autres objets en somme atteignent à peine la même valeur. Le plus considérable est le café des Antilles, à raison de la prohibition du café Moka sur la mer Noire.

Ci-devant les drapiers arméniens et grecs avaient fait une société, et n'achetaient que par une seule main: ce qui donnait la loi aux Français. Le grand-seigneur a détruit cette association par un fermân qui les prohibe toutes sous peines afflictives.

Les retraits sont fort peu de chose; à peine valent-ils 700,000 francs. Le reste se tire soit sur Smyrne et sur l'Archipel, soit en lettres de change à payer à Constantinople.

Smyrne.

Cette échelle est le grand marché où vient se fournir presque toute l'Asie; elle est l'entrepôt de l'Anadoli, de la Caramanie, de Tokat, d'Arzroum, et même de la Perse. Autrefois les caravanes de ce royaume y venaient deux fois l'année, maintenant elles s'arrêtent à Arzroum, parce que les marchands à ce moyen cachent la quantité de marchandises qu'ils ont à vendre, et se procurent des avantages pour la vente et pour l'achat.

Smyrne consomme par an 2,500 ballots de draps, lesquels sur le pied de 1,200 francs le ballot, font 3,000,000 francs. Cette somme est la moitié du commerce total, estimé chaque année 6,000,000 francs d'entrée. Les autres objets sont les mêmes qu'à Constantinople.

Le principal article des retours est le coton en laine. Le pays en rend par an 42 à 44,000 balles, dont 12 à 13,000 passent en France, 5,000 en Italie, 8,000 en Hollande, 3,000 en Angleterre, et le reste demeure dans le pays. On tire aussi des laines et poils de chèvre d'Angora; des laines de chevron, enlevées presque toutes par les étrangers. Ces retours, y compris les commissions données de Constantinople, excèdent les envois au moins d'un tiers. Les fonds restants servent à faire des entreprises pour aller charger des huiles à Metelin, ou pour la traite de blé au Volo, au golfe de Cassandre, à Sanderly, à Menemen, à Mosrouissi, etc., que l'on paye en sequins ou en piastres turkes. En outre on en paye les lettres de change comme à Constantinople. On tire rarement des lettres de change sur d'autre échelle que sur ces deux. Mais Smyrne doit être regardée comme la plus forte du Levant.

Salonique et ses dépendances.

Cette échelle où se verse toute la Macédoine, devient de jour en jour plus importante, parce que ses marchandises commencent à pénétrer en Albanie, Dalmatie, Bosnie, Bulgarie, Valakie et Moldavie. La consommation va de 1000 à 1200 ballots de draps, et dans les quatre années de paix de 1770 à 1773, elle surpassait ce nombre. Les autres objets sont en proportion. On en tirait autrefois des lingots d'or : le fonds des retours est en laine, coton, blé, cuir, tabac, soie, éponges fines, manteaux de laine, graine de vermillon, alun, cire, anis et huile.

A douze lieues de Salonique, la Cavalle est un entrepôt où se rendent d'abord la plupart de ces marchandises. Le temps de la consommation est celui des foires établies en divers lieux; il y en a une à Selminia, à douze journées de chameau de Salonique, au mois de mai (v. st.); une autre à Ouzourkouva, en septembre; et une à Deglia en octobre, à deux journées de Salonique. A ces époques, les Arméniens qui sont les marchands du pays, se fournissent et vont faire leurs ventes.

On porte les consommations de cette échelle et de la Cavalle, en temps de paix, à 3,000,000 fr.; les retours à 3,500,000 fr.; et il reste quelques fonds employés parfois en lettres de change.

Morée et dépendances.

Le commerce de cette contrée diminue chaque jour, parce que les troubles survenus depuis quelques années, et les ravages journaliers des Albanais, en détruisant les récoltes, diminuent les moyens de consommer. Les échelles sont Tripolitza, Naples de Romanie, Coron, Modon, Patras, Oustiche et Corinthe. Les envois sont de gros draps, des bonnets, quelque peu de cochenille, d'indigo, de café, et surtout beaucoup de sequins de Venise. On retire de l'huile et du blé à bon marché. Les envois ne se montent pas à plus de 400,000 francs, et les retraits passent 1,000,000 fr.

La Canée et dépendances.

Ce commerce ressemble au précédent; l'huile et quelque peu de cire sont les seuls produits de Candie. On les achète en espèces, soit piastres turkes, soit dahlers d'Empire. On exporte peu d'objets manufacturés. Ils ne montent pas à 400,000 fr. par an, et les retraits passent 700,000 fr.

Satalie et la Caramanie.

Satalie n'a pu soutenir d'établissements réguliers. On n'y fait le commerce que par des traites passagères, qui rendent de la soie et du coton. Elles se font par des capitaines partis de Smyrne ou de Cypre, qui y portent de l'argent. Ce commerce ne vaut pas 100,000 fr.

Cypre.

Les pachas, en ruinant Cypre, en ont détruit le commerce. Cette île est du nombre des *Melkanes*, ou fiefs particuliers et à vie, qui sont toujours opprimés. Elle sert d'entrepôt ou de point de réunion pour la Syrie et pour l'Égypte, et ce point est assez important en temps de guerre. La consommation peut aller à 80 ballots de draps. Les villes sont Larneca, Nicosia, Famagouste. Il y règne une industrie qui met en œuvre presque toute la soie et le coton; mais elle est contrariée par les avanies journalières imposées sur les ouvriers. On porte les envois à 300,000 fr., et les retours à 500,000 fr.

Alexandrette et Alep.

Alep est un des centres de commerce de tous

les pays circonvoisins jusqu'en Perse. Les caravanes de ce royaume viennent à Alep deux fois par an apporter des soies, des mousselines, des laines, de la rhubarbe, des drogues; et elles remportent nos draps, de la cochenille, de l'indigo et du café des Antilles. Jadis toutes les caravanes de Perse venaient à ce marché; mais les troubles les ont portées à Arzroum.

Il y a à Alep, à Diarbekr et dans leurs environs, beaucoup de fabriques de toile et d'étoffe qui nous consomment des couleurs, comme l'indigo, la cochenille, etc. L'on porte par an à Alep 1,000 ballots de draps. L'envoi total se monte à 2,500,000 fr.; les retraits à 2,600,000 fr., et l'excédant est payé à Constantinople en lettres de change.

Tripoli de Syrie.

Le commerce de Tripoli consiste presque tout en soie rude, propre au galon. Ce commerce est extrêmement variable; quelquefois l'échelle tire beaucoup et rend peu, *et vice versâ;* le terme moyen d'envoi s'estime à 400,000 fr., et le retrait à 500,000 fr. : les Maronites et le pays de Hama tirent de Tripoli.

Saide, Acre et dépendances.

Les dépendances de Saide sont *Sour* (Tyr) et les villes de Palestine, telles que Ramlé, Jérusalem, Loudd, Magedal, etc. Ce département est un des plus importants; il consomme 8 à 900 ballots de draps. Il paie en coton cru et en coton filé. Les Français y sont sans concurrents. A Saide, ils ont un ou plusieurs préposés qui achètent tous les lundis ou mardis le coton filé; à Acre, ils ont voulu faire cette même ligue; mais le pacha a accaparé tous les cotons, a fait défense d'en vendre, et est devenu le seul maître; et comme les négociants avaient besoin d'objets de retour, il a taxé le quintal de coton à dix piastres de droits. Les envois pour Saide et Acre se montent à 1,500,000 fr., et les retraits à 1,800,000 fr.

L'Égypte.

Alexandrie est le seul port où il y ait un comptoir. Damiette n'a que des facteurs. Rosette est un entrepôt, et le Kaire est le grand lieu de consommation.

L'Égypte consomme beaucoup de draps, de cochenille, d'épiceries, de fer, d'alquifoux et de liqueurs : on fait passer aussi beaucoup de ces draps et de la cochenille à Djedda, ainsi que des sequins de Venise et des dahlers.

La nation française et son consul ont quitté le Kaire depuis 1777. Il est cependant resté quelques facteurs sous leur propre garantie; on leur passe 10,000 fr. par an, pour leurs avanies.

Damiette est une mauvaise rade : on y charge du riz en fraude, en simulant un retour pour un port de Turkie. On en tire dix à douze chargements pour l'Europe par an.

(L'auteur du mémoire ne dit rien des retours d'Égypte; ils consistent en café Moka, en toiles grossières de coton pour vêtir les noirs des Antilles, en safranon, en casse, séné, etc.)

Le commerce d'Égypte a des hausses et des baisses considérables. On estime l'envoi moyen à 2,500,000 fr., et le retour à 3,000,000 fr.

Barbarie. Tripoli.

Le gouvernement vexatoire et anarchique de Tripoli empêche d'y faire tout le commerce dont la fertilité du pays le rend susceptible. Les Arabes tiennent la campagne et la dévastent. Les caravanes du Faizan et du Mourzouq arrivent deux fois par an à Tripoli, et y apportent des noirs mâles et femelles, de la poudre d'or, des dents d'éléphants et quelques autres articles. Les Français ont tenté d'y faire des établissements; mais la mauvaise foi des habitants, en les frustrant de leur paiement, les a forcés d'y renoncer. On n'y commerce que par les bâtiments caravanes (c'est-à-dire caboteurs), qui y portent de gros draps, des clincailles, des étoffes de soie, des liqueurs pour environ 50,000 fr. Ils retirent du blé, de l'orge, des légumes, du séné, des dattes et la barille, pour 70,000 fr.

Tunis.

Les Tunisiens, ci-devant corsaires, se sont depuis 50 ans entièrement tournés vers le commerce par la bonne politique de leurs beks qui ont protégé les commerçants et banni toute vexation.

Ce pays produit du blé, des légumes, de l'huile, de la cire, des laines, des cuirs, des cendres, le tout en abondance.

On y porte les mêmes marchandises qu'au Levant, avec de la laine d'Espagne, du vermillon, etc.

Tunis a une fabrique de bonnets, qui jadis fournissait toute la Turkie; mais les nôtres sont entrés en une concurrence qui lui a porté coup.

Le commerce total des Français en ce pays se monte en envois à 1,500,000 fr., et en retraits à 1,600,000 fr. Les facteurs se plaignent que les naturels empiètent sur leur industrie, en traitant directement avec Marseille, où il en passe un assez grand nombre sur nos bâtiments.

La Calle, Bone et le Collo, concessions faites à la compagnie d'Afrique.

Le commerce de ces trois comptoirs est exploité par une compagnie qui fut créée par édit, en février 1741; son capital fut fixé à 1,200,000 fr., divisé en douze cents actions, chacune de 1,000 fr., dont la chambre de commerce de Marseille acquit le quart. Cette compagnie fut subrogée à perpétuité à celle qui avait été créée en 1730 pour faire la traite du blé pendant dix ans. En conséquence des rétrocessions, délaissement et transport de la compagnie des Indes pour cette partie, la compagnie d'Afrique paie au divan (conseil du dey) d'Alger, à celui de Bone et du Collo, et aux Arabes voisins de la Calle, des redevances convenues par traité en 1694, entre une autre compagnie et le divan d'Alger.

Elle entretient dans ses comptoirs environ 300 personnes, officiers, soldats, pêcheurs de corail, et ouvriers. Le gouverneur de la Calle est l'inspecteur général.

L'aliment de ce commerce est uniquement en piastres d'Espagne que la compagnie réduit à des pieds déterminés : elle retire du blé, des laines, de la cire et des cuirs. Pour effectuer ces retraits elle a besoin d'intrigues perpétuelles auprès de la régence d'Alger qui la rançonne et lui fait acheter des permissions, même pour la provision des comptoirs, convenue à 2,000 charges de blé.

Un article de retrait important, est le corail que l'on pêche dans la mer adjacente; la compagnie le paie à ses patrons de barque, une somme convenue par livre. Ce corail sert à acheter des esclaves noirs en Guinée, et par conséquent, il favorise la culture de nos îles à sucre. On en porte aussi à la Chine et dans l'Inde. On en a tenté la pêche dans la mer de Bizerte; mais malgré la concession du bey de Tunis, les Trapanais et les Napolitains, qui l'ont faite avant nous, sont venus en armes nous troubler.

Le commerce de la compagnie varie beaucoup; mais on peut l'évaluer au terme moyen de 8 à 900,000 fr. en envois, et de 1,000,000 francs en retraits.

Alger.

Le commerce d'Alger, bien moindre que celui de Tunis, a cependant de grands moyens de s'élever, vu la richesse du sol. Depuis quelque temps même, l'industrie des habitants s'éveille, et l'on en voit beaucoup venir trafiquer à Marseille. Nous avions, ci-devant, trois établissements à Alger : la concurrence des Juifs en a fait tomber deux.

Les objets d'envoi sont comme pour tout le Levant : on peut les estimer à 100,000 francs, sans compter les piastres d'Espagne. Les retours, qui sont de l'espèce de ceux de Tunis, se montent à 300,000 fr.

De tout ceci il résulte que les envois annuels de la France au Levant se montent à.......... 23,150,000 fr.
Et les retours du Levant en France à................. 26,280,000 fr.

Dans les régistres, depuis 1776 jusqu'en 1782, les résultats ont été très-différents; mais il faut observer que cet espace a compris cinq ans de guerre, où l'on éprouve toujours de grandes réductions.

La chambre de commerce a pris pour base de ses calculs les draps, parce qu'il est de fait que leur valeur égale presque celle de tous les autres objets réunis; or, l'on trouve par an entre sept et huit mille ballots d'envoi. De 1762 à 1772, c'est-à-dire, en dix ans de paix on trouve un terme moyen de sept mille ballots. En les évaluant à 1,200 fr. chacun, ce qui est le prix moyen de toutes les qualités, on a 9,600,000 fr. par an. Or, le reste étant égal, il résulte un total de 19,200,000 fr.; mais il y a d'ailleurs de la contrebande et un *moins valu* dans les déclarations aux douanes : en sorte qu'il faut ajouter 3 ou 4 millions, et compter sur un total de 23 millions.

On peut aussi calculer ce commerce à raison des maisons des facteurs : elles sont au nombre de 78 en Levant, savoir :

A Constantinople,	11
Smyrne,	19
Salonique et la Cavalle,	8
Morée,	5
La Canée,	2
Cypre,	2
	47

D'autre part............	47
Alep,..........................	7
Tripoli de Syrie,....................	3
Saide et Acre,.......................	10
Alexandrie d'Égypte,................	4
Tunis,...........................	6
Alger,............................	1
Total.......	78

En supposant que chacune, terme moyen, fasse pour 100,000 écus d'affaires, l'on a un peu plus de 23 millions.

Quant aux retours, obligés comme ils le sont de passer aux infirmeries où rien n'échappe, on est certain de leur quantité. Les dix années de 1762 à 1772 ont rendu, terme moyen, 26 millions.

Espèces étrangères portées en Levant.

Nous avons plusieurs fois parlé des espèces monnayées que l'on porte aussi en Levant, telles que les piastres d'Espagne, les sequins de Venise, les dahlers d'Allemagne, etc. Leur valeur et leur quantité varient beaucoup. Autrefois on apportait à Marseille une quantité étonnante de sequins turks. En 1773 et 1774, cette place étant dans une crise de banqueroute, les négociants retirèrent des sommes considérables en monnaie turke que l'on fondit; ensuite on a renvoyé des monnaies d'Europe pour près de 4 millions par an. Mais depuis 1781, on n'y en porte plus, et elles y ont en même temps disparu, parce qu'on les fond à Constantinople. La prohibition de l'Espagne, pour ses piastres, ou plutôt sa refonte, les a fait disparaître de Marseille. D'ailleurs, cet envoi ne convient plus, parce que l'échange est à perte. Les Turks ont altéré leur monnaie de près d'un quart. Les denrées y ont renchéri au point qu'elles coûtent vingt-cinq pour cent plus que par le passé. Les grands et les riches ont enfoui leur or. Cependant on croit approcher de la vérité, en supposant actuellement nos envois en monnaie valoir 1,000,000.

Lingots et matières d'or.

Ce commerce n'a eu lieu qu'un instant. Il fut occasioné par l'édit de Mustapha, qui décria les sequins altérés par les Juifs, et en ordonna la refonte : comme le prix qu'offrait la monnaie se trouva plus faible que le cours de France, nos négociants en donnèrent un plus avantageux, qui attira une quantité de matières, sans que le gouvernement eût l'attention de s'y opposer. Cela fit en même temps sortir de terre beaucoup d'or enfoui. (La différence de l'argent à l'or se trouva de cinq à six pour cent de bénéfice.) En outre, la guerre des Russes ayant répandu la misère dans la Grèce, les habitants fondirent leurs bijoux, sans compter quelque peu d'or que roulent des rivières d'Albanie.

Lettres de change.

Il est impossible de les évaluer. Il arrive souvent que Marseille tire des lettres de change du Levant sur l'Angleterre, la Hollande et l'Allemagne : ce qui prouve que ces nations retirent bien plus de marchandises qu'elles n'en envoient; pendant que celles que nous y portons ne comprenant pas toute la valeur des nôtres, nous avons recours à ces étrangers pour faire la balance.

	fr.
Il faut donc supposer l'envoi total à............................	24,150,000
Et le retrait avec les fonds et lettres de change à.............	30,000,000
Sur quoi les droits, le fret, et les frais d'exploitation à.......	4,000,000
Reste	26,000,000

Navigation du Levant.

Il part de Marseille, année commune, deux cents bâtiments pour la Barbarie et la Turkie, sans compter ceux de la compagnie d'Afrique; plusieurs font deux voyages; ce qui engage à porter le nombre par année à 350. Depuis 1764 jusqu'en 1773, inclusivement, il en est parti 2662, qui font par an 266; mais on n'y compte point les navires chargés de denrées qui font quarantaine à Toulon. Le temps de la dernière guerre ne peut servir de règle. De là il résulte que ce commerce nous soudoie 4,000 matelots à 12 par navire; mais il y a ici un emploi double de quelques voyageurs.

Caravane.

La caravane ou cabotage côtier, est une branche d'industrie précieuse en ce que, devenant les voituriers des Turks et de leurs marchandises, nous retirons sans aucun risque le salaire et l'entretien de nos bâtiments et de nos matelots. Elle se fait par salaire ou par portion. Dans le premier cas, le propriétaire, moyennant le salaire de l'équipage, a tout le gain ou la perte; dans l'autre cas, les frais étant prélevés, l'on partage le bénéfice. La guerre de 1756 en faisant tomber notre navigation en fit passer l'avantage aux Ragusais, qui purent mettre en mer jusqu'à cent navires caravaneurs; mais la guerre de 1769 nous a rendu la supériorité. On estime à cent cinquante voiles les caravaneurs qui partent soit de Marseille, soit d'Agde, des Martigues, de la Ciotat ou d'Antibes; ils sont expédiés pour deux ans; en supposant qu'il en rentre cent par an avec chacun 20,000 fr. de profit, c'est un total de 2,000,000.

Le fret.

Le fret ne peut être compté dans les bénéfices du commerce, parce qu'il est englobé dans le prix des marchandises. On peut le porter à 1,728,000 fr.; il n'y a de remboursé que celui dont les objets repassent en vente à l'etranger.

Marchandises du Levant reportées chez l'étranger.

Pendant 1781 et 1782, il est parti de Marseille en transit pour Genève, la Suisse, etc., quatre mille cinq cent vingt-deux balles de coton en laine, pesant un million cinq cent quatre-vingt-trois mille sept cent vingt-huit livres; plus, six cent dix-sept balles de cotons filés ou teints, pesant cent quarante-huit mille livres; et cent cinq balles de laine pesant cinquante-deux mille cinq cent soixante-deux livres; en sorte qu'en évaluant le coton en laine à 85 fr. le quintal, le coton filé à 135, et les laines à 60, il en résulte pour les deux ans une somme de 1,576,595 livres tournois, ou 788,297 fr. par an; mais ces deux années ne peuvent servir de terme général de comparaison.

Commerce des autres Européens en Levant.

Tout ce que l'on peut dire sur ce sujet, c'est que les Hollandais font un commerce équivalent à peu près au quart du volume du nôtre, pour lequel ils n'envoient pas à beaucoup près un équivalent de marchandises. Les Anglais et les Vénitiens réunis, peuvent faire un autre quart ; ainsi les Français font les quatre huitièmes, les Hollandais deux, et les Anglais et Vénitiens chacun un.

RÉCAPITULATION *des exportations de Marseille, en Levant et en Barbarie, pendant l'année* 1784.

ÉCHELLES.	VALEURS des MARCHANDISES.	NOMBRE des bâtim.	MATELOTS.
Constantinople.........	3,495,960 liv.	21	315
Salonique et Cavallo...	1,938,425	38	530
Morée et dépendances.	233,979	23	276
Candie et la Canée....	242,019	18	216
Smyrne.............	5,134,220	42	630
Alexandrette.........	2,560,507	22	330
Syrie...............	1,198,403	18	270
Alexandrie..........	2,311,637	28	420
Barbarie	1,356,847	39	312
La Caravane.........	102,203	28	224
TOTAL.......	18,574,200 liv.	277	3,523

N. B. Ce tableau a été dressé sur le registre de perception du droit de consulat, dans lequel les évaluations sont prises à quinze pour cent au-dessous du prix réel des marchandises ; en sorte que la valeur réelle de ce tableau doit être portée à........................ 21,360,330

Plus, la valeur des marchandises embarquées en fraude sans payer de droits, et elle n'est guère au-dessous de trois millions : supposons-la de................ 2,639,670

Le total exact sera .... 24,000,000 liv.

RÉCAPITULATION *des importations de Levant et de Barbarie, à Marseille, pendant l'année* 1784.

ÉCHELLES.	VALEURS des MARCHANDISES.	NOMBRE des bâtim.	MATELOTS.
Constantinople.......	682,043 liv.	17	255
Salonique et Cavallo..	2,674,818	35	490
Morée et dépendances.	1,098,218	19	228
Candie et la Canée....	801,527	15	180
Smyrne..............	6,025,845	49	735
Alexandrette.........	2,815,391	13	195
Syrie et Palestine.....	1,604,020	16	240
Alexandrie...........	2,465,630	18	270
Barbarie.............	695,657	37	370
TOTAL......	18,863,149 liv.	219	2,963

N. B. Ce tableau a été dressé sur le registre de perception du droit de consulat, dans lequel l'évaluation est prise à vingt-cinq pour cent au-dessous du prix réel des marchandises; en sorte que la valeur réelle de l'exportation, en 1784, a été de........................... 23,578,936

Mais l'on ne perçoit point le droit de consulat sur le blé, le riz, les légumes, ni autres grains venant du Levant et de la Barbarie ; cependant, année commune, la valeur de leur exportation peut se monter à deux et trois millions : supposons 2,500,000

Le total sera donc de............ 26,078,936 liv.

AVIS DE L'ÉDITEUR.

(1807.)

Lorsque l'écrit suivant fut publié, la France se trouvait dans des circonstances délicates. Au dehors, l'invasion de la Hollande par la Prusse venait de blesser son honneur et son pouvoir. L'Angleterre, par cet accroissement d'influence, faisait pencher en sa faveur la balance maritime de l'Europe. La Russie et l'Autriche, par leur ligue contre l'empire turk, changeaient l'ancien équilibre continental : tandis qu'au dedans, l'épuisement des finances, les symptômes d'une révolution, l'indécision entre deux alliés, tenant le gouvernement en échec, paralysaient tout mouvement de guerre sans dissiper les dangers de la paix.

Dans cet état compliqué et nouveau, l'auteur, par une conséquence directe de ses opinions sur les Turks, pensa que la prudence ne permettait plus à la France de partager le sort d'un ancien allié, de tout temps équivoque, antipathique, et conduit désormais par le destin de sa folie à une ruine inévitable : il crut que le moment était venu, en anticipant de quelques années le cours des choses, de lui subsituer un allié nouveau qui, avec plus de sympathie et d'activité, remplît les mêmes objets politiques; et la Russie lui parut d'autant mieux destinée à ce rôle, qu'alors son gouvernement montrait de la philosophie; que par une nécessité géographique, Constantinople tombée en ses mains ne pouvait rester vassale de Saint-Pétersbourg; et qu'un nouvel empire russo-grec, prenant un esprit local, devenait à l'instant même le rival de tous les états qui versent leurs eaux dans le Danube dont le Bosphore tient les clefs.

Le succès de ce système nouveau répondit mal aux intentions de l'auteur; car, d'une part, le public français accueillit avec défaveur des vues contraires à ses habitudes et à ses préjugés; de l'autre, le ministère choqué d'une liberté d'opinions qui n'avait pas même voulu subir sa censure (1), délibéra de l'envoyer à la Bastille; tandis que l'objet final et brillant de son hypothèse échouait par les fautes inconcevables de Joseph II.

Aujourd'hui qu'un cours inouï d'événements change la fortune des états de l'Europe; que par la bizarrerie du sort, une même bannière de fraternité rassemble le Russe avec le Turk; le pape

---

(1) L'ouvrage fut publié sans approbation, sous la date supposée de *Londres*, selon l'usage en pareil cas.

avec le mufti ; le grand maître de Malte (1) avec le grand-seigneur et le dey d'Alger ; l'Anglais hérétique avec le catholique romain et le musulman, il semblerait que les combinaisons antérieures dussent être désormais sans objet et sans intérêt ; mais parce que cette fermentation momentanée ne produira que des résultats conformes à ses éléments ; parce que les habitudes et les intérêts finiront par reprendre leur véritable cours et leur ascendant ; nous avons cru devoir conserver un écrit qui par son caractère singulier, par ses rapports avec le sujet précédent et avec les affaires du temps, par sa rareté en typographie, par le mérite du style, par l'exactitude de plusieurs faits, et par l'étendue de ses vues, est déjà le monument curieux d'un état passé. Quant à ses vues politiques, il paraît que les Anglais n'en ont pas jugé si défavorablement, puisque aujourd'hui leur système d'alliance avec la Russie n'en est que l'application à eux-mêmes. L'on peut, à ce sujet, consulter l'ouvrage récent du major *Eaton*, traduit sous le titre de *Tableau historique, politique et moderne de l'empire ottoman* (2), lequel, avec une violente opposition de principes politiques, a néanmoins une analogie frappante avec l'écri-

---

(1) Paul I et même Hompesch.

(2) Traduit par le cit. Lefebvre. A Paris, chez Tavernier, libraire, rue du Bac, n° 937.

vain français dans la manière de juger les Turks, et le sort probable qui les attend.

En réimprimant sans altération les *considérations* sur la guerre des Turks en 1788, si quelqu'un se voulait prévaloir du temps présent pour censurer le ton de l'auteur vis-à-vis de Joseph et de Catherine II, nous lui rappellerons que l'art d'inspirer des sentiments généreux aux hommes puissants est souvent de les leur supposer; et personne ne regardera comme fade courtisan celui qui, en décembre 1791, écrivit à l'agent de l'impératrice des Russies une lettre où il se permit les remontrances les plus sévères et les plus courageuses. *Voyez* le Moniteur du 5 décembre 1791, et la Notice sur la vie et les écrits de Volney, tome Ier des *OEuvres complètes*.

CONSIDÉRATIONS

SUR

LA GUERRE DES TURKS,

EN 1788.

Parmi les événements qui depuis quelques années semblent se multiplier pour changer le système politique de l'Europe, il n'en est sans doute aucun qui présente des conséquences aussi étendues que la guerre qui vient d'éclater (1) entre les Turks et les Russes. Soit que l'on considère les dispositions qu'y portent les deux puissances, soit que l'on examine les intérêts qui les divisent, tout annonce une querelle opiniâtre, sanglante, et repousse d'abord comme chimérique cet espoir de paix dont on veut encore se flatter : comment en effet concilier des prétentions diamétralement opposées, et cependant absolues? D'une part, le sultan exige l'entière révocation de toutes les cessions qu'il a faites depuis la paix de *Kaïnardji* (en 1774) : d'au-

---

(1) J'ai commencé d'écrire à la fin d'octobre 1787, lorsque les nouvelles de la guerre étaient encore récentes.

tre part, l'impératrice ne peut abandonner gratuitement les fruits de treize ans de travaux, de négociations, de dépenses : des deux côtés, une égale nécessité commande une égale résistance. Si la Russie rend la *Crimée*, elle ramène sur ses frontières les dévastations des Tartares, elle renonce aux avantages d'un commerce dont elle a fait tous les frais : si les Turks la lui concèdent, ils privent Constantinople d'un de ses magasins, ils introduisent leur ennemi au sein de leur empire, ils l'établissent aux portes de leur capitale; joignez à ces motifs d'intérêt les dispositions morales; dans le divan ottoman, le chagrin de déchoir d'une ancienne grandeur, l'alarme d'un danger qui croît chaque jour, la nécessité de le prévenir par un grand effort, celle même d'obéir à l'impulsion violente du peuple et de l'armée; dans le cabinet de Pétersbourg, le sentiment d'une supériorité décidée, le point d'honneur de ne pas rétrograder, l'espoir ou plutôt l'assurance d'augmenter ses avantages; dans les deux nations, une haine sacrée qui, aux Ottomans, montre les Russes comme des insurgents impies, et aux Russes, peint les Ottomans comme les ennemis invétérés de leur religion, et les usurpateurs d'un trône et d'un empire de leur secte. Avec un état de choses si violent, la guerre est une crise inévitable : disons-le hardiment, lors même que, par un retour improbable, l'on calmerait l'incendie présent, la première occasion le fera renaître; la force seule décidera une si grande querelle : or, dans ce conflit des deux puissances, quelle sera l'issue de leur choc? Où s'arrêtera, où s'étendra la secousse qu'en recevra l'un des deux empires? Voilà le sujet de méditation qui s'offre aux spéculateurs politiques; c'est celui dont je me propose d'entretenir le lecteur : et qu'il ne se hâte point de taxer ce travail de frivolité, parce qu'il est en partie formé de conjectures. Sans doute il est des conjectures vagues et chimériques, enfantées par le seul désœuvrement, hasardées sur des bruits sans vraisemblance, et celles-là ne méritent point l'attention d'un esprit raisonnable ; mais si les conjectures dérivent de l'observation de faits authentiques, et d'un calcul réfléchi de rapports et de conséquences, alors elles prennent un caractère différent ; alors elles deviennent un art méthodique de pénétrer dans l'avenir : c'est des conjectures que se compose la *prudence*, synonyme de la *prévoyance*; c'est par les conjectures que l'esprit instruit de la génération des faits passés, prévoit celle des faits futurs : par elles, connaissant comment les causes ont produit les effets, il devine comment les effets deviendront causes à leur tour; et de là l'avantage de combiner d'avance sa marche, de préparer ses moyens, d'assurer ses ressources : pendant que *l'imprudence* qui n'a rien calculé, surprise par chaque événement, hésite, se trouble, perd un temps précieux à se résoudre, ou se jette aveuglément dans un dédale d'absurdités. Lors donc que les conjectures que je présente n'auraient que l'effet d'exercer l'attention sur un sujet important, elles ne seraient pas sans mérite. Le temps à venir décidera si elles ont une autre valeur. Pour ne pas abuser du temps présent, je passe sans délai à mon sujet; il se divise de lui-même en deux parties : dans la première, je vais rechercher *quelles seront les suites probables des démêlés des Russes et des Turks*; dans la seconde, j'examinerai *quels sont les intérêts de la France, et quelle doit être sa conduite.*

PREMIÈRE QUESTION.

Quelles seront les suites probables des démêlés des Russes et des Turks?

Pour obtenir la solution de cette espèce de problème, nous devons procéder, à la manière des géomètres, du connu à l'inconnu : or, l'issue du choc des deux empires, dépendant des forces qu'ils y emploîront, nous devons prendre idée de ces forces, afin de tirer de leur comparaison le présage de l'événement que nous cherchons. A la vérité, nos résultats n'auront pas une certitude mathématique, parce que nous n'opérons pas sur des êtres fixes; mais dans le monde moral les probabilités suffisent; et quand les hypothèses sont fondées sur le cours le plus ordinaire des penchants et des intérêts combinés avec le pouvoir, elles sont bien près de devenir des réalités. Commençons par l'empire ottoman.

Il n'y a pas plus d'un siècle que le nom des Turks en imposait encore à l'Europe, et des faits éclatants justifiaient la terreur qu'il inspirait. En moins de quatre cents ans l'on avait vu ce peuple venir de la Tartarie s'établir sur les bords de la Méditerranée, et là, par un cours continu de guerres et de victoires, dépouiller les successeurs de Constantin, d'abord de leurs provinces d'Asie; puis franchissant le Bosphore, les poursuivre dans leurs provinces d'Europe, les menacer jusque dans leur capitale, les resserrer chaque jour par de nouvelles conquêtes, terminer enfin par emporter Constantinople, et s'asseoir sur le trône des Césars: de là, par un effort plus actif et plus ambitieux, on les avait vus, reportant leurs armes dans l'Asie, subjuguer les peuplades de l'Anadoli, envahir l'Arménie, repousser le premier des sofis dans la Perse, conquérir en une campagne les pays des anciens Assyriens et Babyloniens, enlever aux Mamlouks la Syrie et l'Égypte, aux Arabes l'Yémen, chasser les chevaliers de Rhodes, les Vénitiens de Cypre; puis, rappelant toutes leurs forces vers l'Europe, attaquer Charles Quint, et camper sous les murs de Vienne même; menacer l'Italie, ranger sous leur joug les Maures d'Afrique, et posséder enfin un empire formé de l'une des plus grandes et des plus belles portions de la terre.

Tant de succès sans doute avaient droit d'en imposer à l'imagination, et l'on ne doit pas s'étonner qu'ils aient fait sur les peuples une impression qui subsiste encore. Mais les Turks de nos jours sont-ils ce que furent leurs aïeux? Leur empire a-t-il conservé la même vigueur et les mêmes ressorts que du temps des Sélim et des Soliman? Personne, je pense, s'il a suivi leur histoire depuis cent ans, n'osera soutenir cette opinion; cependant, sans que l'on s'en aperçoive, elle se perpétue : telle est la force des premières impressions, que l'on ne prononce point encore le nom des Turks, sans y joindre l'idée de leur force première. Cette idée influe sur les jugements de ceux mêmes qui ont le moins de préjugés; et il faut le dire, parmi nous c'est le petit nombre. Au cours secret de l'habitude, se joint un motif d'intérêt produit par notre alliance et nos liaisons de commerce avec cet empire; et ce motif nous porte à ne voir les Turks que sous un jour favorable : de là une partialité qui se fait sentir à chaque instant dans les relations de faits qui nous parviennent sous l'inspection du gouvernement; elle régnait surtout dans ces derniers temps que, par une prévention bizarre, un ministre s'efforçait d'étouffer tout ce qui pouvait déprécier à nos yeux les

Ottomans. J'ai dit une prévention bizarre, parce qu'elle était sans fondement et sans retour de leur part : j'ajoute une politique malhabile, parce que les menaces et les embûches de l'autorité n'empêchent point la vérité de se faire jour, et que ces dissimulations trahies ne laissent après elles qu'une impression fâcheuse d'improbité et de faiblesse. Loin de se voiler ainsi l'objet de ses craintes, il est plus prudent et plus simple de l'envisager dans toute son étendue. Souvent l'aspect du danger suggère les moyens de le prévenir; et du moins, en se rendant un compte exact de sa force ou de sa faiblesse, l'on peut se tracer un plan de conduite convenable aux circonstances où l'on se trouve.

En suivant ce principe avec les Ottomans, l'on doit désormais reconnaître que leur empire offre tous les symptômes de la décadence : l'origine en remonte aux dernières années du siècle précédent; alors que leurs succès si long-temps brillants et rapides, furent balancés et flétris par ceux des Sobieski et des Montecuculli, il sembla que la fortune abandonna leurs armes, et par un cours commun aux choses humaines, leur grandeur ayant atteint son faîte, entra dans le période de sa destruction : les victoires répétées du prince Eugène, en aggravant leurs pertes, rendirent leur déclin plus prompt et plus sensible : il fallut toute l'incapacité des généraux de Charles VI, dans la guerre de 1737, pour en suspendre le cours; mais comme l'impulsion était donnée, et qu'elle venait de mobiles intérieurs, elle reparut dans les guerres de Perse, et les avantages de Thamas-Koulikan devinrent un nouveau témoignage de la faiblesse des Turks : enfin, la guerre des Russes, de 1769 à 1774, en a dévoilé toute l'étendue. En voyant dans cette guerre des armées innombrables se dissiper devant de petits corps, des flottes entières réduites en cendres, des provinces envahies et conquises, l'alarme et l'épouvante jusque dans Constantinople, l'Europe entière a senti que désormais l'empire turk n'était plus qu'un vain fantôme, et que ce colosse, dissous dans tous ses liens, n'attendait plus qu'un choc pour tomber en débris.

L'on peut considérer le traité de 1774 comme l'avant-coureur de ce choc. En vain la Porte s'est indignée de l'*arrogance* des infidèles; il a fallu subir le joug de la violence qu'elle a si souvent imposé; il a fallu qu'elle cédât un terrain considérable entre le Bog et le Dnieper, avec des ports dans la Crimée et le Kouban; il a fallu qu'elle abandonnât les Tartares alliés de son sang et de sa religion, et ce fut déja les perdre que de les abandonner; il a fallu qu'elle reçût son ennemi sur la mer Noire, sur cette mer d'où ses vaisseaux aperçoivent les minarets de Constantinople; et, pour comble d'affront, qu'elle consentît à les voir passer aux portes du sérail, pour aller dans la Méditerranée s'enrichir de ses propres biens, reconnaître ses provinces pour les mieux attaquer, et acquérir des forces pour la mieux vaincre. Que pouvait-on attendre d'un état de choses où les intérêts étaient si violemment pliés ? Ce que la suite des faits a développé; c'est-à-dire, que les Turks, ne cédant qu'à regret, n'exécuteraient qu'à moitié; que les Russes, s'autorisant des droits acquis, exigeraient avec plus de hardiesse; que les traités mal remplis amèneraient des explications, des extensions, et enfin de nouvelles guerres; et telle a été la marche des affaires. Malgré les conventions de 1774, le passage des vaisseaux russes par le Bosphore a été un sujet renaissant de contestation et d'animosité. Par l'effet de cette animosité, la Porte a continué d'exciter les Tartares : par une suite de sa supériorité, la Russie a pris le parti de s'en délivrer, et elle les a chassés de la Crimée : de là des griefs nouveaux et multipliés. Le peuple, indigné du meurtre et de l'asservissement des vrais croyants, a hautement murmuré : le divan, alarmé des conséquences de l'envahissement de la Crimée, a frémi et menacé : arrêté par son impuissance, il a suscité sous main les barbares du Caucase. La Russie, usant d'une politique semblable, a opposé le souverain de Géorgie. Le divan a réclamé de prétendus droits; la Russie les a niés. L'hospodar de Moldavie, craignant le sort de Giska (1), a passé chez les Russes : autre réclamation de la Porte, autre déni de la Russie. Enfin l'apparition de l'impératrice aux bords de la mer Noire a donné une dernière secousse aux esprits, et les Turks ont déclaré la guerre.

Qu'arrivera-t-il de ce nouvel incident? je le demande à quiconque se fait un tableau vrai de l'état des choses. Ces Russes que la Turkie provoque ne sont-ils pas les mêmes qui, dans la guerre de 1769, ont, avec des armées de trente et quarante mille hommes, contenu, dissipé, battu des armées de soixante et de cent mille hommes? qui ont assiégé et pris des villes fortifiées, défendues par des garnisons aussi nombreuses que les assiégeants? qui ont envahi deux grandes provinces, pénétré au delà du Danube, et malgré la diversion d'une révolte dangereuse et d'une peste meurtrière, ont imposé à la Porte les lois qu'il leur a plu de dicter? Ces Turks, si ardents à déclarer la guerre, ne sont-ils pas les mêmes qui, par une ignorance absolue de l'art militaire, se sont attiré pendant six années la suite la plus continue d'échecs et de défaites? N'est-ce pas eux dont les armées composées de paysans et de vagabonds assemblés à la hâte, sont commandées par des

---

(1) Grégoire Giska, ci-devant hospodar de Moldavie, que la Porte fit assassiner, il y a quelques années, par un emissaire, à qui il avait donné l'hospitalité.

chefs sans lumières, qui ne connaissent l'ordre et les principes ni des marches, ni des campements, ni des sièges, ni des batailles? dont les guerriers mus par le seul attrait du pillage, ne sont contenus par le frein d'aucune discipline, et tournent souvent leurs armes contre leurs chefs, et leur brigandage contre leur propre pays? Oui sans doute, ce sont les mêmes : donc, par les mêmes raisons, les Russes battront les Turks dans cette guerre, comme ils les ont battus dans la dernière.

Mais, nous dit-on, depuis la paix les Turks s'éclairent chaque jour : avertis de leur faiblesse, ils commencent d'y remédier; ils entretiennent des ingénieurs et des officiers français qui leur dressent des canonniers, leur exercent des soldats, leur fortifient des places; ils ont un renégat anglais qui depuis quelques années leur a fondu beaucoup de canons, de bombes et de mortiers; enfin, le visir actuel, qui depuis son avénement se propose la guerre, n'a cessé d'en faire les préparatifs, et il n'est pas probable que tant de soins demeurent sans effet.

Je l'avoue, cela n'est pas probable pour quiconque n'a pas vu les Turks, pour quiconque juge du cours des choses en Turkie, par ce qui se passe en France et à Paris. Est-il permis de le dire? Paris est le pays où il est le plus difficile de se faire des idées justes en ce genre; les esprits y sont trop éloignés de cet entêtement de préjugés, de cette profondeur d'ignorance, de cette constance d'absurdité, qui font la base du caractère turk. Il faut avoir vécu des années avec ce peuple, il faut avoir étudié à dessein ses habitudes, en avoir même ressenti les effets et l'influence, pour prendre une juste idée de son moral, et en dresser un calcul probable : si, à ce titre, l'on me permet de dire mon sentiment, je pense que les changements allégués sont encore loin de se réaliser ; je pense même que l'on s'exagère les soins et les moyens du gouvernement turk ; les objets moraux grossissent toujours dans le lointain : il est bien vrai que nous avons des ingénieurs et des officiers à Constantinople ; mais leur nombre y est trop borné pour y faire révolution, et leur manière d'y être est encore moins propre à la produire. L'on peut donc calculer ce qu'ils y feront, par ce qu'ils ont déja fait dans la dernière guerre, et le public en a dans les mains un bon terme de comparaison. Quoi qu'en aient protesté les amateurs des Turks, il est constant que les Mémoires de Tott peignent l'esprit turk sous ses vraies couleurs. Je le dirai, sans vouloir troubler les mânes de deux ministres (1) : à voir la conduite qu'ils ont tenue avec cette nation, on peut assurer qu'ils ne l'ont jamais connue ; cela doit sembler étrange dans celui qui avait passé douze années en ambassade

---

(1) Le duc de Choiseul et le comte de Vergennes.

à la Porte : mais l'on passerait la vie entière dans un pays, si l'on se tient clos dans son palais et que l'on ne fréquente que les gens de sa nation, l'on reviendra sans avoir pris de vraies connaissances : or, c'est ne point connaître les hommes, que d'employer, pour les changer, des moyens qui heurtent de front leurs préjugés et leurs habitudes, et tels sont ceux que l'on a tentés en Turkie : l'on avait affaire à un peuple fanatique, orgueilleux, ennemi de tout ce qui n'est pas lui-même : on lui a proposé pour modèle de réforme, des usages qu'il hait : on lui a envoyé pour maîtres des hommes qu'il méprise. Quel respect un vrai musulman peut-il avoir pour un infidèle ? Comment peut-il recevoir des ordres d'un ennemi du Prophète ? — *Le muphti le permet, et le vizir l'ordonne.* — *Le vizir est un apostat, et le muphti un maître. Il n'y a qu'une loi, et cette loi défend l'alliance avec les infidèles.* Tel est le langage de la nation à notre égard : tel est même, quoi que l'on dise, l'esprit du gouvernement, parce que là, plus qu'ailleurs, le *gouvernement* est l'homme qui gouverne, et que cet homme est élevé dans les préjugés de sa nation. Aussi nos officiers ont essuyé et essuient encore mille contrariétés et mille désagrémens : on ne les voit qu'avec murmure ; on ne leur obéit que par contrainte : ils ont besoin de gardes pour commander, d'interprètes pour se faire entendre, et cet appareil qui montre sans cesse l'étranger, reporte l'odieux de sa personne sur ses ordres et sur son ouvrage. Pour vaincre de si grands obstacles, il faudrait, de la part du divan, une subversion de principes dont la supposition est chimérique. L'on a compté sur le crédit de notre cour; mais a-t-on pris les moyens de l'assurer et de le soutenir? Par exemple, en ces circonstances, peut-on exiger du C. de Choiseul beaucoup d'influence? Les Turks doivent-ils déférer aux avis d'un ambassadeur qui, dans un ouvrage connu de toute l'Europe, a publié les vices de leur administration, et manifesté le vœu de voir renverser leur empire? Ce choix, considéré sous ce rapport, fait-il honneur à la prudence si vantée de M. de Vergennes?

Voilà cependant les faits qui doivent servir de base aux conjectures, pour qu'elles soient raisonnables; et, je le demande, ces faits donnent-ils le droit de mieux espérer des Turks? Pour moi, dans tout ce qui continue de se passer, je ne vois que la marche ordinaire de leur esprit, et la suite naturelle de leurs anciennes habitudes. Les revers de la dernière guerre les ont étonnés; mais ils n'en ont ni connu les causes, ni cherché les remèdes. Ils sont trop orgueilleux pour s'avouer leur faiblesse; ils sont trop ignorants pour connaître l'ascendant du savoir : *ils ont fait leurs conquêtes sans la tactique des Francs; ils n'en ont pas besoin pour les conserver : leurs défaites ne sont point l'ouvrage de la force humaine, ce sont les châtiments célestes de leurs péchés ; le destin les avait arrêtés, et rien ne pouvait les y soustraire.* Pliant sous cette nécessité, le divan a fait la paix ; mais le peuple a gardé sa présomption et envenimé sa haine. Par ménagement pour le peuple et par son propre ressentiment, le divan a voulu éluder, par adresse, la force qu'il n'avait pu maîtriser. Le cabinet de Pétersbourg a pris la même route, et la guerre a continué sous une autre forme. La Russie, qui a retiré des négociations plus d'avantages que des batailles, en a désiré la durée. Par la raison contraire, les Turks y faisant les mêmes pertes que dans les défaites, ont préféré les risques des combats, et ils ont repris les armes ; mais en changeant de carrière, ils n'apportent pas de plus grands moyens de succès. On a regardé la rupture du mois d'août comme un acte de vigueur calculé sur les forces et les circonstances. Dans les probabilités, ce devait être l'effet d'un mouvement séditieux du peuple et de l'armée. Les troupes, lasses des fausses alertes qu'on leur donnait depuis deux ans, devaient se porter à un parti extrême : d'accord avec ces probabilités, les faits y ont joint la passion personnelle du vizir. Si ce ministre n'eût été guidé que par des motifs réfléchis, il n'eût point déclaré la guerre sur la fin de la campagne, parce que c'était s'ôter le temps d'agir, et donner à l'ennemi celui de se préparer. Maintenant que le mouvement est imprimé, il ne sera plus le maître de le diriger ni de le contenir. Il ne suffit pas d'avoir allumé la guerre; il faudra en alimenter l'incendie; il faudra soudoyer des armées et des flottes, pourvoir à leurs besoins, réparer leurs pertes, fournir enfin, pendant plusieurs campagnes, à une immense consommation d'hommes et d'argent; et l'empire turk a-t-il de si grandes ressources? Interrogeons à ce sujet les témoins oculaires qui depuis quelques années en ont visité diverses contrées. Nous avons plusieurs relations qui paraissent d'autant plus dignes de foi, que, sans la connivence des voyageurs, les faits puisés en des lieux divers ont la plus grande unanimité (1). Par ces faits, il est démontré que l'empire turk n'a désormais aucun de ces moyens politiques qui assurent la consistance d'un état au dedans, et sa puissance au dehors. Ses provinces manquent à la fois de population, de culture, d'arts et de commerce; et ce qui est plus menaçant pour un état despotique, l'on n'y voit ni forteresses, ni armée, ni art militaire : or, quelle effrayante série de conséquences n'offre pas ce

---

(1) Voyez *le Voyage pittoresque de la Grèce*, pour cette contrée, l'Archipel et la côte de l'Anadoli; les Mémoires de Tott, pour les environs de Constantinople, et et le *Voyage en Syrie et en Égypte*, pour les provinces du Midi. (Ajoutez-y maintenant le *Tableau de l'empire turk*, traduit de l'anglais de Eaton, 2 vol. in-8°. An 7. *Note de l'éditeur.*)

tableau ? Sans population et sans culture, quel moyen de régénérer les finances et les armées ? Sans troupes et sans forteresses, quel moyen de repousser des invasions, de réprimer des révoltes ? Comment élever une puissance navale sans arts et sans commerce ? Comment enfin remédier à tant de maux sans lumières et sans connaissances ? — Le sultan a de grands trésors : — on peut les nier comme on les suppose, et quels qu'ils soient ils seront promptement dissipés. — Il a de grands revenus : — oui, environ 80 millions de livres difficiles à recouvrer ; et comment aurait-il davantage ? Quand des provinces comme l'Égypte et la Syrie, ne rendent que deux ou trois millions, que rendront des pays sauvages comme la Macédoine et l'Albanie, ravagés comme la Grèce, ou déserts comme Cypre et l'Anadoli ? — On a retiré de grandes sommes d'Égypte. — Il est vrai que le capitan pacha a fait passer ; il y a six mois, quelques mille bourses, et que par capitulation avec Ismaël et Hasan beks, il a dû lever encore 5,000 bourses sur le Delta (1) ; mais 4,000 resteront pour réparer les dommages du pays, et l'avarice du capitan pacha ne rendra peut-être pas dix millions au kazné. — On imposera de nouveaux tributs.

---

(1) La Haute-Égypte est concédée à Ibrahim et Morad beks, qui reviendront incessamment au Kaire. (Et cela est effectivement arrivé. *Note de l'éditeur*).

Mais les provinces sont obérées; le pillage des pachas, la vénalité des places, la désertion des gens riches, en ont fait couler tout l'argent à Constantinople. — On dépouillera les riches. — Mais l'or se cachera; et comme les riches sont aussi les puissants, ils ne se dépouilleront pas eux-mêmes. Ainsi, dans un examen rigoureux, ces idées de grands moyens, fondées sur une vaste apparence et une antique renommée, s'évanouissent; et tout s'accorde, en dernier résultat, à rendre plus sensible la faiblesse de l'empire turk, et plus instantes les inductions de sa ruine. Il est singulier qu'en ce moment le préjugé en soit accrédité dans tout l'empire. Tous les musumans sont persuadés que leur puissance et leur religion vont finir : ils disent que les temps prédits sont venus, qu'ils doivent perdre leurs conquêtes, et retourner en Asie s'établir à *Konié*. Ces prophéties fondées sur l'autorité de Mahomet même et de plusieurs santons, pourraient donner lieu à plusieurs observations intéressantes à d'autres égards. Mais pour ne point m'écarter de mon sujet, je me bornerai à remarquer qu'elles contribueront à l'événement, en y préparant les esprits, et en ôtant aux peuples le courage de résister à ce qu'ils appellent *l'immuable décret du sort.*

Je ne prétends pas dire cependant que la perte de l'empire turk soit absolument inévitable, et qu'il fût moralement impossible de la conjurer. Les grands états, surtout ceux qui ont de riches domaines, sont rarement frappés de plaies incurables; mais pour y porter remède, il faut du temps et des lumières : du temps, parce que pour les corps politiques comme pour les corps physiques, tout changement subit est dangereux; des lumières, parce que si l'art de gouverner a une théorie simple, il a une pratique compliquée. Lors donc que je forme de fâcheux présages sur la puissance des Turks, c'est par le défaut de ces deux conditions; c'est surtout à raison de la seconde, c'est-à-dire, du défaut de lumières dans ceux qui gouvernent, que la chute de l'empire me paraît assurée; et je la juge d'autant plus infaillible, que ses causes sont intimement liées à sa constitution, et qu'elle est une suite nécessaire du même mouvement qui a élevé sa grandeur. Donnons quelques développemens à cette idée.

Lorsque les hordes turkes vinrent du Korasân s'établir dans l'Asie mineure, ce ne fut pas sans difficulté qu'elles se maintinrent dans cette terre étrangère : poursuivies par les Mogols, jalousées par les Turkmans, inquiétées par les Grecs, elles vécurent long-temps environnées d'ennemis et de dangers. Dans des circonstances si difficiles, ce fut une nécessité à leurs chefs de déployer toutes leurs facultés morales et physiques; il y allait de leurs intérêts personnels, de la conservation de leur rang et de leur vie. Il fallut donc qu'ils acquissent les talents, qu'ils recherchassent les connaissances, qu'ils pratiquassent les vertus qui sont les vrais éléments du pouvoir. Ayant à gouverner des hommes séditieux, il fallut leur inspirer la confiance par les lumières, l'attachement par la bienveillance, le respect par la dignité : il fallut, pour maintenir la discipline, de la justice dans les châtiments, pour exciter l'émulation, du discernement dans les récompenses, justifier enfin le droit de commander par la prééminence dans tous les genres. Il fallut, pour déployer les forces de la nation à l'extérieur, en établir l'harmonie à l'intérieur, protéger l'agriculture pour nourrir les armées, punir les concussions pour éviter les révoltes, bien choisir ses agents pour bien exécuter ses entreprises, en un mot, pratiquer dans toutes ses parties la science des grands politiques et des grands capitaines ; et tels en effet se montrèrent les premiers sultans des Turks : et si l'on remarque que depuis leur auteur *Osman I* jusqu'à Soliman II, c'est-à-dire dans une série de douze princes, il n'en est pas un seul d'un caractère médiocre, l'on conviendra qu'un effet si constant n'est point dû au hasard, mais à cette nécessité de circonstances dont j'ai parlé, à cet état habituel des guerres civiles et étrangères, où tout se décidant par la force, il fallait toujours être le plus fort pour être le premier. Par une application inverse de ce principe, lorsque cet état de choses a cessé, lorsque l'empire affermi par sa masse n'a plus eu besoin des talents de ses chefs pour se soutenir, ils ont dû cesser de les posséder, de les acquérir, et c'est ce que les faits justifient. Depuis ce même Soliman II, qui, par ses réglements encore plus que par ses victoires, consolida la puissance turke, à peine de dix-sept sultans que l'on compte jusqu'à nos jours, en trouve-t-on deux qui ne soient pas des hommes médiocres. Par opposition à leurs aïeux, l'histoire les montre tous ou crapuleux et insensés comme Amurat IV, ou amollis et pusillanimes comme Soliman III.

La différence dans les positions explique très-bien ce contraste dans les caractères. Quand les sultans vivaient dans les camps, tenus en activité par un tourbillon immense d'affaires, par des projets de guerres et de conquêtes, par un enchaînement de succès et d'obstacles, par la surveillance même des compagnons de leurs travaux, leur esprit était vaste comme leur carrière, leurs passions nobles comme leurs intérêts, leur administration vigoureuse comme leur caractère. Quand au contraire ils se sont renfermés dans leur harem, engourdis par le désœuvrement, conduits à l'apathie par la satiété, à la dépravation par la flatterie d'une cour esclave, leur ame est devenue bornée comme leurs sensations, leurs penchants vils comme leurs habitudes, leur gouvernement vicieux comme eux-mêmes. Quand les sultans administraient par leurs propres mains, ils appliquaient un sentiment de personnalité aux affaires, qui les intéressait vivement à la prospérité de l'empire : quand ils ont eu pris des agents mercenaires, devenus étrangers à leurs opérations, ils ont séparé leur intérêt de la chose publique. Dans le premier cas, les sultans guidés par le besoin des affaires, n'en confiaient le maniement qu'à des hommes capables et versés, et toute l'administration était, comme son chef, vigilante et instruite : dans le second, mûs par ces affections domestiques souvent obscures et viles, qui suivent l'humanité sur le trône comme dans les cabanes, ils ont placé des favoris sans mérite, et l'incapacité du premier mobile s'est étendue à toute la machine du gouvernement.

Espérer maintenant que par un retour soudain ce gouvernement change sa marche et ses habitudes, c'est admettre une chimère démentie par l'expérience de tous les temps, et presque contraire à la nature humaine. Pour concevoir le dessein d'une telle réforme, il faudrait pressentir le danger qui se prépare; et l'aveuglement est le premier attribut de l'ignorance. Pour en réaliser le projet, il faudrait que le sultan l'entreprît lui-même ; que rentrant dans la carrière de ses aïeux, il quittât le repos du sérail pour le tumulte des camps, la sécurité du harem pour les dangers des batailles, les jouissances d'une vie tranquille pour les privations de la guerre ; qu'il changeât en un mot toutes ses habitudes pour en contracter d'opposées. Or si les habitudes de la mollesse sont si puissantes chez des particuliers isolés, que sera-ce chez des sultans en qui le penchant de la nature est fortifié par tout ce qui les entoure? à qui les vizirs, les eunuques et les femmes conseillent sans cesse le repos et l'oisiveté, parce que moins les rois exercent par eux-mêmes leur pouvoir, plus ceux qui les approchent s'en attirent l'usage. Non, non, c'est en vain que l'on veut l'espérer, rien ne changera chez les Turks, ni l'esprit du gouvernement, ni le cours actuel des affaires : le sultan continuera de végéter dans son palais, les femmes et les eunuques de nommer aux emplois; les vizirs de vendre à l'encan les gouvernements et les places ; les pachas de piller les sujets et d'appauvrir les provinces ; le divan de suivre ses maximes d'orgueil et d'intolérance ; le peuple et les troupes de se livrer à leur fanatisme et de demander la guerre ; les généraux de la faire sans intelligence, et de perdre des batailles, jusqu'à ce que par une dernière secousse, cet édifice incohérent de puissance, privé de ses appuis et perdant son équilibre, s'écroule tout-à-coup en débris, et ajoute l'exemple d'une grande ruine à tous ceux qu'a déja vus la terre.

Tel a été en effet et tel sera sans doute le sort de tous les empires, non par la nécessité occulte de ce fatalisme qu'allèguent les orateurs et les poètes, mais par la constitution du cœur de l'homme et le cours naturel de ses penchants : interrogez l'histoire de tous les peuples qui ont fondé de grandes puissances; suivez la marche de leur élévation, de leurs progrès et de leur chute, et vous verrez que dans leurs mœurs et leur fortune tous parcourent les mêmes phases, et sont régis par les mêmes mobiles que les individus des sociétés. Ainsi que des particuliers parvenus, ces peuples d'abord obscurs et pauvres s'agitent dans leur détresse, s'excitent par leurs privations, s'encouragent par leurs succès, s'instruisent par leurs fautes, et arrivent enfin, par adresse ou par violence, au faîte des grandeurs et de la fortune. Mais ont-ils atteint les jouissances où aspirent tous les hommes, bientôt la satiété remplace les désirs; bientôt, faute d'aliments, leur activité cesse, leurs chefs se dégoûtent des affaires qui les fatiguent, ils s'ennuient des soins qui ont élevé leur fortune, ils les abandonnent à des mains mercenaires, qui n'ayant point d'intérêt direct, malversent et dissipent, jusqu'à ce que les mêmes circonstances qui les ont enrichis suscitent de nouveaux parvenus qui les supplantent à leur tour. Tel est le cours naturel des choses : être privé et désirer, se tourmenter pour obtenir, se rassasier et languir, voilà le cercle autour duquel sans cesse monte et descend l'inquiétude humaine : nous avons vu que les Turks en ont parcouru la plus grande partie : voyons à quel point se trouvent placés leurs adversaires les Russes.

Il n'y a pas encore un siècle révolu que le nom des Russes était presque ignoré parmi nous. L'on savait, par les récits vagues de quelques voyageurs, qu'au delà des limites de la Pologne, dans les forêts et les glaces du nord, existait un vaste empire dont le siége était à Moskou. Mais ce que l'on apprenait de son climat odieux, de son régime despotique, de ses peuples barbares, ne donnait pas de hautes idées de sa puissance; et l'Europe, fière de la politesse de ses cours et de la civilisation de ses peuples, dédaignant de compter les tsars au rang de ses rois, rejetait les Moscovites parmi les autres barbares de l'Asie.

Cependant le cours insensible et graduel des événements préparait un nouvel ordre de choses. Divisée long-temps, comme la France, en plusieurs états, déchirée long-temps par des guerres étrangères ou civiles, la Russie enfin rassemblée sous une même puissance, n'avait plus qu'un même intérêt, et ses forces, dirigées par une seule volonté, commençaient à devenir imposantes : l'art de les employer manquait encore, mais l'on en soupçonnait l'existence : des guerres avec la Pologne et la Suède avaient fait sentir la supériorité des arts de l'Occident, et depuis deux règnes, on tentait de les introduire dans l'empire. Les tsars Michel et Alexis avaient appelé à leur cour des artistes et des militaires d'Allemagne, de Hollande, d'Italie, et déja l'on voyait à Moskou des fondeurs de canons, des fabricants de poudre, des ingénieurs, des officiers, des bijoutiers et des imprimeurs d'Europe.

A cette époque, si l'on eût tenté de former des conjectures sur la vie future de cet empire, l'on eût dit que par son éloignement de l'Europe, il aurait peu d'influence sur notre système ; que par la position de sa capitale au sein des terres, son cabinet n'entretiendrait pas des relations bien vives avec les nôtres; que par la difficulté de ses mers il ne formerait jamais une puissance maritime ; que par l'état civil de la nation et le partage des hommes en serfs et en maîtres, il n'aurait jamais d'énergie ; que par la concentration des richesses en un petit nombre de mains, toute l'activité se porterait vers les arts frivoles ; qu'en un mot cet empire, par la nature de son gouvernement et les mœurs de son peuple, serait purement un empire asiatique, dont l'existence imiterait celle de l'Indostan et de la Turkie. L'événement a trompé ces conjectures ; mais pour mettre l'art en défaut, il a fallu le concours des faits les plus extraordinaires ; il a fallu que le hasard portât sur le trône un prince qui n'y était pas destiné : il a fallu que le hasard conduisît près de lui un homme obscur qui lui donnât la passion, des mœurs et des arts de l'Europe ; il a fallu que ce prince, malgré les vices de son éducation et le poison du pouvoir arbitraire, conservât la plus grande énergie de caractère; en un mot, il a fallu l'existence et le règne de Pierre Ier; et l'on conviendra que si les probabilités ne sont jamais trompées que par de semblables événements, elles ne se trouveront pas souvent en défaut.

Quand on se rend compte de ce qui s'est passé depuis quatre-vingts ans en Russie, l'on s'aperçoit que le règne du tsar Pierre Ier a réellement été pour cet empire l'époque d'une existence nouvelle, et qu'il a commencé pour lui une période qui marche en sens inverse de l'empire turk; c'est-à-dire que pendant que la puissance et les forces de l'un vont décroissant, les forces et la puissance de l'autre vont croissant chaque jour. L'on en peut suivre les progrès dans toutes les parties de leur constitution. Au commencement du siècle, les Russes n'avaient point d'état militaire; dès 1709, ils battaient les Suédois à Pultava, et en 1756, dans la guerre de Prusse, ils acquéraient jusque par leurs défaites la réputation des secondes troupes de l'Europe. Dans le même intervalle, la milice des Turks s'abâtardissait, et le sultan Mahmoud énervait les janissaires, qu'il craignait, en les dispersant dans tout l'empire, et en faisant noyer leur élite. Au commencement du siècle, les Russes n'avaient pour toute marine que des chaloupes sur leurs lacs : maintenant ils ont des vaisseaux de tout rang sur toutes leurs mers : les Turks, restés au même point qu'il y a cent ans, savent encore à peine se servir de la boussole. Depuis le commencement du siècle, le gouvernement russe a beaucoup travaillé à améliorer son régime intérieur ; il a accru ses revenus, sa population, son commerce. Pendant le même espace, les Turcs ont augmenté leurs déprédations, et par la vénalité publique de toutes les places, Mahmoud a porté le dernier coup à leur constitution. Depuis le commencement du siècle, la Russie a accru ses possessions de la Livonie, de l'Ingrie, de l'Estonie, et depuis quinze ans seulement, d'une partie de la Pologne, d'un vaste terrain entre le Dnieper et le Bog, et enfin de la Crimée. La Turkie, il est vrai, n'a encore rien perdu en apparence; mais peut-on compter pour de vraies possessions l'Égypte, le pays de Bagdad, la Moldavie, la Grèce, et tant de districts soumis à des rebelles? Maintenant, supposer que les deux empires s'arrêtent tout à coup dans leur marche réciproque, c'est mal connaître les lois du mouvement : dans l'ordre moral comme dans l'ordre physique, lorsqu'une fois un corps s'est mis en mouvement, il lui devient d'autant plus difficile de s'arrêter, qu'il a une plus grande masse. L'impulsion donnée et l'équilibre rompu, l'on ne peut plus assigner le terme de la course. La Russie est d'autant plus dans ce cas, que son activité, accrue par de longs obstacles, trouve maintenant pour se déployer une plus vaste carrière. En effet, le tsar Pierre l'ayant d'abord dirigée contre les états du Nord, il a fallu, pour lutter avec eux, qu'elle développât tous ses moyens et en perfectionnât l'usage. L'on a voulu censurer cette marche du tsar, et l'on a dit qu'il eût mieux fait de se tourner vers la Turkie : mais peut-être que les goûts personnels de Pierre Ier ont eu l'effet d'une politique profonde ; peut-être qu'avec ses Russes indisciplinés il n'eût pu vaincre les Turks encore non-énervés : au lieu qu'en transportant le théâtre de son activité sur la Baltique, il a monté tous les ressorts de son empire au ton des états de l'Europe. Aujourd'hui que l'équilibre s'est établi de ce côté, et que la Russie y voit des obstacles d'agrandissement, elle revient vers un empire barbare, avec tous les moyens des empires policés, et elle a droit de s'en promettre des succès d'autant plus grands que, par cette dérivation, elle a repris la vraie route où l'appelait la nature, et que lui ont tracée dès long-temps ses préjugés et ses habitudes.

En effet, l'on peut observer que depuis que la Russie formée en corps d'empire a pu porter ses regards hors de ses frontières, l'essor le plus constant de son ambition s'est dirigé vers les contrées méridionales, vers la Turkie et la Perse. A remonter jusqu'au XVe siècle, à peine trouve-t-on deux règnes qui n'aient pas produit de ce côté quelques entreprises. Que prouvent ces habitudes communes à des générations diverses, sinon des mobiles inhérents à l'espèce? et ces mobiles ne sont pas équivoques : car sans parler de l'instigation de la religion, qui souvent n'est que le masque des penchants, il suffit de comparer les objets de jouissances qu'offre chacun des deux empires. Dans l'un c'est du goudron, du caviar (1), du poisson salé et fumé, de la bière, des boissons de lait et de grains fermentés, des chanvres, des lins, un ciel rigoureux, une terre rebelle, et par conséquent une vie de travail et de peine. Dans l'autre, avec tous les moyens d'obtenir les mêmes produits (les fourrures exceptées), dans l'autre, dis-je, c'est le luxe des objets les plus attrayants : ce sont des vins exquis, des parfums voluptueux, du café, des fruits de toute espèce, des soies, des cotons délicats, un climat admirable et une vie de repos et d'abondance. Quels avantages d'une part! de l'autre quelles privations! et quels mobiles puissants pour la cupidité armée, que cette foule de jouissances offertes à tous les sens! en vain une morale misanthropique s'est efforcée d'en rompre le charme : les jouissances des sens ont gouverné et gouverneront toujours les hommes. C'est pour les vins

---

(1) Espèces d'œufs de poisson préparés.

de l'Italie que les Gaulois franchirent trois fois les Alpes ; c'est pour la table des Romains que les Barbares accoururent du Nord ; c'est pour les vêtements de soie et pour les femmes des Grecs que les Arabes sortirent de leurs déserts : et n'est-ce pas pour le poivre et le café que les Européens traversent l'Océan et se font des guerres sanglantes ? Ce sera pour tous ces objets réunis, que les Russes envahiront l'Asie : et que l'on juge de la sensation qu'ont dû éprouver dans la dernière guerre leurs armées transportées dans la Moldavie, l'Archipel et la Grèce ! Quel ravissement pour leurs officiers et leurs soldats de boire les vins de Ténédos, de Chio, de Morée ! de piller sur les champs de bataille et dans les camps forcés, des cafetans de soie brodés d'argent et d'or, des châles de cachemire, des ceintures de mousseline, des poignards damasquinés, des pelisses et des pipes ! quel plaisir de rapporter dans sa patrie ces trophées de son courage, de les montrer à ses parents, à ses amis, à ses rivaux ! de vanter les pays que l'on a vus, ces vins dont on a bu, et ces aventures merveilleuses dont on a été le témoin ! Maintenant qu'une nouvelle guerre se déclare, et que la plupart des acteurs de la dernière vivent encore, tous les motifs vont se réunir pour donner plus de force aux passions : ce sera pour les jeunes gens l'émulation et la nouveauté : pour les vétérans, des souvenirs embellis par l'absence ;

pour les officiers, l'espoir des commandements et la multiplication des places; enfin, pour ceux qui gouvernent, des projets enivrants d'agrandissement et de gloire : et quel projet, en effet, plus capable d'enflammer l'immagination, que celui de reconquérir la Grèce et l'Asie ; de chasser de ces belles contrées de barbares conquérants, d'indignes maîtres! d'établir le siége d'un empire nouveau dans le plus heureux site de la terre! de compter parmi ces domaines les pays les plus célèbres, et de régner à la fois sur Byzance et sur Babylone, sur Athènes et sur Ecbatanes, sur Jérusalem et sur Tyr et Palmyre! quelle plus noble ambition que celle d'affranchir des peuples nombreux du joug du fanatisme et de la tyrannie! de rappeler les sciences et les arts dans leur terre natale; d'ouvrir une nouvelle carrière à la législation, au commerce, à l'industrie, et d'effacer, s'il est possible, la gloire de l'ancien Orient par la gloire de l'Orient ressuscité! Et peut-être n'est-ce point supposer des vues étrangères au gouvernement russe. Plus on rapproche les faits et les circonstances, plus on aperçoit les traces d'un plan formé avec réflexion et suivi avec constance, surtout depuis la dernière guerre. D'abord l'on a demandé l'usage de la mer Noire, puis l'entrée de la Méditerranée : l'on a exigé l'abandon des Tartares, puis l'on s'est emparé de la Crimée ; l'on protége aujourd'hui les Géorgiens et les Moldaves;

le premier traité les soustraira à la Porte. L'on attire des Grecs à Pétersbourg, et on leur fonde des colléges : l'on impose des noms grecs aux enfants du grand-duc, nés tous depuis la guerre (1); on leur enseigne la langue grecque; l'impératrice fait des traités avec l'empereur, un voyage jusqu'à la mer Noire; l'on grave sur un arc à Cherson : *C'est ici le chemin qui conduit à Byzance*, etc.

Oui, tout annonce le projet formé de marcher à cette capitale; et tout présage une heureuse issue à ce projet : tout, dans la balance des intérêts et des moyens, est à l'avantage des Russes contre les Turks. Laissons à part ces comparaisons de population et de terrain, usitées par les politiques modernes : l'étendue géographique n'est point un avantage, et les hommes ne se calculent pas comme des machines : on suppose à la Turkie des armées de trois et quatre cent mille hommes; mais d'abord ces assertions populaires se soutiennent mal ; témoin ces corps de cent et cent soixante mille hommes que les gazettes, pendant tout le cours de novembre, ont établis sur le Danube et près d'*Odjakof*, et qui se sont trouvés être de dix à douze mille. D'ailleurs quelle force réelle auraient même cinq cent mille hommes, si cette multitude est mal armée, et fait la guerre sans art, sans ordre et sans dissipline? Nous croirions-nous

---

(1) *Alexandre, Constantin, Hélène.*

bien en sûreté, si, à cent mille soldats de l'empereur, nous opposions un demi-million de paysans et d'artisans enrôlés à la hâte? Tels sont cependant les soldats turks. La Russie, au contraire, a dans le moindre calcul cent soixante mille hommes de troupes régulières égales à celles de Prusse, et au moins cent mille hommes de troupes légères. La plupart des soldats turks n'ont jamais vu le feu; le grand nombre des soldats russes a fait plusieurs campagnes : l'infanterie turke est absolument nulle; l'infanterie russe est la meilleure de l'Europe. La cavalerie turke est excellente, mais seulement pour l'escarmouche; la cavalerie russe, par sa tactique, conserve la supériorité. Les Turks ont une attaque très-impétueuse; mais une fois rebutés, ils ne se rallient plus; les Russes ont la défense la plus opiniâtre, et conservent leur ordre même dans leur défaite. Le soldat turk est fanatique, mais le russe l'est aussi. L'officier russe est médiocre, mais l'officier turk est entièrement nul. Le grand-vizir général actuel, ci-devant marchand de riz en Égypte, élevé par le crédit du capitan pacha, n'a jamais conduit d'armée; la plupart des généraux russes ont gagné des batailles : en marine, les Turks ont l'avantage du nombre sur la mer Noire : mais quoique les Russes soient de faibles marins, ils ont un avantage immense par l'art. La Turkie ne soutiendra la guerre qu'en épuisant ses provinces d'hommes et d'argent : l'impératrice, après l'avoir faite cinq années, a aboli à la paix un grand nombre d'ancien impôts. Le divan n'a que de la présomption et de la morgue; depuis vingt ans le cabinet de Saint-Pétersbourg passe pour l'un des plus déliés de l'Europe: enfin, les Russes font la guerre pour acquérir, les Turks pour ne pas perdre : si ceux-ci sont vainqueurs, ils n'iront pas à Moscou ; si ceux-là gagnent deux batailles, ils iront à Constantinople, et les Turks seront chassés d'Europe.

A ces idées de la puissance de la Russie, l'on oppose que son gouvernement despotique, comme celui des Turks, est encore mal affermi; que le peuple, toujours serf, reste engourdi dans une barbarie profonde; que dans les classes libres il y a peu de lumières et point de moralité; que malgré le soins que l'impératrice s'est donnés pour la confection d'un code, pour la réforme des lois, pour l'administration de la justice, pour l'éducation et l'instruction publique; que malgré ces soins, dis-je, la civilisation est peu avancée; que la nation même se refuse à y faire des progrès, et que l'on ne peut attendre d'un tel pays ni énergie réelle, ni constance dans l'entreprise dont il s'agit, etc.

Nous avons si peu de bonnes observations sur l'état politique et civil de la Russie, qu'il est difficile de déterminer jusqu'à quel point ces reproches sont fondés : mais de peur de tomber dans l'inconvénient de la partialité, admettons-les tels qu'ils se présentent : accordons que les Russes sont, comme l'on dit, des *barbares*; mais ce sont précisément les barbares qui sont les plus propres au projet de conquête dont je parle. Ce ne furent point les plus policés des Grecs qui conquirent l'Asie; ce furent les grossiers montagnards de la Macédoine : quand les Perses de Cyrus renversèrent les empires policés des Babyloniens, des Lydiens, des Égyptiens, c'étaient des sauvages couverts de peaux de bêtes féroces; et ces Romains vainqueurs de l'Italie et de Carthage, croit-on qu'ils fussent si loin d'être un peuple barbare? Et ces Huns, ces Mogols, ces Arabes, destructeurs de tant d'empires civilisés, étaient-ils des peuples polis? Les mots abusent; mais avec l'analyse, les idées deviennent claires, et les raisons palpables. Pour conquérir, un art suffit, l'art de la guerre; et par son but, comme par ses moyens, cet art est moins celui de l'homme policé que de l'homme sauvage. La guerre veut des hommes avides et endurcis : on n'attaque point sans besoins ; on ne vainc point sans fatigue; et tels sont les *barbares*. Guerriers par l'effet de la pauvreté, robustes par l'habitude de la misère, ils ont sur les peuples civilisés l'avantage du pauvre sur le riche: le pauvre est fort, parce que sa détresse exerce ses forces; le riche est faible, parce que sa richesse les énerve. Pour faire la guerre, il faut, dit-on, qu'un peuple soit riche : oui, pour la faire à la manière des peuples riches, chez qui l'on veut dans les camps, toutes les aisances des villes. Mais chez un peuple pauvre, où l'on vit de peu, où chaque homme naît soldat, la guerre se fait sans beaucoup de frais, elle s'alimente par elle-même, et l'exemple des anciens conquérants prouve, à cet égard, l'erreur des idées financières de l'Europe. Pour conquérir, il n'est pas même besoin d'esprit public, de lumières ni de mœurs dans une nation; il suffit que les chefs soient intelligents et qu'ils aient une bonne armée; or, la meilleure est celle dont les soldats sobres et robustes joignent à l'audace contre l'ennemi l'obéissance la plus passive à leurs commandants, où tous les mouvements s'exécutent sans délai par une seule volonté, c'est-à-dire, où existe le régime despotique. Lors donc que cet état a lieu chez les Russes, ils n'en sont que plus propres au projet de conquérir. En effet, par son autorité absolue, le prince disposant de toute la nation, il peut en employer toutes les forces de la manière la plus convenable à ses vues : d'autre part, à titre de serf, le peuple élevé dans la misère et la soumission a les deux premières qualités de l'excellent soldat, la frugalité et l'obéissance; il y joint une industrie précieuse à la guerre, celle de pourvoir à tous les besoins de sa subsistance, de son vêtement, de son logement; car le soldat russe est à la fois boulanger, tailleur, charpentier, etc. On reproche au gouvernement de n'avoir pas aboli le servage : mais peut-être ne conçoit-on pas assez en théorie toute la difficulté d'une telle opération dans la pratique? L'impératrice a affranchi tous les serfs de ses domaines (1): mais a-t-elle pu, a-t-elle dû affranchir ceux qui ne dépendaient point d'elle? Cet affranchissement même, s'il était subit, serait-il sans inconvénient de la part des nouveaux affranchis? C'est une vérité affligeante, mais constatée par les faits, que l'esclavage dégrade les hommes au point de leur ôter l'amour de la liberté et l'esprit d'en faire usage. Pour les y rendre, il faut les y préparer, comme l'on prépare des yeux malades à recevoir la lumière : il faut, avant de les abandonner à leurs forces, leur en enseigner l'usage; et les esclaves doivent apprendre à être libres comme les enfants à marcher. L'on s'étonne que les Russes n'aient pas fait de plus grands progrès dans la civilisation; mais à proprememt parler, elle n'a commencé pour eux que depuis vingt-cinq années : jusque-là le gouvernement n'avait créé que des soldats ; ce n'est que sous ce règne qu'il a produit des lois; et si ce n'est que par les lois qu'un pays se civilise, ce n'est que par le temps que les lois fructifient. Les révolutions morales des empires ne peuvent être subites; il faut du temps pour transmettre des

---

(1) *Voyez* COXE, Voyage en Russie, tome II.

mouvements nouveaux aux membres lointains de ces vastes corps ; et peut-être le caractère d'une bonne administration est-il moins de faire beaucoup, que de faire avec prudence et sûreté. En général, les institutions nouvelles ne produisent leurs effets qu'à la génération suivante : les vieillards et les hommes faits leur résistent : les adolescents balancent encore ; il n'y a que les enfants qui les mettent en pratique. On suppose qu'il peut encore naître dans le gouvernement russe des révolutions qui troubleront sa marche : mais si celles qui sont arrivées depuis la mort du tzar Pierre Ier ne l'ont pas détruite, il n'est pas probable qu'aujourd'hui, que la succession a pris de la consistance, rien en arrête le cours ; c'est d'ailleurs une raison de plus d'occuper l'armée, afin que son activité ne s'exerce pas sur les affaires intérieures. Ainsi tout concourt à pousser l'empire russe dans la carrière que nous lui apercevons, et tout lui promet des accroissements aussi assurés que tranquilles.

Un seul obstacle pourrait arrêter ces accroissements, la résistance qu'opposeraient les états de l'Europe à l'invasion de la Turkie ; mais de ce côté même, les probabilités sont favorables ; car en calculant l'action de ces états sur la combinaison de leurs intérêts, de leur moyens et du caractère de leurs gouvernements, la balance se présente à l'avantage de la Russie : en effet, qu'importe aux états éloignés une révolution qui ne menace ni leur sûreté politique, ni leur commerce? Qu'importe, par exemple, à l'Espagne que le trône de Byzance soit occupé par un Ottoman ou par un Russe? Il est vrai que la cour de Madrid a manifesté des intentions hostiles à la Russie, en s'engageant, par un traité récent avec la Porte, à interdire le passage de Gibraltar à toute flotte armée contre la Turkie. Mais il est à croire que ces dispositions suggérées par une cour étrangère resteront sans effet. Il serait imprudent à l'Espagne, qui n'a aucun commerce à conserver, de prendre fait et cause pour celui d'une autre puissance, surtout quand, à cet égard, elle a de justes sujets de se plaindre de la jalousie de cette même puissance. On peut en dire autant de l'Angleterre : malgré l'envie qu'elle porte à l'accroissement de tout état, les progrès de la Russie ne lui causent pas assez d'ombrage pour y opposer une résistance efficace : peut-être même que l'Angleterre a plus d'une raison d'être indifférente à la chute de la Turkie; car désormais qu'elle n'y conserve presque plus de comptoirs, elle doit attendre d'une révolution plus d'avantages que de pertes; et c'en serait déjà un pour elle que d'y trouver la ruine de notre commerce. La France seule, à raison de son commerce et de ses liaisons politiques avec la Turkie, a de grands motifs de s'intéresser à sa destinée : mais dans la révolution supposée, ses

intérêts seraient-ils aussi lésés qu'on le pense ?
Peut-il lui convenir, dans les circonstances où
elle se trouve, de se mêler de cette querelle ? Ne
pouvant agir que par mer, aura-t-elle une action
efficace dans une guerre dont l'effort se fera sur
le continent ? Les états du Nord, c'est-à-dire, la
Suède, le Danemarck, la Pologne, à raison de leur
voisinage et de l'intérêt de leur sûreté ont plus
de droits de s'alarmer. Mais quelle résistance
peuvent-ils opposer ? Que peut même la Prusse
sans le secours de l'Autriche ? Disons-le : c'est là
qu'est le nœud de toute cette affaire. L'empereur
y est arbitre; et, par malheur pour les Turks, il se
trouve partie; car, en même temps que les intérêts et les habitudes de sa nation le rendent
l'ennemi de la Porte, ses projets personnels le
rendent l'allié de la Russie. Cette alliance lui est si
importante, qu'il fera même des sacrifices pour
la conserver : sans elle il serait inférieur à ses
ennemis naturels, la Suède, la Prusse, la Ligue Germanique et la France : par elle, il prend
sur ses rivaux un tel ascendant, qu'il n'en peut
rien redouter. Vis-à-vis de la Turkie, il y trouve
les avantages multipliés de se venger des pertes
de Charles VI, de recouvrer Belgrade, et d'obtenir des terrains qui ont pour lui la plus grande
convenance. Il suffit de jeter un coup d'œil sur
la position géographique des états de l'empereur,
pour concevoir l'intérêt qu'il doit mettre à s'ap-

proprier les provinces turkes qui le séparent de la Méditerranée. Par cette acquisition, il procurerait à ses vastes domaines un débouché qui leur manque ; et bientôt les accroissements qu'en recevrait l'Autriche dans son agriculture, son commerce et son industrie, l'élèveraient au rang des grandes puissances maritimes. Les soins dont l'empereur favorise les ports de Trieste, de Fiume et de Zeng, prouvent assez que ces vues ne lui sont pas étrangères ; et ce qui s'est passé à l'égard de la Pologne, autorise à penser que les cours de Vienne et de Pétersbourg pourront s'entendre encore une fois pour un partage. L'alliance de ces deux cours livre avec d'autant plus de certitude la Turkie à leur discrétion, que désormais elles n'ont plus à craindre la seule ligue qui pût les arrêter, celle de la Prusse avec la France. Il est très-probable que du vivant du feu roi, cette ligue eût eu lieu ; cr Frédéric sentait depuis longtemps que nous étions ses alliés naturels, comme il devait être le nôtre : mais le prince régnant a embrassé un système contraire, et l'affaire de Hollande et son union avec l'Angleterre, ont élevé entre lui et nous des barrières que l'honneur même nous défend de franchir. D'ailleurs, lorsque cette ligue serait possible, lorsque nous pourrions armer toute l'Europe, nos intérêts avec la Turkie sont-ils assez grands, les inconvénients de son invasion sont-ils assez graves, pour que nous devions prendre le parti désastreux de la guerre ? C'est ce dont l'examen va faire l'objet de ma seconde partie.

SECONDE QUESTION.

Quels sont les intérêts de la France, et quelle doit être sa conduite relativement à la Turkie.

C'est une opinion assez générale, parmi nous, que la France est tellement intéressée à l'existence de l'empire turk, qu'elle doit tout mettre en œuvre pour la maintenir. Cette opinion est presque devenue une maxime de notre gouvernement, et par-là on la croirait fondée sur des principes réfléchis ; mais en examinant les raisons dont on l'appuie, il m'a paru qu'elle n'était que l'effet d'une ancienne habitude ; et si, d'un côté, il me répugnait à penser que nos intérêts fussent contraires à ceux de l'humanité entière, j'ai eu, d'autre part, la satisfaction de trouver, par le raisonnement, que ce prétendu axiome n'était pas moins contraire à la politique qu'à la morale.

Nos liaisons avec la Turkie ont deux objets d'intérêt : par l'un, nous procurons à nos marchandises une consommation avantageuse, et c'est un intérêt de commerce : par l'autre, nous prétendons nous donner un appui contre un ennemi commun, et c'est un intérêt de sûreté. La chute de l'empire turk, dit-on, porterait une atteinte funeste à ces deux intérêts : nous perdrions notre commerce du Levant, et la balance politique de l'Europe serait rompue à notre désavantage ; je crois l'une et l'autre assertion en erreur : examinons d'abord l'intérêt politique.

Supposer que l'existence de l'empire turk soit nécessaire à notre sûreté et à l'équilibre politique de l'Europe, c'est supposer à cet empire des forces capables de concourir à ce double objet ; c'est supposer son état intérieur et ses rapports aux autres puissances, tels qu'au siècle passé ; en un mot, c'est supposer les choses comme sous les règnes de François Ier et de Louis XIV, et réellement cette supposition est la base de l'opinion actuelle. L'on voit toujours les Turks comme au temps de Kiouperli et de Barberousse ; et parce qu'alors ils avaient un vrai poids dans la balance, on s'opiniâtre à croire qu'ils le conservent toujours. Mais pour abréger les disputes, supposons à notre tour que l'empire turk n'ait point changé relativement à lui-même ; du moins est il certain qu'il a changé relativement aux autres états. Depuis le commencement du siècle, le système de l'Europe a subi une révolution complète : l'Espagne, jadis ennemie de la France, est devenue son alliée : la Suède, qui sous Gustave-Adolphe, et Charles XII avait dans le Nord une si grande influence, l'a perdue : la Russie, qui n'en avait point, en a pris une prépondérante : la Prusse, qui n'existait pas, est devenue un royaume : enfin les maisons de France et d'Autriche, si long-temps rivales, se sont rapprochées par les liens du sang : de là une combinaison de rapports, toute différente de l'ancienne. Ce n'est plus une balance simple comme au temps de Charles-Quint et de Louis XIV, où toute l'Europe était partagée en deux grandes factions, et où la France tenait l'Allemagne en échec par la Suède et par la Turkie, pendant qu'elle-même combattait à force égale l'Espagne, l'Angleterre et la Hollande. Aujourd'hui l'Europe est divisée en trois ou quatre grands partis, dont les intérêts sont tellement compliqués, qu'il est presque impossible d'établir un équilibre : d'abord, à l'Occident, les affaires d'Amérique occasionent deux factions, où l'on voit, d'un côté, l'Espagne et la France ; de l'autre, l'Angleterre qui s'efforce d'attirer à elle la Hollande. L'Allemagne et le Nord, étrangers à ce débat, restent spectateurs neutres, comme l'a prouvé la dernière guerre. D'autre part, l'Allemagne et le Nord forment aussi deux ligues, l'une composée de la Prusse et de divers états germaniques pour s'opposer aux accroissements de l'empereur ; l'autre, de l'empereur et de l'impératrice de Russie, qui par leur alliance obtiennent, l'un la défensive de la première ligue, et tous les deux, l'offensive de la Turkie. L'Espagne et l'Angleterre sont, comme je l'ai dit, presque étrangères à ces deux dernières ligues. La France seule peut s'y croire intéressée : mais dans le cas où elle s'en mêlerait, à quoi lui servirait la Turkie ? En supposant que, malgré la consanguinité des maisons de Bourbon et d'Autriche, malgré nos griefs contre la Prusse, nous accédassions à la ligue germanique, la Turkie resterait nulle, parce que la Russie la tiendrait en échec, et pourrait encore contenir la Suède et inquiéter la Prusse. D'ailleurs, en pareil cas, l'on ne saurait supposer que l'Angleterre ne saisît l'occasion de se venger du coup que nous lui avons porté en Amérique. Il faut le reconnaître, et il est dangereux de se le dissimuler, il n'y a plus d'équilibre en Europe : à dater seulement de vingt-ans, il s'est opéré dans l'intérieur de plusieurs états des révolutions qui ont changé leurs rapports externes. Quelques-uns qui étaient faibles ont pris de la vigueur ; d'autres qui étaient forts sont devenus languissants. Prétendre rétablir l'ancienne balance, est un projet aussi peu sensé que le fut celui de la fixer. C'est un principe trivial, mais d'une pratique importante : pour les empires comme pour les individus, rien ne persiste au même état. L'art du gouvernement n'est donc pas de suivre toujours une même ligne, mais de varier sa marche selon les circonstances : or, puisque, dans l'état présent, nous ne pouvons défendre la Turkie, la prudence nous conseille de céder au temps, et de nous former un autre système : et il y a long-temps que l'on eût dû y songer. Du moment que la Russie commença de s'élever, nous eussions dû y voir notre alliée naturelle : sa religion et ses mœurs nous présentaient des rapports bien plus voisins que l'esprit fanatique et haineux de la Porte. Et comment, hors le cas d'une extrême nécessité, a-t-on jamais pu s'adresser à un peuple barbare, pour qui tout étranger est un objet impur d'aversion et de mépris ? Comment a-t-on pu consentir aux humiliations dont on achète journellement son alliance ? Vainement on exalte notre crédit à la Porte ; ce crédit ne soustrait ni notre ambassadeur, ni nos nationaux à l'insolence ottomane : les exemples en sont habituels, et quoique passés en pratique, ils n'en sont pas moins honteux. Si l'ambassadeur marche dans les rues de Constantinople, le moindre janissaire s'arroge le pas sur lui, comme pour lui signifier que le dernier des musulmans vaut mieux que le premier des infidèles. Les gardes mêmes qu'il entretient à sa porte restent fièrement assis quand il passe, et jamais on n'a pu abolir cet indécent usage : il a fallu les plus longues disputes pour sauver un pareil affront dans les audiences du vizir. Enfin, l'on régla qu'il entrerait en même temps que l'ambassadeur ; mais quand celui-ci sort, le vizir ne se lève point, et l'on n'imagine pas toutes les ruses qu'il emploie dans chaque visite pour l'humilier. Passons sur les dégoûts de la vie prisonnière que les ambassadeurs mènent à Constantinople : si du moins leur personne était en sûreté ! mais les Turks ne connaissent point le droit des gens, et ils l'ont souvent violé : témoin l'ambassadeur de France, M. de Sanci, qui, sur le soupçon d'avoir connivé à l'évasion d'un prisonnier, fut lui-même mis en prison, et y resta quatre mois ; témoin M. de la Haie qui, portant la parole pour son père, ambassadeur de Louis XIV, fut, par ordre du visir, frappé si violemment au visage, qu'il en perdit deux dents : l'outrage ne se borna pas là, *on le jeta dans une prison si infecte*, dit l'historien qui raconte ces faits (1), *que souvent les mauvaises vapeurs éteignaient la chandelle. On saisit aussi l'ambassadeur même, et on le tint également prisonnier pendant deux mois, au bout desquels il n'obtint la liberté qu'avec des présents et de l'argent.* Si ces excès n'ont pas ménagé des têtes aussi respectables, que l'on juge des traitements auxquels sont exposés les subalternes. Aussi a-t-on vu, en 1769, deux de nos interprètes à Saide recevoir une bastonnade de cinq cents coups, pour laquelle on paie encore à l'un d'eux

---

(1) Voyez l'Histoire de l'état de l'empire ottoman, par Paul Ricaut, secrétaire de l'ambassadeur d'Angleterre, c. 19. Ce livre est sans contredit le meilleur que l'on ait fait sur la Turkie.

une pension de 500 livres. En 1777, M. Boriés, consul d'Alexandrie, fut tué d'un coup de pistolet dans le dos; et peu auparavant, un interprète de cette même échelle avait eté enlevé et conduit à Constantinople, où, malgré les réclamations de l'ambassadeur, il fut secrètement étranglé.

A notre honte, ces outrages et beaucoup d'autres sont restés sans vengeance. On les a dissimulés par un système qui prouve que l'on ne connaît point le caractère des Turks : on a cru, par ces ménagements, les rendre plus traitables ; mais la modération qui, avec les hommes polis, a de bons effets, n'en a que de fâcheux avec les barbares : accoutumés à devoir tout à la violence, ils regardent la douceur comme un signe de faiblesse, et ne rendent à la complaisance que des mépris. Les Européens qui vont en Turkie ne tardent pas d'en faire la remarque : bientôt ils éprouvent que cet air affable, ces manières prévenantes qui, parmi nous, excitent la bienveillance, n'obtiennent des Turks que plus de hauteur : on ne leur en impose que par une contenance sévère, qui annonce un sentiment de force et de supériorité. C'est sur ce principe que notre gouvernement eût dû régler sa conduite avec les Turks; et il devait y apporter d'autant plus de rigueur, que jamais leur alliance avec nous ne fut fondée sur une amitié sincère, mais bien sur cette politique perfide dont ils ont usé dans tous les temps : partout, pour détruire leurs ennemis, ils ont commencé par les désunir et par s'en allier quelques-uns, pour avoir moins de forces à combattre. S'ils eussent subjugué l'Autriche, nous eussions vu à quoi eût abouti notre alliance. Le vizir Kiouperli le fit assez entendre à M. de la Haie. Cet ambassadeur lui ayant fait part des succès de Louis XIV contre les Espagnols, dans la guerre de Flandre : *Que m'importe*, reprit fièrement le vizir, *que le chien mange le porc, ou que le porc mange le chien, pourvu que les affaires de mon maître prospèrent* (1); par où l'on voit clairement le mépris et la haine que les Turks portent également à tous les Européens.

D'après ces dispositions, nous eussions dû, à notre tour, dédaigner une semblable alliance, et lui en substituer une plus conforme à nos mœurs. La Russie, comme je l'ai dit, réunissait pour nous toutes les convenances : par sa position, elle remplissait le même objet politique que la Turkie, et elle le remplissait bien plus efficacement par sa puissance. Nous y trouvions une cour polie, passionnée pour nos usages et notre langue, et nous pouvions compter sur une considération distin-

---

(1) Mahomet, disent les Musulmans, a reçu de Dieu l'empire de la terre, et quiconque n'est pas son disciple, doit être son esclave. Quand les Turks veulent louer le roi de France, ils disent, *c'est un sujet soumis*, et il n'y a pas trois ans que le style de la chancellerie de Maroc était : *A l'infidèle qui gouverne la France.*

guée et solide. Nous avons négligé ces avantages, mais il est encore temps de les renouveler ; la prudence nous le conseille ; les circonstances même nous en font la loi. Puisqu'il est vrai que l'ancien équilibre est détruit, il faut tendre à en former un nouveau ; et, j'ose l'assurer, celui qui se prépare nous est favorable. En effet, dans le partage éventuel de la Turkie entre l'empereur et l'impératrice, il ne faut pas s'en laisser imposer par l'accroissement qu'en recevront leurs états, ni mesurer la force politique qu'ils en retireront par l'étendue géographique de leur acquisition. L'on peut s'assurer, au contraire, que, dans l'origine, leur conquête leur sera onéreuse, parce que le pays qu'ils prendront exigera des avances : ce ne sera que par la suite du temps qu'il produira ses avantages, et ce temps amènera d'autres rapports et d'autres circonstances. Du moment que la Russie et l'Autriche se trouveront limitrophes, l'intérêt qui les a unies les divisera, et leur jalousie réciproque rendra l'équilibre à l'Europe.

Déja même l'on suppose que le partage pourra la faire naître au sujet de Constantinople. Il est certain que la possession de cette ville entraîne de tels avantages, que le parti qui l'obtiendra aura une prérogative marquée : si l'empereur la cède, il peut se croire lésé : si l'impératrice ne l'obtient, la conquête est inutile. Le canal de Constantinople étant la seule issue de la mer Noire vers la Méditerranée, sa possession est indispensable à la Russie, dont les plus belles provinces débouchent dans la mer Noire, par le Don et le Niéper : d'autre part, les états de l'empereur ont aussi leur issue naturelle sur cette mer; car le Danube qui, par lui-même ou par les rivières qu'il reçoit, est la grande artère de la Hongrie et de l'Autriche, le Danube, dis-je, y prend son embouchure. Il semble donc que l'empereur ait le même intérêt d'occuper le Bosphore : cependant cette difficulté peut se résoudre par une considération importante, qui est que la Méditerranée étant le théâtre de commerce le plus riche et le plus avantageux, les états de l'empereur doivent s'y porter par la route la plus courte et la moins dispendieuse : or, le circuit par la mer Noire ne remplit point cette double condition ; et il est facile de l'obtenir, en joignant les eaux du Danube à celles de la Méditerranée, par un ou plusieurs canaux que l'on pratiquerait entre leurs rivières respectives, par exemple, entre le *Drino* et le *Drin*, ou la *Bosna* et la *Narenta*. A ce moyen, la Hongrie et l'Autriche communiqueraient immédiatement à la Méditerranée, et l'empereur pourrait abandonner sans regret la navigation dangereuse et sauvage de la mer Noire.

Mais une seconde difficulté se présente. En donnant, d'un côté, à l'empereur, la Servie, l'Albanie, la Bosnie, et toute la côte turke du golfe Adriatique; d'autre part, à l'impératrice, la Moldavie, la Valakie, la Bulgarie et la Romélie, à qui, sans blesser les proportions, appartiendront la Grèce propre, la Morée et l'Archipel? Ce cas, je le sais, est épineux, ainsi que beaucoup d'autres : les conjectures deviennent d'autant plus équivoques, que Joseph et Catherine savent donner à leurs intérêts plusieurs combinaisons : cependant il en est une qui me paraît probable, en ce qu'elle réunit des convenances communes à toute l'Europe. Dans cette combinaison, je suppose, 1° que l'empereur ayant moins égard à l'étendue du terrain qu'aux avantages réels qu'il en peut retirer, se bornera aux provinces adjacentes au golfe Adriatique, y réunissant peut-être Raguse et les possessions de Venise, à qui l'on donnera quelque équivalent; en sorte qu'il possédera tout le terrain compris à l'ouest d'une ligne tirée par la hauteur de Vidin à Corfou; 2° que, par une indemnité de partage, il obtiendra un consentement et une garantie pour l'acquisition de la Bavière, qu'il ne perd pas de vue; 3° que, d'autre part, pour continuer de jouir de l'alliance importante de la Russie, il secondera le projet que l'on a de grandes raisons de supposer à Catherine II, et qu'il la reconnaîtra impératrice de Constantinople, et restauratrice de l'empire grec; ce qui convient d'autant plus, que presque tout le pays qu'elle possédera est peuplé de Grecs qui, par affinité de culte et de mœurs, ont autant d'inclination pour les Russes qu'ils ont d'aversion pour les Allemands. Or, comme il est impossible que Constantinople et Pétersbourg obéissent au même maître, il arrivera que Constantinople deviendra le siége d'un état nouveau, qui pourra concourir au nouvel équilibre; et peut-être que, par un cas singulier, le trône ravi aux Constantin par les Ottomans repassera, de nos jours, des Ottomans à un Constantin.

Cette combinaison est de toutes la plus désirable, et nous devons la favoriser, parce que, par elle, notre intérêt se retrouve d'accord avec celui de l'humanité; car, si les trop grands états sont dangereux sous le rapport de la politique, ils sont encore plus pernicieux sous le rapport de la morale. Ce sont les grands états qui ont perdu les mœurs et la liberté des peuples; c'est dans les grands états que s'est formé le pouvoir arbitraire qui tourmente et avilit l'espèce humaine : alors qu'un seul homme a commandé à des millions d'hommes dispersés sur un grand espace, il a profité de leurs intervalles pour semer entre eux la zizanie et la discorde; il a opposé leurs intérêts pour désunir leurs forces; il les a armés les uns contre les autres, pour les asservir tous à sa volonté : alors les nations corrompues se sont partagées en satellites et en esclaves, et elles ont contracté tous les vices de la servitude et de la tyrannie : alors un homme, fier de se voir l'arbitre de la fortune et de la vie de tant d'êtres, a méconnu sa propre nature, conçu un mépris insolent pour ses semblables, et l'orgueil a engendré la violence, la cruauté, l'outrage : alors que la multitude est devenue le jouet des caprices d'un petit nombre, il n'y a plus eu ni esprit ni intérêt publics; et le sort des nations s'est réglé par les fantaisies personnelles des despotes : alors que quelques familles se sont approprié et partagé la terre, on a vu naître et se multiplier ces grandes révolutions, qui sans cesse changent aux nations leurs maîtres, sans changer leur servitude; les pays dont je viens de parler en offrent d'instructifs exemples. Depuis qu'Alexandre imposa les fers de ses Macédoniens à la Grèce, quelle foule d'usurpations n'a pas subies cette malheureuse contrée? Avec quelle facilité les moindres conquérants ne se la sont-ils pas successivement arrachée; et cependant n'est-ce pas ce même pays qui, jadis partagé entre vingt peuples, comptait dans un petit espace vingt états redoutables? N'est-ce pas ce pays dont une seule ville faisait échouer les efforts de l'Asie rassemblée sous les ordres d'un despote (1)? dont une autre ville, avec une poignée de soldats, faisait trembler le grand roi jusqu'au fond de la Perse? N'est-ce pas ce pays où l'on comptait à la fois, et Thèbes, et Corinthe, et Sparte, et Messène, et Athènes,

---

(1) Xerxès.

et la ligue des Achéens? Et cette Asie si décriée pour sa servilité et sa mollesse, eut aussi ses siècles d'activité et de vertu, avant qu'il s'y fût formé aucun grand empire. Long-temps dans cette Syrie, qui maintenant n'est qu'une faible province, l'on put compter dix états, dont chacun avait plus de force réelle que n'en a tout l'empire turk. Long-temps les petits rois de Tyr et de Jérusalem balancèrent les efforts des grands potentats de Ninive et de Babylone; mais depuis que les grands conquérants se montrèrent sur la terre, la vertu des peuples s'éclipsa; chaque état, en perdant son trône, sembla perdre le foyer de sa vie : son existence devint d'autant plus languissante, que ce centre de circulation s'éloigna davantage de ses membres. Ainsi les grands empires, si imposants par leurs dehors gigantesques, ne sont en effet que des masses sans vigueur, parce qu'il n'y a plus de proportion entre la machine et le ressort. C'est d'après ce principe qu'il faut évaluer l'agrandissement de l'Autriche et de la Russie; plus leur domination s'étendra, plus elle perdra de son activité : ou si elle en conserve encore, la division de ses parties en sera plus prochaine : il arrivera de deux choses l'une : ou ces puissances suivront, dans leur régime, un système de tyrannie, et par-là même elles seront faibles; ou elles suivront un système favorable à l'espèce humaine, et nous n'aurons point à redouter leur force : dans tous les cas, c'est de notre intérieur, bien plus que de celui des puissances étrangères, que nous devons tirer nos moyens de sûreté; et ce serait bien plus la honte du gouvernement que celle de la nation, si jamais nous avions à redouter les Autrichiens ou les Russes.

Mais, disent nos politiques, nous devons nous opposer à l'invasion de la Turkie, parce qu'il convient à notre commerce que cet empire subsiste dans son état actuel, et que si l'empereur et l'impératrice s'y établissent, ils y introduiront des arts et une industrie qui rendront les nôtres inutiles.

Avant de répondre à cette difficulté, prenons d'abord quelque idée de ce commerce, et commençons par la manière dont il se fait.

Après le commerce de la Chine et du Japon, il n'en est point qui soit embarrassé de plus d'entraves, et soumis à plus d'inconvénients, que le commerce des Européens en général, et des Français en particulier, dans la Turkie. D'abord, par une sorte de privilége exclusif, il est tout entier concentré dans la ville de Marseille : toutes les marchandises d'envoi et de retour sont obligées de se rendre à cette place, quelle que puisse être leur destination : ce n'est pas qu'il soit défendu aux autres ports de la Méditerranée et même de l'Océan, d'expédier directement en Levant; mais l'obligation imposée à leurs vaisseaux de venir relâcher et faire quarantaine à Marseille, détruit l'effet de cette permission. De toutes les raisons dont on étaie ce privilége, la meilleure est la nécessité de se précautionner contre la peste. Ce fléau, devenu endémique dans le pays des Musulmans, a contraint les états chrétiens adjacents à la Méditerranée, de soumettre leur navigation à des règlements fâcheux pour le commerce, mais indispensables à la sûreté des peuples : par ces règlements, tout vaisseau venant de Turkie ou de la Barbarie, est interdit de toute communication immédiate, et mis en séquestre, lui, son équipage et sa cargaison. C'est ce que l'on appelle faire *quarantaine*, par une dénomination tirée du nombre des jours crus nécessaires à purger le soupçon de contagion. D'ailleurs le temps varie depuis dix-huit jours jusqu'à plusieurs mois, selon des cas que déterminent les ordonnances. Afin que ce séquestre s'observât avec sûreté et commodité, l'on a formé des espèces de parcs enceints de hautes murailles, où les voyageurs sont reçus dans un vaste édifice, et les marchandises étalées sous des hangars, où l'air les purifie : c'est ce que l'on appelle *lazarets*, *maisons de santé*, ou *infirmeries*. Or, comme ces lazarets, outre la dépense de leur construction et de leur entretien, coûtent encore des soins et des précautions extraordinaires, chaque état en a restreint le nombre le plus qu'il a été possible, afin d'ouvrir moins de portes à un ennemi aussi dangereux que la peste. Par cette raison, Toulon et Marseille sont les seuls ports de France qui aient un lazaret; et comme celui de la première ville est affecté à la marine militaire, celui de la seconde est le seul qui reste au commerce. Les états de Languedoc ont souvent proposé d'en établir un à *Cette*; mais Marseille a si bien fait valoir l'exactitude et l'intelligence de son lazaret, si bien fait redouter l'inexpérience d'un nouveau, que l'on n'a rien osé entreprendre. Sans doute le motif de ce refus est louable, mais la chose n'en est pas moins fâcheuse; c'est un grave inconvénient que ce séquestre, qui consume en frais le négociant, et perd un temps précieux pour la marchandise; c'est une précaution odieuse que celle qui interdit à l'homme depuis long-temps absent, fatigué de la mer et de pays barbares, qui lui interdit sa terre natale et sa maison, qui le confine dans une prison sévère, où, à la vérité, on ne lui refuse pas la vue de ses parents et de ses amis, mais où, par une privation qui devient plus sensible, il les voit sans pouvoir jouir de leurs embrassements; où, au lieu des bras tendus de ceux qui lui sont chers, il ne voit s'avancer à travers une double grille de fer, qu'une longue tenaille de fer qui reçoit ce qu'il veut faire passer, et avant de le remettre à la main qui l'attend, le plonge dans du vinaigre, comme pour reprocher au voyageur d'être un être impur, capable de communiquer la mort à ceux qu'il aime davantage. Et d'où viennent tant d'entraves, sinon de cet empire que l'on veut conserver? Qui jamais avant les Ottomans avait ouï parler sur la Méditerranée de lazarets et de peste? C'est avec ces barbares que sont venus ces fléaux; ce sont eux qui, par leur stupide fanatisme, perpétuent la contagion en renouvelant ses germes : ah! ne fût-ce que par ce motif, puissent périr leurs gouvernements! puissent à leur place s'établir d'autres peuples, et que la terre et la mer soient affranchies de leur esclavage!

C'est un esclavage encore que l'existence de nos négociants dans la Turkie. Isolés dans l'enceinte de leurs khans, chaque instant leur rappelle qu'ils sont dans une terre étrangère et chez une nation ennemie. Marchent-ils dans les rues, ils lisent sur les visages ces sentiments d'aversion et de mépris que nous avons nous-mêmes pour les Juifs. Par le caractère sauvage des habitants, les douceurs de la société leur sont interdites; ils sont privés même de celle du climat, parce que le vice du gouvernement rend l'habitation de la campagne dangereuse. Ils restent donc dans leurs khans, où souvent un soupçon de peste, une alarme d'émeute les tient clos comme dans une prison, et l'état des choses qui règnent dans cet intérieur n'est pas propre à y rendre la vie agréable. D'abord, les femmes en sont presque bannies par une loi qui ne permet qu'au consul seul d'y avoir la sienne, et qui lui enjoint de renvoyer en France quiconque se marierait ou serait déja marié. L'intention de cette loi a pu être bonne ; les échelles n'étant le plus souvent composées que de jeunes facteurs et commis célibataires, l'on a voulu prévenir les dangers que courrait avec eux un homme marié : en outre, ces jeunes gens arrivant sans fortune, on a voulu les empêcher de s'arriérer en contractant des mariages nécessairement onéreux dans un pays où les femmes sont sans biens, et où l'on ne trouve le plus souvent à épouser que la fille du boulanger, du blanchisseur, ou de tout autre ouvrier de la nation. Aussi, pour abréger cette vie de crainte, avait-on, par une autre loi, limité les résidences à dix ans, supposant que si, dans cet espace, le facteur n'avait pas fait fortune, il ne le ferait jamais. Mais à quels abus n'a-t-on pas exposé les jeunes gens dans un pays où la police interdit toute ressource par les peines les plus terribles? Au milieu de tant de privations, nos négocians prennent nécessairement des habitudes singulières, qui leur ont donné à Marseille, sous le nom de *Koadjes* (1), une réputation spéciale d'indolence, d'apathie et de luxe. Réunis par le besoin, mais divisés par leurs inté-

---

(1) C'est le terme appellatif d'un négociant quelconque en Syrie et en Égypte ; il est persan, et signifie *vieillard*, *senior*.

rêts, ils éprouvent les inconvéniens attachés partout aux sociétés bornées. Chaque échelle est une coterie où règnent les dissensions, les jalousies, les haines d'autant plus vives qu'elles y sont sans distraction. Dans chaque échelle on peut compter trois factions habituellement en guerre par la mauvaise répartition des pouvoirs entre les trois ordres qui les composent, et qui sont le consul, les négociants et les interprètes. Le consul, magistrat nommé par le roi, use à ce titre d'un pouvoir presque absolu, et l'usage qu'il en fait excite souvent de justes plaintes : les négociants, qui se regardent avec raison comme la base de l'établissement, murmurent de ce qu'on ne les traite pas avec assez d'égards ou de ménagements. Les interprètes, faits pour seconder le consul et les négociants, élèvent de leur côté des prétentions d'autorité et d'indépendance. De là des contestations et des troubles qui ont quelquefois éclaté d'une manière fâcheuse. L'administration a essayé, à diverses époques, d'y porter remède; mais comme le fond est vicieux, elle n'a fait que pallier le mal en changeant les formes. L'ordonnance venue à la suite de l'inspection de 1777, n'a pas été plus heureuse que les autres : on peut même dire qu'à certains égards elle a augmenté les abus. Ainsi en autorisant les consuls à emprisonner, à mettre au fers, à renvoyer en France tout homme de la nation, sans être comptable qu'au ministre, elle a érigé ces officiers en petits despotes, et déjà l'on a éprouvé les inconvénients de ce nouvel ordre. L'offensé, a-t-on dit, a le droit de réclamer ; mais comment imaginer qu'un jeune facteur sans fortune, ou qu'un vieux négociant qui en a acquis avec peine, se compromette à poursuivre à huit cents lieues une justice toujours lente, toujours mal vue du supérieur dont on inculpe la créature ; et cette hiérarchie nouvelle de consuls généraux, de consuls particuliers, de vice-consuls particuliers, d'élèves vice-consuls, quel autre motif a-t-elle eu, que de multiplier les emplois pour placer plus de personnes ? Quelle contradiction, quand on parlait d'économie, de supprimer les réverbères d'un kan, et d'augmenter le traitement des consuls ? Quelle nécessité de donner à de simples officiers de commerce un état qui leur fait rivaliser les commandants du pays (1) ? Et les interprètes, n'est-ce pas une méprise encore de les avoir exclus des places de consulat, eux que la connaissance de la langue et des mœurs y rendait bien plus propres que des hommes tirés sans préparation des bureaux ou du militaire de la France ?

---

(1) Il y a des consuls appointés jusqu'à 16 à 18 mille liv., et ils se plaignent de n'avoir point encore assez, parce qu'ils veulent primer sur les négociants par la dépense comme par le rang.

Avec ces accessoires, tous dérivés de la constitution de l'empire turk, peut-on soutenir que l'existence de cet empire soit avantageuse à notre commerce ? Ne serait-il pas bien plus désirable qu'il s'établît dans le Levant une puissance qui rendît inutiles toutes ces entraves ? D'ailleurs, quand nos politiques disent qu'*il est de notre intérêt que la Turkie subsiste telle qu'elle est*, conçoivent-ils bien tous les sens que cette proposition enveloppe ? savent-ils que, réduite à l'analyse, elle veut dire : Il est de notre intérêt qu'une grande nation persiste dans l'ignorance et la barbarie, qui rendent nulles ses facultés morales et physiques ; il est de notre intérêt que des peuples nombreux restent soumis à un gouvernement ennemi de l'espèce humaine ; il est de notre intérêt que vingt-cinq ou trente-millions d'hommes soient tourmentés par deux ou trois cent mille brigands, qui se disent leurs maîtres ; il est de notre intérêt que le plus beau sol de l'univers continue d'être en friche ou de ne rendre que le dixième de ses produits possibles, etc. Et peut-être réellement ne rejettent-ils pas ces conséquences, puisqu'ils sont les mêmes qui disent : Il est de notre intérêt que les Maures de Barbarie restent pirates, parce que cela favorise notre navigation ; il est de notre intérêt que les noirs de Guinée restent féroces et stupides, parce que cela procure des esclaves à nos îles, etc. Ainsi, ce qui est crime et scélératesse dans un particulier, sera vertu dans un gouvernement ! ainsi, une morale exécrable dans un individu, sera louée dans une nation ! Comme si les hommes avaient en masse d'autres rapports qu'en détail; comme si la justice de société à société n'était pas la même que d'homme à homme. Mais, avec les peuples comme avec les particuliers, quand l'intérêt conseille, c'est en vain que l'on invoque l'équité et la raison : l'intérêt ne se combat que par ses propres armes, et l'on ne rend les hommes honnêtes, qu'en leur prouvant que leur improbité est constamment l'effet de leur ignorance, et la punition de leur cupidité.

Prétendre que l'état actuel de l'empire turk est avantageux à notre commerce, c'est se proposer ce double problême : *Si un empire peut se dévaster sans se détruire, et si l'on peut faire long-temps un commerce riche avec un pays qui se ruine ?* Il ne faut qu'un peu d'attention ou de bonne foi, pour voir qu'entre deux peuples qui traitent ensemble, l'intérêt suit les mêmes principes qu'entre deux particuliers; si le débiteur se ruine, il est impossible que le créancier prospère. Un fait parmi cent autres, prouvera combien il nous est important que la Turkie change de système. Avant la ruine de Dâher, le petit peuple des Motouâlis, qui vivait en paix sous la protection de ce prince, consommait annuellement soixante ballots de nos draps. Depuis que Djezzâr pacha les a subjugués, cette branche est entièrement éteinte. Il en arriva de même avec les Druzes et les Maronites, qui ont consommé jusqu'à 50 ballots, et qui maintenant sont réduits à moins de 20; et ceci prouve en passant, que notre gouvernement a bien mal entendu ses intérêts dans tous les derniers troubles de l'Égypte et de la Syrie. Si, au lieu de demeurer spectateur oisif des débats, il eût adroitement fait réclamer sa protection par les princes tributaires, s'il fût intervenu médiateur dans leurs querelles avec les pachas, s'il se fût rendu garant de leurs conventions auprès de la Porte, il eût acquis le plus grand crédit dans les états de ces petits princes, et leurs sujets, devenus riches par la paix dont il les eût fait jouir, auraient ouvert à notre commerce la plus grande carrière. Qu'arrive-t-il dans l'état présent? que par la tyrannie des gouverneurs, les campagnes étant dévastées, et les cultures diminuées, les denrées sont plus rares, et nos retraits plus difficiles; témoin les pertes de 15 à 20 pour cent que nous essuyons sur ces retraits : que par les avanies imposées sur les ouvriers, les marchandises deviennent trop chères; témoin les toiles d'Égypte et les *bours* d'Alep : que par le monopole qu'exercent les pachas, nous ne pouvons pas même profiter du bon prix de la denrée; témoin en Égypte, le riz, le séné, le café, dont le prix naturel est doublé par des droits arbitraires; témoin les cotons de Galilée et de Palestine que Djezzâr pacha, qui les accapare, surcharge de dix piastres par quintal; témoin encore les cendres de Gaze, qui pourraient alimenter à vil prix les savonneries de Marseille, mais que l'aga vend trop cher, quoique les Arabes les lui livrent presque pour rien : enfin, par l'instabilité des fortunes et la ruine subite des naturels, souvent les créances de nos négociants sont frustrées, et toujours leurs recouvrements sont difficiles. Que si, au contraire, la Turkie était bien gouvernée, l'agriculture étant florissante, les denrées seraient abondantes, et nous aurions plus d'objets d'échanges; si les sujets avaient une propriété sûre et libre, il y aurait concurrence à nous vendre, et nous achèterions à meilleur marché : l'aisance étant plus générale, la consommation de nos marchandises serait plus grande; or, puisque l'esprit du gouvernement turk ne permet pas d'espérer une pareille révolution, l'on peut soutenir l'inverse de la proposition avancée, et dire que l'état actuel de la Turkie, loin d'être favorable à notre commerce, lui est absolument contraire.

L'on ajoute que si l'empereur et l'impératrice s'établissent dans la Turkie, ils y introduiront des arts et une industrie qui y rendront les nôtres inutiles, et qui détruiront par conséquent notre commerce.

Pour bien apprécier cette objection, il faut remarquer que notre commerce avec la Turkie consiste en échanges, dans lesquels tout l'avantage est de notre côté ; car tandis que nous ne portons aux Turks que des objets prêts à consommer, nous retirons d'eux des denrées et des matières brutes, qui nous procurent le nouvel avantage de la main-d'œuvre et de l'industrie; par exemple, nous leur envoyons des draps, des bonnets, des étoffes de soie, des galons, du papier, du fer, de l'étain, du plomb, du mercure, du sucre, du café, de l'indigo, de la cochenille, des bois de teintures, quelques liqueurs, fruits confits, eau-de-vie, merceries et quincailleries ; tous objets qui, à l'exception des teintures et des métaux, laissent peu d'emploi à l'industrie : les Turks, au contraire, nous rendent dans leurs provinces d'Europe et d'Asie mineure, des cotons en laine ou filés, des laines de toute espèce, des poils et fils de chèvre et de chameau, des peaux crues ou préparées, des suifs, du cuivre, de la cire, quelques tapis, couvertures et toiles : dans la Syrie, des cotons seulement avec des soies, quelques toiles, de la scammonée, des noix-galles : dans l'Égypte, des cotons, des gommes, du café, de l'encens, de la myrrhe, du safranon, du sel ammoniac, du tamarin, du séné, du natron, des cuirs crus, quelques plumes d'autruche, et beaucoup de grosses toiles de coton : dans la Barbarie enfin, des cotons, des laines, des cuirs crus ou préparés, de la cire, des plumes d'autruche, du blé, etc. La majeurepartie de ces objets prête, comme l'on voit, à une industrie ultérieure. Ainsi, les cotons, les poils, les laines, les soies, transportés chez nous, font subsister des milliers de familles employées à les ouvrer, et à en faire ces siamoises, ces mousselines, ces mouchoirs, ces camelots, ces velours qui versent tant d'argent dans les fabriques de Marseille, Rouen, Amiens, etc. Dans nos envois l'article seul des draps forme la moitié des valeurs; dans ceux des Turks, les objets manufacturés ne vont pas quelquefois au vingtième des denrées brutes; et même sur ces objets comme sur les toiles d'Egypte, le bénéfice est considérable à raison du bas prix de la main-d'œuvre; car ces toiles se vendent avantageusement dans nos îles pour le vêtement des nègres. Si donc les Turks acquéraient de l'industrie, s'ils travaillaient eux-mêmes leurs matières, ils pourraient se passer de nous; nos fabriques seraient frustrées, et notre commerce serait détruit.

Cette objection est d'autant plus plausible, que la Turkie jouit d'un sol plus favorisé que le nôtre même; mais dans un calcul de probabilités, supposer tout pour le pis ou pour le mieux possible, c'est assurément abuser des conjectures. Les extrêmes en tout genre sont toujours les cas les plus rares; et grace à l'inconséquence humaine, la moyenne proportionnelle du bien comme du mal est toujours la plus ordinaire : d'ailleurs il faut avoir égard à divers accessoires pour évaluer raisonnablement les conséquences d'une révolution quelconque dans la Turkie.

1° Il n'est pas vraisemblable que l'empire turk soit tout-à-coup envahi en entier : la conquête ne peut s'étendre d'abord qu'à la portion d'Europe, à l'Archipel et à quelques rivages adjacents de l'Anadoli. Les Ottomans repoussés dans les terres conserveront encore pendant du temps une grande partie de l'Asie mineure, et toute l'Arménie, le Diarbekr, la Syrie et l'Égypte. Ainsi, en admettant une révolution dans le commerce, elle ne porterait pas sur toute sa masse, mais seulement sur les échelles d'Europe, et si l'on veut aussi même sur Smyrne. Dans l'état présent, ces échelles forment un peu plus de la moitié du commerce total du Levant, comme en fait foi le tableau suivant, qui en est le résumé : mais dans le cas de l'invasion, elles ne la formeraient plus, parce que le commerce de l'Asie mineure et de la Perse, qui maintenant se porte à Smyrne, passerait à la ville d'Alep.

La valeur des marchandises portées de France en Levant, se monte comme il suit, savoir :

A Constantinople.......	4,000,000 liv.
A Salonique...........	2,800,000
En Morée.............	250,000
TOTAL.....	7,050,000

Report.....	7,050,000
En Candie............	250,000
A Smyrne............	6,000,000
En Syrie.............	5,000,000
En Égypte...........	3,000,000
En Barbarie..........	1,500,000
Total......	22,800,000

A quoi il faut ajouter pour le cabotage, dit la *caravane*..	150,000
Et pour les objets portés en fraude des droits.......	1,550,000
Total de l'exportation.	24,500,000

La valeur des retours du Levant en France se monte comme il suit, savoir :

De Constantinople......	1,000,000
De Salonique..........	3,500,000
De Morée............	1,000,000
De Candie	1,000,000
De Smyrne...........	8,000,000
De Syrie.............	6,000,000
D'Égypte............	3,500,000
De Barbarie	2,000,000
Total de l'importation.	26,000,000

2° Nous conserverons toujours un grand avantage sur une puissance quelconque établie en Turkie, à raison de nos denrées d'Amérique, et de nos draps : car si déja nous avons anéanti la concurrence des Anglais, des Hollandais, des Vénitiens, sur ces articles qui sont la base du commerce du Levant, à plus forte raison l'emporterons-nous sur les Autrichiens et les Russes, qui n'ont point de colonies, et qui de long-temps, surtout les Russes, n'atteindront à la perfection de nos manufactures. Dira-t-on qu'enfin ils y parviendront : je l'accorde; mais, lors même qu'ils ne conquerraient pas la Turkie, comme ils en sont plus voisins que nous, nous ne pourrons jamais éviter qu'ils rivalisent avec succès notre commerce (1).

3ᵉ Il ne faut pas perdre de vue que les pays qu'occuperont l'impératrice et l'empereur, sont en grande partie déserts, et qu'ils vont le devenir encore davantage; or, l'intérêt de tout gouvernement en pareil cas, n'est pas tant de favoriser le commerce et les arts, que la culture de la terre, parce qu'elle seule contient et développe les éléments de la puissance et de la richesse d'un empire : de tous les artisans, le laboureur seul crée les objets de nos besoins : les autres ne font que donner des formes; ils consomment sans rien produire : or, puisque les vraies richesses sont les denrées qui servent à la nourriture, au vêtement, au

---

(1) L'empereur s'y prépare déja en attirant en ce moment à Vienne un grand nombre de nos fabricants.

logement ; puisque les hommes ne se multiplient qu'à raison de l'abondance de ces denrées ; puisque la puissance d'un état se mesure sur le nombre de bras qu'il nourrit, le premier soin du gouvernement doit être tout entier pour l'art qui remplit le mieux ces objets. Dans ses encouragements, il doit suivre l'ordre que la nature elle-même a mis dans l'échelle de nos besoins ; ainsi, puisque le besoin de la nourriture est le plus pressant, il doit s'en occuper avant tout autre : viennent ensuite les soins du vêtement, puis ceux du logement, etc. Et ce n'est point assez de les avoir réalisés pour une partie du pays et des sujets ; l'empire n'étant aux yeux du législateur qu'un même domaine, la nation n'étant qu'une même famille, il ne doit se départir de son système, qu'après l'avoir complété pour l'empire et pour la nation. Tant qu'il reste des terres incultes, tout bras employé à d'autres travaux est dérobé au plus utile ; tant qu'une famille manque du nécessaire, nul autre n'a droit d'avoir le superflu. Sans cette égalité générale, un empire, partie en friche et partie cultivé, un peuple, partie riche et partie pauvre, partie barbare et partie policé, offrent un mélange choquant de luxe et de misère, et ressemblent à ces charlatans ridicules qui portent du galon et des bijoux avec des haillons sales et des bas percés.

Ce n'est donc que lorsque la culture a atteint

son comble, qu'il est permis de détourner les bras superflus vers les arts d'agrément et de luxe. Alors, le fonds étant acquis, l'on peut s'occuper à donner des formes : alors aussi, par une marche naturelle, s'opère un changement dans le goût et les mœurs d'une nation. Jusque-là, l'on n'aimait que la quantité; l'on commence de goûter la qualité : bientôt la délicatesse prend la place de l'abondance : bientôt au bœuf entier du repas d'Achille, succèdent les petits plats d'Alcibiade; à la bure pesante et roide, l'étoffe chaude et légère; au logis rustique, aux meubles grossiers, une maison élégante et un ameublement recherché; alors, par ordre successif et par gradation, naissent les uns des autres les arts utiles, les arts agréables, les beaux-arts : alors paraissent les fabricants de toute espèce, les négociants, les architectes, les sculpteurs, les peintres, les musiciens, les orateurs, les poètes. Avant cet état de plénitude, vouloir produire ces arts, c'est troubler l'ordre de la nature; c'est demander à la jeunesse les fruits de l'âge viril. Les peuples sont comme les enfants; on les énerve par des jouissances précoces au moral comme au physique, et pour quelques fleurs éphémères, on les jette dans un marasme incurable. Faute d'observer cette marche, la plupart des états avortent ou font des progrès plus lents qu'ils ne le devraient. Les chefs des nations sont trop pressés de jouir : à peine le sol qui les entoure est-il défriché, que déja ils veulent avoir un faste et une puissance : déja, par les conseils avides de leurs parasites, ils veulent élever des palais somptueux, des jardins suspendus, des villes, des manufactures, un commerce, une marine; ils transforment les cultivateurs en soldats, en matelots, en maçons, en musiciens, en gens de livrée. Les champs se désertent, la culture diminue; les denrées manquent, les revenus baissent, l'état s'obère, et l'on est étonné de voir un corps qui promettait une grande force, dépérir tout à coup, ou végéter tristement dans une langueur funeste.

Mais l'empereur et l'impératrice sont trop éclairés sur les vrais principes du gouvernement pour se livrer à ces illusions dangereuses; devenus maîtres de ces contrées célèbres, ils ne se laisseront point séduire par l'appât d'une fausse gloire; et parce qu'ils posséderont les champs de la Grèce et de l'Ionie, ils ne croiront pas pouvoir tout à coup en relever les ruines, ni ressusciter le génie des anciens âges : ils savent de quelles circonstances politiques l'état moral que nous admirons fut accompagné; ils savent qu'alors la Grèce produisait les Phidias et les Praxitèle, les Pindare et les Sophocle, les Thucydide et les Platon; alors le petit territoire de Sparte nourrissait quarante mille familles libres; les arides coteaux de l'Attique étaient couverts d'oliviers, les champs de Thèbes de moissons ; en un mot, la terre regorgeait de population et de culture. Pour rallumer le flambeau du génie et des arts, il faut lui redonner les mêmes aliments : les arts n'étant que la peinture et l'imitation des riches scènes de l'état social de la nature, on ne les excite qu'autant qu'on les environne de leurs modèles ; et ce n'est pas encore assez que le peintre et le poète éprouvent des sensations, il faut qu'ils les communiquent, et qu'on les leur rende ; il faut qu'un peuple poli, assemblé au théâtre d'Athènes ou au cirque olympique, soutienne leur ardeur par ses éloges, épure leur goût par sa censure ; et tous ces éléments du génie sont à reproduire dans la Grèce : il faudra repeupler ses campagnes désertes, rendre l'abondance à ses villes ruinées, policer son peuple abâtardi, créer en lui jusqu'au sentiment ; car le sentiment ne naissant que de la comparaison de beaucoup d'objets déjà connus, il est faible ou nul dans les hommes ignorants et grossiers : aussi peut-on observer dans notre propre France que les chefs-d'œuvre de nos arts, présentés aux esprits vulgaires, n'excitent point en eux ces émotions profondes qui sont le signe distinctif des esprits cultivés. Enfin, pour ressusciter les Grecs anciens, il faudra rendre des mœurs au Grecs modernes, devenus la race la plus vile et la plus corrompue de l'univers ; et la vie agricole seule opérera ce prodige ; elle les corrigera de leur inertie par l'esprit de propriété; des vices de leur oisiveté par des occupations attachantes; de leur bigoterie par l'éloignement de leurs prêtres ; de leur lâcheté par la cessation de la tyrannie; enfin de leur improbité par l'abandon de la vie mercantile et la retraite des villes. Ainsi les véritables intérêts des puissances nouvelles, loin de contrarier notre commerce, lui seront favorables. En tournant toute leur activité vers la culture, elles procureront à leurs sujets plus de moyens d'acheter, à nous plus de moyens de vendre : leurs denrées plus abondantes nous deviendront moins coûteuses; nos objets d'industrie par eux-mêmes seront à meilleur prix que s'ils les fabriquaient de leurs mains; car il est de fait que des mains exercées travaillent avec plus d'économie de temps et de matières, que des mains novices.

Mais, pourra-t-on dire encore, cela même supposé, notre commerce n'en recevra pas moins une atteinte funeste, en ce que les nouvelles puissances ne nous accorderont point des priviléges aussi étendus que la Porte : elles nous traiteront pour le moins à l'égal de leurs sujets, et nous serons forcés de partager avec eux l'exploitation de leur commerce.

J'avoue qu'après la Porte nous ne trouverons point de gouvernement qui, nous préférant à ses propres sujets, ne nous impose que trois pour cent de douanes, pendant qu'il exige d'eux dix pour cent. J'avoue que l'impératrice et l'empereur ne souffriront point, comme le sultan, que nous assujétissions chez nous leurs sujets au droit extraordinaire de vingt pour cent, droit qui, donnant à nos nationaux sur eux un avantage immense (1), concentre dans nos mains l'exploitation de tout le commerce. Mais cette prérogative avantageuse à quelques particuliers, l'est-elle à la masse du commerce lui-même? la concurrence des étrangers à son exploitation est-elle un mal pour la nation, comme le prétendent les intéressés au commerce du Levant? C'est ce que nient les personnes instruites en matière de commerce; et c'est ce dont le gouvernement lui-même ne paraît pas bien persuadé : car, après avoir souffert par habitude l'existence de ce régime, on l'a vu, dans ces dernières années, l'abroger par des raisonnements plausibles, et par l'ordonnance venue à la suite de l'inspection de 1777, permettre aux étrangers quelconques de concourir avec nos nationaux à l'exploitation du commerce du Levant : seulement il crut devoir réserver les draps; et pour favoriser notre navigation, il spécifia que l'on ne pourrait faire les transports que sur nos bâtiments : il est vrai que depuis cette époque il a révoqué cette permission ; mais on a droit de

---

(1) Les Français ne paient que deux et demi pour cent.

croire qu'il a bien moins cédé à sa conviction qu'aux plaintes et aux instances des résidants en Levant; car, tandis qu'il a rejeté les étrangers du commerce de la Méditerranée, il les a admis avec plus d'extension à celui des Antilles et de tout l'Océan. Il est vrai aussi que les négociants de Marseille prétendent que le commerce de la Turkie est d'une espèce particulière; mais cette proposition, comme toutes celles dont ils l'appuient, a trop le caractère d'un intérêt local, et l'on pourrait lui opposer leur propre mémoire contre le privilége de la compagnie des Indes. Toute la question se réduit à savoir s'il nous est plus avantageux de faire le commerce d'une manière dispendieuse que d'une manière économique; et il sera difficile de prouver que le régime de nos échelles ne soit pas le cas de la première alternative.

Notre commerce en Levant, disent les négociants, nous oblige à établir des comptoirs, à cautionner et soudoyer des facteurs, à entretenir des consuls et des interprètes, à subir des avanies, des pillages, des pertes occasionées par les marchandises pestiférées; et tous ces accessoires nous constituent en de grands frais. Si l'on permet aux étrangers, et particulièrement aux naturels de Turkie, d'expédier sans notre entremise, nous ne pourrons soutenir leur concurrence; car le Turk, l'Arménien, le Grec, vivant dans leur propre pays, connaissant la langue, pénétrant dans les campagnes, fréquentant tous les marchés, ont des ressources qu'il nous est impossible d'égaler. En outre, ils n'ont ni frais de comptoirs, ni entretien de facteur, ni dépenses de consulat : enfin ils portent dans leur nourriture, leur vêtement, leurs transports, une parcimonie qui seule leur donne sur nous un avantage immense.

Voilà précisément, répondrai-je, pourquoi il faut les employer ; car il est de fait et de principe que plus le commerce se traite avec économie, plus il acquiert d'étendue et d'activité. Moins la denrée est chère, plus grande est la consommation, et par contre-coup plus grande est la production et la culture : entre le producteur et le consommateur, le négociant est une main accessoire qui n'a de droit qu'au salaire de son temps. Ce salaire accroissant le prix de la denrée, elle devient d'autant plus chère, et la consommation d'autant moindre que le salaire l'élève davantage. L'intérêt d'une nation est donc d'employer les mains les moins dispendieuses : et notre régime actuel est l'inverse de ce principe. D'abord nous payons ces frais de consulat, de comptoir, de factorerie mentionnés par les négociants. En second lieu, il est connu que les facteurs en Levant ne traitent point le commerce par eux-mêmes, mais qu'ils emploient en sous-ordre ces mêmes Grecs et Arméniens que l'on exclut, en sorte qu'il s'introduit une troisième main pour les achats et les ventes : on se plaint même à Marseille de la négligence, de l'inaction et des dépenses de ces facteurs. Leurs *majeurs* leur reprochent de prendre les mœurs turkes, de passer les jours à fumer la pipe, d'entretenir des chevaux et des valets, d'avoir des pelisses et des garde-robes, etc. Ils disent, avec raison, qu'ils paient tout cela ; mais comme eux-mêmes se paient sur la denrée, c'est nous, consommateurs et producteurs, qui supportons toutes ces charges. Tous ces frais renchérissent d'autant nos draps, les Turks en achètent moins, et nos fabriques ont moins d'emploi. On nous rend d'autant moins de coton ; il nous devient plus cher : nous en consommons moins, et nos manufactures languissent. Que si nous nous servions du Grec et de l'Arménien sans l'intermède de nos négociants et de leurs facteurs, la denrée serait moins chère, parce que ces étrangers vivant d'olives et de fromage, leur salaire serait moins fort : et encore parce que la tirant de la première main, ils se contenteraient d'un moindre bénéfice. Par la même raison ils acheteraient plus de nos marchandises, et le débit en serait plus grand, parce que fréquentant les foires et les marchés, ils étendraient davantage les ventes.

Mais, ajoutent les négociants, si les étrangers deviennent les agents de notre commerce, le bénéfice que font maintenant les nationaux sera perdu pour l'état; il ne recevra plus les fortunes que nos facteurs lui font rentrer chaque année. Le Juif, le Grec, l'Arménien, après s'être enrichis à nos dépens : retourneront dans leur pays, nos fonds sortiront de France, etc.

Je réponds qu'en admettant les étrangers à notre commerce, ils n'en deviennent point les agents nécessaires : s'ils y trouvent des bénéfices capables de les y attacher, rien n'empêche les nationaux de les leur disputer ; il s'agit seulement d'émuler avec eux d'activité et d'économie, et nous aurons toujours deux grands avantages : car pendant que le Turk, le Grec, l'Arménien paieront dix pour cent en Turkie, et resteront exposés aux avanies et aux ruines totales, nos Français continueront de jouir de leur sécurité, et de ne payer que trois pour cent.

En second lieu, les fortunes que nos négociants en Levant font entrer chaque année dans l'état, ne sont pas un objet aussi considérable que l'on pourrait le croire. De quatre-vingts maisons françaises que l'on compte dans les échelles, il ne se retire pas plus de cinq négociants, année commune, et l'on ne peut pas porter à plus de 50,000 livres la fortune de chacun d'eux : ce n'est donc en total qu'un fonds de 250,000 livres, ou, si l'on veut, cent mille écus par an, dont une partie même a été prise sur la France. Or la plus légère augmentation dans le commerce compensera cette suppression : en outre, si les étrangers étaient admis en France, la consommation qu'ils y feraient tournerait à notre profit : au lieu que dans l'état présent, celle des quatre-vingts maisons établies en Levant tourne au profit de la Turkie; et à ne la porter qu'à 10,000 livres par maison, c'est un fonds de 800,000 livres.

Enfin, si le gouvernement admettait une tolérance de cultes que la politique et la raison prescrivent, que la religion même ordonne, ces mêmes Arméniens, Grecs et Juifs qui aujourd'hui sont des étrangers, demain deviendraient des sujets. Qui peut douter que, si ces hommes trouvaient dans un pays non-seulement la sûreté de personne et de propriété, et la liberté de conscience, mais encore une vie remplie de jouissances, et la considération que donne la fortune; qui peut douter, dis-je, qu'ils n'en préférassent le séjour à celui de la Turkie, où ils éprouvent la tyrannie perpétuelle du gouvernement et de l'opinion ? Voyez ce qui arrive à Livourne et à Trieste; par la tolérance de l'empereur et du grand-duc, une foule de Juifs, d'Arméniens, de Grecs y ont émigré depuis quelques années; l'on a vu en 1784 le grand douanier de l'Égypte y sauver une fortune de plusieurs millions, et cet exemple aura des suites. De là ont résulté entre ces ports et le Levant des relations plus intimes dont s'alarme déja Marseille. Voulez-vous détruire cette concurrence ? ouvrez votre port de Marseille; accueillez-y les étrangers, et dans cinq ans Livourne et Trieste seront déserts. Les faits en sont garants. Déja dans le court espace qu'a duré le régime libre, malgré la guerre et la défiance des esprits, tout le commerce de la Méditerranée avait pris son cours vers nous. Déja les étrangers abandonnaient les vaisseaux hollandais et ragusais pour se servir des nôtres : l'industrie s'éveillait en Barbarie, en Égypte, en Asie, et, quoi qu'en aient dit les résidants aux échelles, la masse des échanges augmentait : rétablissez la liberté, et vous reprendrez vos avantages; ils sont tels, que leur poids livré à lui-même entraînera toujours vers vous la balance : par sa position géographique, Marseille est l'entrepôt le plus naturel de la Méditerranée; sont port est excellent; et ce qui le rend plus précieux, placé sur la frontière d'un pays vaste et riche en denrées, il offre à la consommation les débouchés les plus étendus, les plus actifs, et devient le marché le mieux assorti, où par conséquent les acheteurs et les vendeurs se rendront toujours de préférence. Que dirait-on d'un marchand qui, ayant le magasin le mieux assorti dans tous les genres, le tiendrait soigneusement fermé, et se contenterait d'envoyer des colporteurs au dehors? il est constant que ses agents également payés, soit qu'ils perdent, soit qu'ils gagnent, porteront moins d'activité à vendre; que les acheteurs à qui l'on offrira la marchandise mettront moins d'empressement à la prendre; que les assortiments leur plairont moins; qu'en tout ce marchand aura moins de débit : que si au contraire il ouvrait son magasin à tout le monde, s'il exposait ses marchandises à tous les regards, la vue en provoquerait le désir; on achèterait non-seulement ce que l'on demandait, mais encore ce dont on n'avait pas l'idée, et le marchand en faisant de moindres bénéfices sur chaque objet, gagnerait davantage sur la masse : voilà la leçon de notre conduite; puisque nous avons le plus riche magasin, empressons-nous d'y attirer tout le monde : les étrangers qui ne sont point accoutumés à tant de jouissances s'y livreront avec passion. Le Grec, l'Arménien, le Juif laisseront à notre industrie le bénéfice de leur propre denrée; ils s'habitueront parmi nous, et Marseille doublera de population, de commerce, et prendra sa place au premier rang de la Méditerranée. Par-là nous économiserons les dépenses des consulats, des drogmans et de ces *élèves de la langue* dont on perd à grand frais la jeunesse dans un collége de Paris : nous abolirons le régime tracassier des échelles; nous releverons l'émulation de nos fabricants qui, par leur dépendance des négociants et la négligence des inspecteurs, détériorent depuis quelques années la qualité de leurs draps : enfin nous détruirons toute concurrence des Européens, et nous tromperons le piége qu'ils nous préparent, en nous présentant le pavillon de la Porte que nous ne pourrons refuser de traiter à égalité.

Un seul parti est avantageux ; un seul parti obvie à tous les inconvénients, convient à tous les cas, c'est de laisser le commerce libre, et d'accueillir tout ce qui se présente à Marseille. Le gouvernement vient de lever le plus grand obstacle, en prenant enfin le parti si politique et si sage de tolérer les divers cultes. Qu'après cela, les Autrichiens et les Russes conquièrent ou ne conquièrent pas, les deux cas nous sont égaux. S'ils s'établissent en Turkie, nous profiterons du bien qu'ils y feront naître : s'ils ne s'y établissent pas, nous ferons le commerce avec eux dans la mer Noire et la Méditerranée ; et nous devons, à cet égard, seconder les efforts de la Russie pour rendre le Bosphore libre ; car il est de notre intérêt plus que d'aucune autre nation de l'Europe d'attirer tout le commerce de cet empire sur la Méditerranée, puisque cette navigation est à notre porté, et que nos rivaux en sont éloignés. Et tout est en notre faveur dans ce projet, puisque les plus riches productions du Nord sont voisines de cette mer. Ces bois de marine si recherchés et qui deviennent si rares dans notre France, croissent sur le Dnieper et sur le Don ; et il serait bien plus simple de les flotter par ces fleuves dans la mer Noire, que de les faire remonter par des détours immenses jusqu'à la

Baltique et au port de Riga, où la navigation est interrompue par les glaces pendant six mois de l'année.

Il ne me reste plus à traiter que de quelques projets présentés au gouvernement. Depuis que les bruits d'invasion et de partage ont commencé de se répandre, depuis que l'opinion publique en a même regardé le plan comme arrêté entre l'empereur et l'impératrice, quelques personnes parmi nous, considérant à la fois la difficulté de nous opposer à cet événement, et les dommages qu'il pourrait nous apporter, ont proposé d'obvier à tous les inconvénients en accédant nous-mêmes à la ligue; et puisque nous ne pouvions empêcher nos voisins de s'agrandir, de faire servir leur puissance et leur ambition à notre propre avantage. En conséquence il a été présenté au conseil divers mémoires tendant à prouver, d'un côté, l'utilité, la nécessité même de prendre part à la conquête; de l'autre, à diriger le gouvernement dans le choix du pays qu'il doit s'approprier. Sur ce second chef les avis ne sont pas d'accord : les uns veulent que l'on s'empare de la Morée et de Candie; les autres conseillent Candie seule, ou l'île de Cypre; d'autres enfin l'Égypte. De ces projets et de beaucoup d'autres que l'on pourrait faire, un seul, par l'éclat et la solidité de ses avantages, mérite d'être discuté, je veux dire le projet concernant l'Égypte.

Le cas arrivant, a-t-on dit ou a-t-on dû dire, que l'empereur et l'impératrice se partagent la Turkie d'Europe, un seul objet peut indemniser la France, un seul objet est digne de son ambition, la possession de l'Égypte : sous quelque rapport que l'on envisage ce pays, nul autre ne peut entrer avec lui en parallèle d'avantages. L'Égypte est le sol le plus fécond de la terre, le plus facile à cultiver, le plus certain dans ses récoltes; l'abondance n'y dépend pas, comme en Morée et dans l'île de Candie, de pluies sujettes à manquer; l'air n'y est pas malsain comme en Cypre, et la dépopulation n'y règne pas comme dans ces trois contrées. L'Égypte, par son étendue, est égale au cinquième de la France; et par la richesse de son sol, elle peut l'égaler; elle réunit toutes les productions de l'Europe et de l'Asie, le blé, le riz, le coton, le lin, l'indigo, le sucre, le safranon, etc., et avec elle seule nous pourrions perdre impunément toutes nos colonies; elle est à la portée de la France, et dix jours conduiront nos flottes de Toulon à Alexandrie; elle est mal défendue, facile à conquérir et à conserver. Ce n'est point assez de tous ces avantages qui lui sont propres, sa possession en donne d'accessoires qui ne sont pas moins importants. Par l'Égypte nous toucherons à l'Inde, nous en dériverons tout le commerce dans la mer Rouge, nous rétablirons l'ancienne circulation par Suez, et nous ferons déserter la route du cap de Bonne-Espérance. Par les caravanes d'Abissinie, nous attirerons à nous toutes les richesses de l'Afrique intérieure, la poudre d'or, les dents d'éléphant, les gommes, les esclaves : les esclaves seuls feront un article immense; car tandis qu'à la côte de Guinée ils nous coûtent 800 liv. la tête, nous ne les paierons au Kaire que 150 liv., et nous en rassasierons nos îles. En favorisant le pèlerinage de la Mekke, nous jouirons de tout le commerce de la Barbarie jusqu'au Sénégal, et notre colonie ou la France elle-même deviendra l'entrepôt de l'Europe et de l'univers.

Il faut l'avouer, ce tableau qui n'a rien d'exagéré est bien capable de séduire, et peu s'en faut qu'en le traçant le cœur ne s'y laisse entraîner : mais la prudence doit guider même la cupidité; et avant de courir aux amorces de la fortune, il convient de peser les obstacles qui en séparent, et les inconvénients qui y sont attachés.

Ils sont grands et nombreux ces inconvénients et ces obstacles. D'abord, pour nous approprier l'Égypte, il faudra soutenir *trois guerres* : la première, *de la part de la Turkie*; car la religion ne permet pas au sultan de livrer à des infidèles ni les possessions ni les personnes des vrais croyants : la seconde, *de la part des Anglais*; car l'on ne supposera pas que cette nation égoïste et envieuse nous voie tranquillement faire une acquisition qui nous donnerait sur elle tant de prépondérance, et qui détruirait sous peu toute sa puissance dans l'Inde; la troisième enfin, *de la part des naturels de l'Égypte*, et celle-là, quoiqu'en apparence la moins redoutable, *serait en effet la plus dangereuse*. L'on ne compte de gens de guerre que six ou huit mille Mamlouks; mais si des Francs, si des ennemis de Dieu et du prophète osaient y débarquer, Turks, *Arabes*, paysans, tout s'armerait contre eux; le *fanatisme tiendrait lieu* d'art et de courage, et le fanatisme est toujours un ennemi dangereux; il règne encore dans toute sa ferveur en Égypte; le nom des Francs y est en horreur, et ils ne s'y établiraient que *par la dépopulation*. Mais je suppose les Mamlouks exterminés et le peuple soumis, nous n'aurons encore vaincu que les moindres obstacles; il faudra gouverner ces hommes, et nous ne connaissons ni leur langue, ni leurs mœurs, ni leurs usages : il arrivera des malentendus qui causeront à chaque instant du trouble et du désordre. Le caractère des deux nations, opposé en tout, deviendra réciproquement antipathique : nos soldats scandaliseront le peuple par leur ivrognerie, le révolteront par leur insolence envers les femmes; cet article seul aura les suites les plus graves. Nos officiers même porteront avec eux *ce ton léger, exclusif, méprisant,* qui nous rend insupportables aux étrangers, et ils aliéneront tous les cœurs. Ce seront des querelles et *des séditions renaissantes : on châtiera, on s'envenimera, on versera le sang*, et il nous arrivera ce qui est arrivé aux Espagnols dans l'Amérique, aux Anglais dans le Bengale, aux Hollandais dans les Moluques, aux Russes dans les Kouriles ; nous exterminerons la nation : *nous avons beau vanter notre douceur, notre humanité;* les circonstances font les hommes, et à la place de nos voisins nous eussions été barbares comme eux. *L'homme fort est dur et méchant, et l'expérience a prouvé sur nous-mêmes que notre joug n'était pas moins pesant qu'un autre*. Ainsi l'Égypte n'aura fait *que changer de Mamlouks*, et nous ne l'aurons *conquise que pour la dévaster* : mais alors même il nous restera un ennemi vengeur à combattre, le climat. Des faits nombreux ont constaté que les pays chauds nous sont funestes : nous n'avons pu nous soutenir dans le Milanez et la Sicile; nos établissements dans l'Inde et les Antilles nous dévorent : que sera-ce de l'Égypte? Nous y porterons notre intempérance et notre gourmandise ; nous y boirons des liqueurs; nous y mangerons beaucoup de viande; en un mot, nous voudrons y vivre comme en France; car c'est un des caractères de notre nation, qu'avec beaucoup d'inconstance dans ses goûts, elle est très-opiniâtre dans ses usages. Les fièvres ardentes, malignes, putrides, les pleurésies, les dyssenteries, nous tueront par milliers : année commune, l'on pourra compter sur l'extinction d'un tiers de l'armée, c'est-à-dire, de huit à dix mille hommes; car pour garder l'Égypte, il faudra au moins vingt-cinq mille hommes. A ce besoin de recruter nos troupes, joignez les émigrations qui se feront pour le commerce et la culture, et jugez de la population qui en résultera parmi nous; et cela pour quels avantages? Pour enrichir quelques individus à qui la faveur y donnera des commandements; qui n'useront de leur pouvoir que pour y amasser des fortunes scandaleuses; qui même avec de bonnes intentions ne pourront suivre aucun plan d'administration favorable au pays, parce que la défiance et l'intrigue les changeront sans cesse. Et que l'on ne dise point que l'on préviendra les abus par un nouveau régime : le passé prouve pour l'avenir. Depuis François Ier pas un seul de nos établissements n'a réussi; au Milanez, à Naples, en Sicile, dans l'Inde, à Madagascar, à Cayenne, au Mississipi, au Canada, partout nous avons échoué : Saint-Domingue même ne fait pas exception; car il n'est pas notre ouvrage; nous le devons aux Flibustiers. Croira-t-on que nous changions de caractère? On nous séduit par l'appât d'un commerce immense; et que sont des richesses qui corrompront nos mœurs? qui accroîtront nos dettes et nos impôts par de nouvelles guerres? qui en résultat se concentreront dans un petit nombre de mains? Depuis cent ans l'on a beaucoup vanté le commerce; mais si l'on examinait ce qu'il a ajouté de réel au bonheur des peuples, l'on modérerait cet enthousiasme. A dater de la découverte des deux Indes l'on n'a pas cessé de voir des guerres sanglantes causées par le commerce; et le fer et la flamme ont ravagé les quatre parties du globe pour du poivre, de l'indigo, du sucre et du café. *Les gouvernements ont dit aux nations qu'il s'agissait de leurs plus chers intérêts*; mais les jouissances que la multitude paya de son sang, les goûta-t-elle jamais? N'ont-elles pas plutôt aggravé ses charges et augmenté sa détresse? Par un autre abus, les bénéfices accumulés en quelques mains ont produit plus d'inégalité dans les fortunes, plus de distance entre les conditions, et les liens des sociétés se sont relâchés ou dissous; l'on n'a plus compté dans chaque état qu'une multitude mendiante de mercenaires, et un groupe de propriétaires opulents : avec les grandes richesses sont venus la dissipation, les goûts dépravés, l'audace et la licence : l'émulation du luxe a jeté le désordre dans l'intérieur des familles, et la vie domestique a perdu ses charmes : le besoin d'argent plus impérieux a rendu les moyens de l'acquérir moins honnêtes, et l'ancienne loyauté s'est éteinte. Les arts agréables devenus plus importants ont fait mépriser les arts nécessaires; les campagnes se sont dépeuplées pour les villes, et les laboureurs ont laissé la charrue pour se rendre laquais ou artisans; l'aspect intérieur des états en a été plus brillant; mais la force intrinsèque s'en est diminuée : aussi n'est-il pas un seul gouvernement en Europe qui ne se trouve épuisé au bout d'une guerre de quatre ou cinq ans; tous sont obérés de dettes; et voilà les fruits des conquêtes et du commerce. Pour des richesses lointaines l'on néglige celles que l'on possède : pour des entreprises étrangères on se distrait des soins intérieurs : on acquiert des terres et l'on perd des sujets : on soudoie des armées plus fortes : on entretient des flottes plus nombreuses : on établit des impôts plus pesants : la culture devient plus onéreuse et diminue : les besoins plus urgents rendent l'usage du pouvoir plus arbitraire : les volontés prennent la place des lois : le despotisme s'établit, et de ce moment toute activité, toute industrie, toute force dégénère; et à un éclat passager et menteur, succède une langueur éternelle : voilà les exemples que nous ont offerts le Portugal, l'Espagne, la Hollande; et voilà le sort qui nous menace nous-mêmes, si nous ne savons profiter de leur expérience.

Ainsi, me dira-t-on, il faudra rester spectateurs paisibles des succès de nos voisins, et de l'agrandissement de nos rivaux! Oui sans doute il le faut, parce qu'il n'est que ce parti d'utile et d'honnête : il est honnête, *parce que rompre soudain avec un allié pour devenir son plus cruel ennemi, est une conduite* lâche et odieuse ; il est utile, que dis-je ? il est indispensable. Dans les circonstances présentes il nous est de la plus étroite nécessité de conserver la paix ; elle seule peut réparer le désordre de nos affaires : le moindre effort nouveau, la moindre négligence, peuvent troubler la crise que l'on tâche d'opérer, et d'un accident passager, faire un mal irrémédiable. Ne perdons pas de vue qu'un ennemi jaloux et offensé nous épie ; évitons donc toute distraction d'entreprises étrangères. Rassemblons toutes nos forces et toute notre attention sur notre situation intérieure : rétablissons l'ordre dans nos finances : rendons la vigueur à notre armée : réformons les abus de notre constitution : corrigeons dans nos lois la barbarie des siècles qui les ont vues naître : par-là, et par-là seulement, nous arrêterons le mouvement qui déjà nous entraîne : par-là nous régénérerons nos forces et notre consistance, et nous ressaisirons l'ascendant qui nous échappe : par-là nous deviendrons supérieurs aux révolutions externes que le cours de la nature amène et nécessite. Il ne faut pas nous abuser; l'état de choses qui nous environne ne peut pas durer : le temps prépare sans cesse de nouveaux changements, et le siècle prochain est destiné à en avoir d'immenses dans le système politique du monde entier. Le sort n'a pas dévoué l'Inde et l'Amérique à être éternellement les esclaves de l'Europe. L'affranchissement des colonies anglaises a ouvert pour le Nouveau-Monde une nouvelle carrière; et plus tôt ou plus tard les chaînes qui le tiennent asservi échapperont aux mains de ses maîtres. L'Inde commence à s'agiter, et pourra se purger bientôt d'une tyrannie étrangère. L'invasion de la Turkie et la formation d'une nouvelle puissance à Constantinople, donneront à l'Asie une autre existence : le commerce prendra d'autres routes, et la fortune des peuples sera changée. Ainsi l'empire factice que s'étaient fait quelques états de l'Europe, sera de toutes parts ébranlé et détruit; ils seront réduits à leur propre terre, et peut-être ce coup du sort qui les alarme en sera-t-il la plus grande faveur; car alors les sujets de querelles devenus moins nombreux rendront les guerres plus rares; les gouvernements moins distraits s'occuperont davantage de l'administration intérieure; les forces moins partagées se concentreront davantage, et les états ressembleront à ces arbres qui, dépouillés par le fer, de branches superflues où s'égarait la séve, n'en deviennent que plus vigoureux ; et la nécessité aura tenu lieu de sagesse. Dans cette révolution il n'est aucun peuple qui ait moins à perdre que nous ; car nous ne sommes ni épuisés de population ou languissants d'inertie comme le Portugal et l'Espagne, ni bornés de terrain et de moyens comme l'Angleterre et la Hollande. Notre sol est le plus riche et l'un des plus variés de l'Europe. Nous n'avons, il est vrai, ni coton, ni sucre, ni café, ni épiceries ; mais l'échange de nos vins, de nos laines, de nos objets d'industrie, nous en procurera toujours en abondance. Les Allemands n'ont point de colonies, et les denrées de l'Amérique et de l'Inde sont aussi répandues chez eux et moins chères que chez nous. C'est dans nos foyers et non au delà des mers, que sont pour nous l'Égypte et les Antilles. Qu'avons-nous besoin de terre étrangère, quand un sixième de la nôtre est encore inculte, et que le reste n'a pas reçu la moitié de la culture dont il est susceptible ? Songeons à améliorer notre fortune et non à l'agrandir : sachons jouir des richesses qui sont sous nous mains, et n'allons point pratiquer sous un ciel étranger une sagesse dont nous ne faisons pas même usage chez nous.

Mais désormais j'ai touché la borne de ma carrière, et je dois m'arrêter. J'ai exposé sur quels symptômes de faiblesse et de décadence je fonde les présages de la ruine prochaine de l'empire turk. J'ai insisté sur les faits généraux plus que sur ceux du moment, parce qu'il en est souvent des empires comme de ces arbres antiques qui, sous un aspect de verdure et quelques rameaux encore frais, cèlent un tronc rongé dans ses entrailles, et qui, n'ayant plus pour soutien que leur écorce, n'attendent, pour être renversés, que le premier souffle de la tempête. J'ai expliqué pourquoi l'empire russe, sans être lui-même robustement constitué, avait néanmoins une grande force relative, et annonçait de grands accroissements. J'ai détaillé les raisons qui me font regarder la révolution prochaine plutôt comme avantageuse que comme nuisible à nos intérêts. Je pense que nous devons éviter la guerre, parce que, entreprise pour le commerce, elle nous coûtera toujours beaucoup plus qu'il ne nous rapporte; et que, entreprise pour une conquête, elle nous perdra aussi certainement par son succès que par son échec. C'est désormais au temps à vérifier ou à démentir ces conjectures. A juger par les apparences, l'issue de la crise actuelle n'est pas éloignée; il est possible que dans le cours de cette guerre, que sous le terme de deux campagnes, l'événement principal soit décidé; il peut se faire que par une hardiesse calculée, les alliés marchent brusquement sur Constantinople qu'ils trouveront désert et incendié. Ce coup frappé, ce sera à la prudence de consommer l'ouvrage de la fortune. Jamais carrière ne s'ouvrit plus brillante : il ne s'agit pas moins que de former des empires nouveaux sur le sol le plus fécond, dans le site le plus heureux, sous le plus beau climat de la terre, et pour comble d'avantage, d'avoir à policer une des races d'hommes les mieux constitués au moral et au physique. A bien des égards les peuples de la Turkie sont préférables, pour les législateurs, à ceux de l'Europe, et surtout à ceux du Nord. Les Asiatiques sont ignorants, mais l'ignorance vaut mieux que le faux savoir : ils sont engourdis, mais non pas brutes et stupides. L'on peut même dire qu'ils sont plus voisins d'une bonne législation que la plupart des Européens, parce que chez eux le désordre n'est point consacré par des lois. L'on n'y connaît point les droits vexatoires du système féodal, ni le préjugé barbare des naissances, qui consacre la tyrannie des aristocrates. Toute réforme y sera facile, parce qu'il ne faudra pas, comme chez nous, détruire pour rebâtir. Les lumières acquises n'auront point à combattre la barbarie originelle ; et tel sera désormais l'avantage de toute constitution nouvelle, qu'elle pourra profiter des travaux modernes pour se former sur les principes de la morale universelle.

Si donc la puissance qui s'établira à Constantinople sait user de sa fortune, si dans sa conduite avec ses nouveaux sujets elle joint la droiture à la fermeté, si elle s'établit médiatrice impartiale entre les diverses sectes, si elle admet la tolérance absolue dont l'empereur a donné le premier exemple, et qu'elle ôte tout effet civil aux idées religieuses ; si la législation est confiée à des mains habiles et pures, si le législateur saisit bien l'esprit des Orientaux, cette puissance fera des progrès qui laisseront bientôt en arrière les anciens gouvernements : elle doit surtout éviter d'introduire, comme le tzar Pierre Ier, une imitation servile de mœurs étrangères. Chez un peuple comme chez un particulier, on ne développe de grands moyens qu'autant qu'ils dérivent d'un caractère propre. Enfin cette puissance doit s'abstenir, pour hâter la population, de transporter le peuple de ses provinces : l'expérience de tous les conquérants de l'Asie a trop prouvé que ces transplantations détruisent plus les hommes qu'elles ne les multiplient : quand un pays est bien gouverné, il se peuple toujours assez par ses propres forces : d'ailleurs les Arméniens, les Grecs, les Juifs et les autres nations persécutées de l'Asie, s'empresseront d'accourir vers une terre qui leur offrira la sécurité ; et les musulmans eux-mêmes, surtout les paysans, sont tellement fatigués de la tyrannie turke, qu'ils pourront consentir à vivre sous une domination étrangère. Alors le bien qu'aura produit la révolution actuelle fera oublier les maux qu'elle va coûter : le bonheur de la génération future séchera les larmes de l'humanité sur la génération présente, et la philosophie pardonnera aux passions des rois qui auront eu l'effet d'améliorer la condition de l'espèce humaine.

Terminé le 26 février 1788.

FIN.

TABLE

DES CHAPITRES

CONTENUS DANS CE VOLUME.

CHAPITRE PREMIER. — Précis de l'histoire de Dâher, fils d'Omar, qui a commandé à Acre depuis 1750 jusqu'en 1776.................................. Pag. 1
CHAP. II. — Distribution de la Syrie par pachalics, selon l'administration turke..................... 37
CHAP. III. — Du pachalic d'Alep.................. 38
CHAP. IV. — Du pachalic de Tripoli............... 59
CHAP. V. — Du pachalic de Saide, dit aussi d'Acre.... 68
CHAP. VI. — Du pachalic de Damas................ 124
CHAP. VII. — De la Palestine..................... 185
CHAP. VIII. — Résumé de la Syrie................. 208
CHAP. IX. — Gouvernement des Turks en Syrie...... 217
CHAP. X. — De l'administration de la justice........ 231
CHAP. XI. — De l'influence de la religion........... 235
CHAP. XII. — De la propriété et des conditions...... 242
CHAP. XIII. — État des paysans et de l'agriculture... 245
CHAP. XIV. — Des artisans, des marchands et du commerce.. 251
CHAP. XV. — Des arts, des sciences et de l'ignorance. 264

Chap. XVI. — Des habitudes et du caractère des habitants de la Syrie.................................. 284
État du commerce du Levant......................... 319
Considérations sur la guerre des Turks............... 345

FIN DE LA TABLE.

Voyage en Egypte, Tome 2.me

Ouest

Sud

Nord

G   g

F   L

H   h   n   m   E   H   h   n   m

D

C   B   C

A   A

Echelle de 50   100 Pieds.

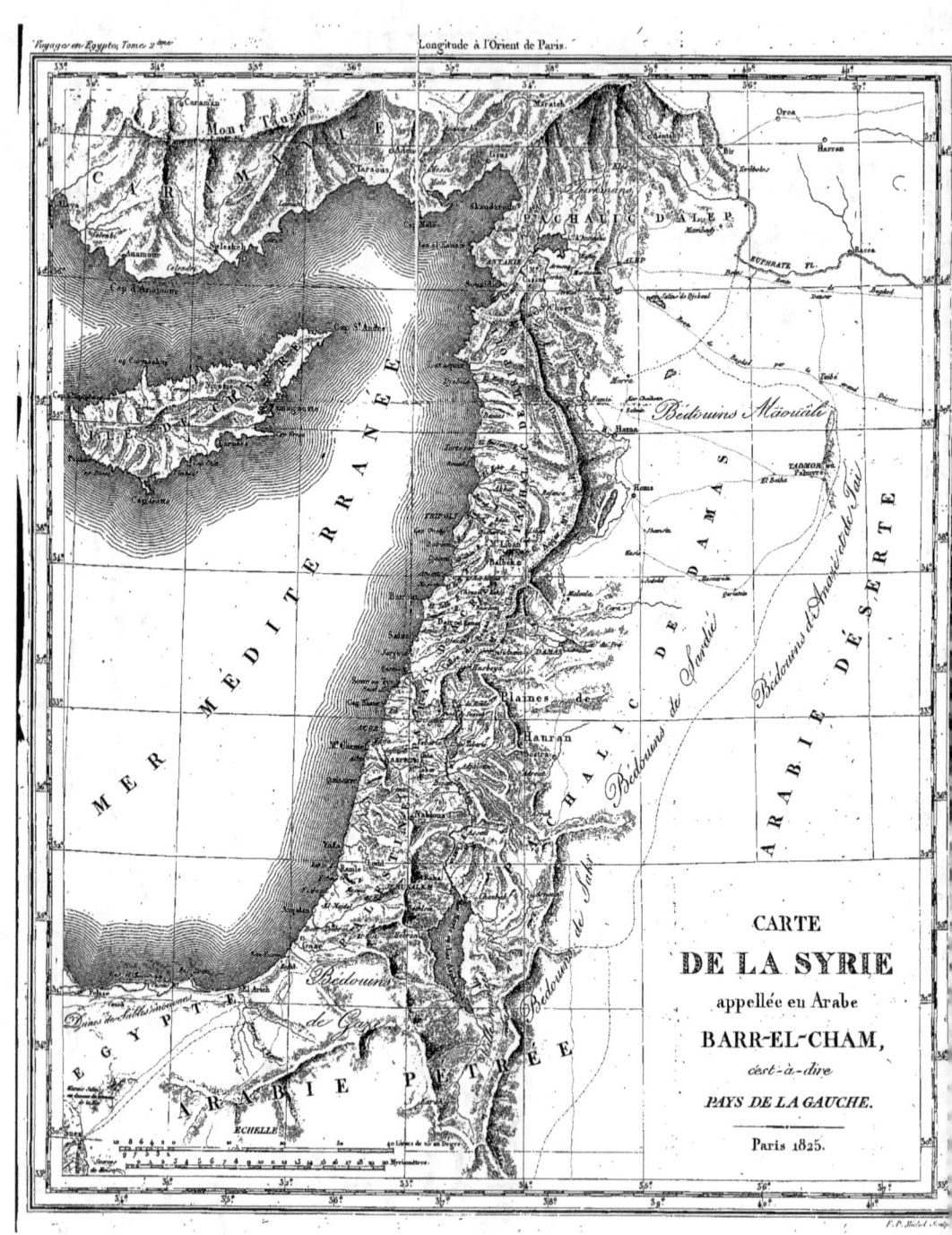

VUE DES RUINES DE PALMYRE DANS LE DÉSERT DE SYRIE.

VUE DE LA COUR QUARRÉE DU TEMPLE DU SOLEIL A BALBEK.

www.ingramcontent.com/pod-product-compliance
Lightning Source LLC
Chambersburg PA
CBHW051822230426
43671CB00008B/802